Aventures de voyage

EN PAYS MAYA

Copán, 1839

Collection dirigée par Philippe Babo

COLLECTION UNESCO D'ŒUVRES REPRÉSENTATIVES
Série ibéro-américaine

JOHN LLOYD STEPHENS

Aventures de voyage
EN PAYS MAYA
Copán, 1839

Avec 32 gravures exécutées d'après les dessins
de Frederick Catherwood

Préface et notes de
CLAUDE BAUDEZ
Directeur de Recherche au CNRS

Traduit de l'américain par
PHILIPPE BABO

Pygmalion
Gérard Watelet

UNESCO

Titre original de l'ouvrage :
Incidents of Travel in Central America, Chiapas and Yucatan,
New York, 1841.

Sur simple demande aux *Éditions Pygmalion, 70, avenue de Breteuil, 75007 Paris,* vous recevrez gratuitement notre catalogue qui vous tiendra au courant de nos dernières publications.

© 1991, Éditions Pygmalion/Gérard Watelet, Paris,
ISBN 2-85704-361-9

John Lloyd Stephens
(Frontispice de l'édition originale)

> « ... He is a traveller with whom we shall like to take other journies, equally free from the exaggerated sentimentality of Chateaubriand, or the sublimated, the *too* French enthusiasm of Lamartine... Mr. Stephens writes like a man of good sense and sound feeling... » [1]
>
> Edgar A. Poe,
> *New York Review*, 1837,
> vol. I, p. 351.

PRÉFACE

A l'heure où le monde entier s'apprête à célébrer le cinquième centenaire de la découverte de l'Amérique par Christophe Colomb, un groupe plus restreint d'historiens, d'archéologues et d'ethnologues fête le cent cinquantième anniversaire de la découverte de l'Amérique par John Lloyd Stephens. Si 1492 marque le début de la découverte physique du continent et le coup d'envoi de sa Conquête, tantôt fulgurante, tantôt paresseuse, ici brutale, là insidieuse, 1841 signale le début de la découverte intellectuelle de l'Amérique indigène et de son passé antérieur à l'invasion européenne, avec la publication de Incidents of Travel in Central America, Chiapas and Yucatan,

---

1. « ... C'est un voyageur avec lequel on aimerait repartir, libéré autant de la sentimentalité outrée de Chateaubriand que de l'enthousiasme sublimé et *trop* français de Lamartine... M. Stephens écrit comme un homme de bon sens et de profonde sensibilité... » (recension des *Incidents of Travel in Egypt, Arabia Petraea and the Holy Land* de Stephens ; en octobre 1841, dans le *Graham's Magazine,* Poe consacrera un autre article aux *Incidents of Travel in Central America, Chiapas and Yucatan*).

dont on trouvera ici la première édition française. Deux ans plus tard, ce mouvement de curiosité à l'égard du passé de l'Autre se confirme avec les Incidents of Travel in Yucatan du même Stephens, et s'amplifie par la publication de l'Histoire de la Conquête du Mexique de W. H. Prescott [1], qui crée ce que nous appelons aujourd'hui l'ethnohistoire.

On peut admirer la curiosité de l'auteur Stephens et de son compagnon artiste Catherwood pour les ruines de Copán, Quirigua et Palenque, pour les monuments et leur signification, pour une civilisation qui apparemment ne doit rien à celles de l'Ancien Monde. Les deux hommes, cependant, ne sont pas les premiers à s'être penchés sur l'Amérique indigène. Avant eux des conquérants, des missionnaires, des voyageurs, des fonctionnaires, spontanément ou commis d'office, en portèrent témoignage. Ce qui fait que 1841 est une date fondamentale dans l'histoire de la découverte intellectuelle de l'Amérique n'est pas tant la curiosité de Stephens que celle de ses lecteurs. Pour la première fois, ce que l'on appellera plus tard l'américanisme a un large public qui n'est pas réduit à la poignée d'initiés d'une société savante.

Ce succès considérable [2] pour un livre dont un tiers est consacré aux civilisations disparues de l'Amérique Moyenne est absolument nouveau. Les précurseurs de Stephens, à qui il doit beaucoup, étaient incapables d'avoir une telle audience. Quels qu'aient été leurs mérites respectifs, ils ne parvenaient à publier que des brochures confidentielles, ou des livres de luxe qui les mettaient hors de portée de la plupart des bourses. Dans les deux cas, ils ne pouvaient toucher qu'un public d'initiés.

L'accueil exceptionnel qui a été fait au récit de voyage en Centre-Amérique de Stephens a été parfaitement préparé. Son auteur en effet avait déjà connu la gloire avec deux précédents ouvrages, et son troisième récit était attendu par son éditeur comme par son public ; en outre Stephens pendant ses deux années de voyage en Europe et au Proche-Orient avait développé son sens de l'observation des habitants comme des ruines, appris à voyager, à décrire et à réfléchir, sur les gens comme sur les choses.

Né le 28 novembre 1805 dans le New Jersey, John Lloyd Stephens est le fils d'un commerçant qui vient s'installer dès l'année

---

1. A paraître dans la même collection, en deux volumes (réédition de la traduction d'Amédée Pichot, Paris, 1846) (NdE).
2. En trois mois, l'ouvrage de Stephens est réimprimé neuf fois. En 1854, après la mort de Stephens, une nouvelle édition paraît à Londres, chez Arthur Hall, Virtue & Co. ; Catherwood a allégé les deux volumes de quelques « aventures » et corrigé — encore bien imparfaitement — l'orthographe et les traductions défectueuses des expressions et mots espagnols du voyageur américain. Cette édition, qui est celle traduite ici, connaît à son tour deux réimpressions. Il y aura encore une nouvelle édition en 1856, qui sera réimprimée au moins onze fois.

suivante à New York, où il fera fortune. Après de bonnes études secondaires, Stephens fait son droit et, à vingt-deux ans, est inscrit au barreau. Attiré très tôt par la politique, le jeune avocat milite activement au sein du parti Démocrate dont il sera toute sa vie un ardent partisan. Il fait campagne pour le futur président Andrew Jackson, puis pour Lawrence, le gouverneur de New York. S'est-il usé alors la voix dans les meetings ? Une infection à la gorge se déclare et devient bientôt préoccupante. Quand les purges et les saignées sont inopérantes, les médecins d'alors prescrivent aux vieux le repos, aux jeunes les voyages, en d'autres termes le fameux « changement d'air ». En 1834, Stephens s'embarque pour l'Europe avec les meilleurs vœux et l'aide financière de sa famille. Il visite Paris, puis Rome, l'Italie, et la Grèce en pleine révolte contre les Turcs. L'impression considérable, tant intellectuelle qu'esthétique, que lui cause Smyrne, lui fait écrire de belles pages dans son journal. Selon son biographe, Victor von Hagen [1], à qui cette préface doit beaucoup, c'est là qu'est née sa vocation littéraire. Il reprend la route et on le suit de Constantinople à Moscou, en passant par Odessa et Kiev. De Saint-Pétersbourg, il gagne la Pologne où il atteint la Vistule, puis retourne en France après avoir traversé l'Autriche et la Prusse. Ses maux de gorge ont disparu depuis longtemps et Stephens s'apprête à retourner au bercail ; mais le bateau qu'il comptait prendre est au complet et, en attendant le prochain départ, il flâne désœuvré le long de la Seine et feuillette les ouvrages des bouquinistes. Il tombe sur un récit de voyage au Proche-Orient dans lequel une description de Pétra enfièvre son imagination. Construite par les Nabatéens, puis occupée par les Romains dès 60 avant notre ère, elle sera abandonnée au VIIe siècle pour plus d'un millénaire. C'est seulement en 1812 en effet qu'elle sera redécouverte. Stephens brûle alors de voir par lui-même ses temples sculptés dans le roc et de méditer sur les lieux mêmes le mystère des civilisations défuntes, annule son voyage de retour et s'embarque pour Alexandrie.

L'évocation de ruines disparues puis retrouvées par miracle, de témoins oubliés de gloires passées, qui va changer sa destinée, préfigure singulièrement l'intérêt et l'émotion que Stephens éprouvera quatre ans plus tard à Copán. Au Caire, il obtient un sauf-conduit de Méhémet-Ali qui lui permet de remonter le Nil sans encombre jusqu'à Assouan. De retour au Caire, il gagne Pétra qu'il est le premier Américain à visiter, et son émerveillement est à la mesure de ses espérances. Il poursuit son voyage par la Terre sainte, la mer Morte et, après deux ans de voyage, débarque à Londres. Il y raconte ses aventures, fait part de ses enthousiasmes, décrit avec humour le cocasse de certaines situations, et devant sa verve et ses

---

1. *Maya Explorer. John Lloyd Stephens and the Lost Cities of Central America and Yucatan*, Norman, Oklahoma, 1948.

talents de conteur, on lui conseille d'écrire un livre. Haussant d'abord les épaules, il se laisse peu à peu gagner par cette idée.

C'est alors qu'il rencontre Frederick Catherwood, qui deviendra son compère dans ses aventures centre-américaines. Stephens découvre que cet Anglais, de six ans son aîné, sobre de verbe et plutôt intimidant d'aspect, a suivi un itinéraire comparable au sien, avec des goûts identiques pour les voyages et les paysages sauvages, arides ou luxuriants. Après des études d'architecture, le jeune homme, passionné par Piranèse, part pour l'Italie ; en 1832, il est en Grèce et ne réussit à s'échapper d'Athènes, assiégée par les Turcs, que sous le déguisement ottoman. Il visite ensuite l'Égypte en remontant le Nil, puis rentre au pays. En 1829, il repart pour l'Orient avec des amis et dessine sans relâche les monuments de Thèbes, de Karnak et de Baalbek ; il dessine aussi à Jérusalem où il dresse le plan de la mosquée d'Omar. C'est à bout de ressources et en mauvaise santé qu'il revient à Londres en 1834. Dans l'Europe intellectuelle et artistique, les voyages connaissent alors une grande vogue, et ceux qui n'ont pas les moyens de visiter les pays lointains peuvent profiter de l'expérience des plus chanceux, grâce aux panoramas. Un panorama est fait d'une longue toile (qui peut atteindre cent mètres et plus) peinte comme un décor de théâtre et disposée en rond, tout autour du spectateur. Il peut représenter l'intérieur d'un édifice (par exemple Saint-Pierre de Rome ou le grand temple de Karnak) ou l'ensemble d'une ville en vue « panoramique ». Des éclairages savants augmentent l'illusion de la réalité. Catherwood s'est donc, pour tirer quelque profit de ses voyages et de ses dessins, associé pour présenter dans la rotonde de Leicester Square « Une description des Ruines de Jérusalem » ; la toile a été peinte à partir de ses dessins, et l'explication est donnée de la bouche même de l'artiste. C'est la forme ancestrale de la conférence illustrée de diapositives ou du film de voyage.

Stephens et Catherwood parlent expéditions et aventures passées, mais peut-être déjà évoquent-ils l'avenir. C'est en tout cas dès l'année de leur rencontre en 1836 que Catherwood mentionne à Stephens les civilisations inconnues du Mexique et lui montre l'opuscule de Del Rio, Description of the Ruins of an Ancient City (Palenque), paru à Londres en 1822. Stephens retourne alors à New York, rédige Incidents of Travel in Egypt, Arabia Petraea and the Holy Land, qu'il publie en 1837 chez Harper Brothers. Le livre est reçu avec enthousiasme par la critique comme par le public. Il connaîtra six éditions en un an et, en deux ans, 21 000 exemplaires seront vendus, succès considérable pour l'époque, même aux États-Unis. Encouragé, Stephens se remet au travail et publie l'année suivante les deux volumes des Incidents of Travel in Greece, Turkey, Russia and Poland, qui seront aussi des « best-sellers ». Catherwood pendant ce temps s'était installé à New York où il avait réussi comme architecte. En 1838, il fait venir sa famille et crée, à lui seul, « The Splendid Panorama of Jerusalem ». Il revoit Stephens et les deux amis se recommandent des lectures, évoquent des souvenirs et peu à peu naît entre eux l'idée d'une future collaboration. Harper, l'éditeur de Stephens, lui fait valoir qu'à côté de la multitude des récits sur l'Égypte et l'Orient, il n'y a pour ainsi dire rien sur les anciennes civilisations d'Amérique, qui représentent une mine inépuisable de richesses. Bartlett, le grand libraire new-yorkais et ami de Stephens, lui met en main les rares ouvrages publiés sur le sujet : le rapport de Del Rio, le Voyage Pittoresque dans le Yucatan de Waldeck qui vient d'être publié à Paris, un article de sept pages de Juan Galindo sur les ruines de Copán (1836) et Antiquités mexicaines (1834) qui contient le rapport de Dupaix illustré par Castañeda sur deux ans de reconnaissance archéologique à travers tout le Mexique, ainsi qu'une notice de Lorenzo de Zavala sur Uxmal.

Si en 1838 la bibliographie archéologique de l'Amérique Centrale est maigre, on sait cependant que dans ses forêts dorment les ruines de cités depuis longtemps oubliées que les conquérants n'ont pas vues, et que ces villes sont construites en pierre et possèdent des monuments sculptés avec art. Elles sont apparemment l'œuvre de peuples civilisés, mais la plupart des historiens, à la suite de l'Écossais Robertson, auteur d'une Histoire d'Amérique (1777), pensent qu'il ne peut y avoir eu de « civilisation indienne ». Comment les Indiens, des barbares que l'on ne peut se représenter que nus, vivant en petits groupes, habitant des cabanes misérables, auraient-ils pu être les auteurs de villes et d'œuvres d'art ? Si de telles merveilles existent, elles sont le fait des Égyptiens, des Grecs ou des Hindous, ou encore des Dix Tribus perdues d'Israël ou des Chinois. Stephens et Catherwood mesurent l'importance des enjeux d'un voyage qui les amènerait sur les lieux mêmes du débat ; ils en mesurent aussi les difficultés. La Fédération de Centre-Amérique est en pleine sécession et les pays où ont été signalées des ruines, comme le Honduras et le Guatemala, sont plongés dans la guerre civile. Il est hors de question d'aller s'y promener en touristes. C'est alors que Stephens apprend la mort soudaine de William Leggett, le chargé d'affaires américain auprès de la Fédération. Stephens, auteur connu et qui ne manque pas d'appuis au sein du parti Démocrate au pouvoir (il avait activement participé à la campagne de Van Buren en 1836), obtient cette charge.

C'est donc en sa double qualité d' «antiquaire » et de diplomate qu'il va entreprendre son périple, en compagnie de Frederick Catherwood qui est responsable de toute l'illustration de l'œuvre future : plans, relevés d'architecture, dessins de sculptures, vues pittoresques, scènes de genre, etc. Les deux volumes qui composent ces Aventures de voyage en pays Maya font alterner ces deux rôles de Stephens, tout en respectant la chronologie. Les premiers chapitres décrivent les difficultés du voyage entre Belize et Copán, et le livre se poursuit par une description détaillée de l'antique cité. Pendant que son compagnon continue à dessiner, Stephens entreprend, en diplomate, un voyage de plusieurs mois en Amérique centrale, à la recherche d'un gouvernement qui n'existe plus. Le premier volume se termine par un court chapitre consacré à Quirigua, dont les ruines ont été découvertes et brièvement visitées par Catherwood. Le deuxième tome des Aventures emmènera le lecteur de Guatemala jusqu'au Mexique, en passant par le lac Atitlán, le Quiché, Quezaltenango, Huehuetenango... La frontière passée, les deux voyageurs visitent les ruines de Tonina (Ocosingo), puis celles, célèbres, de Palenque où ils restent plusieurs semaines. C'est ensuite la difficile traversée de la péninsule du Yucatan vers le nord jusqu'à Mérida et le site d'Uxmal, où l'état de santé de Catherwood les oblige à interrompre leur premier voyage.

Dans les premiers jours de leur découverte de Copán, Stephens et son compagnon sont à la fois émerveillés et découragés. Les ruines, qui leur paraissent immenses, les impressionnent considérablement ; mais les efforts de deux hommes et des quelques ouvriers qu'ils ont recrutés, semblent dérisoires eu égard à la tâche à accomplir ; la forêt dense recouvre tout et un énorme travail de défrichement est nécessaire pour suivre la direction et la longueur d'un mur, ou pour permettre à la lumière d'éclairer une idole suffisamment pour que « Mr. Catherwood » puisse la dessiner. Stephens sait bien que le succès de l'expédition repose sur les épaules de son ami : aucune description, aussi fidèle et imagée soit-elle, ne saurait remplacer un dessin. Il faut aussi donner un plan — fût-il sommaire — des ruines et montrer l'emplacement relatif des édifices et des monuments. Ce dernier travail leur demandera beaucoup de temps et infiniment d'efforts pour un résultat somme toute bien médiocre ; on peut en juger en comparant le schéma de Catherwood et un plan moderne des ruines. Une fois les alentours suffisamment dégagés et l'idole bien éclairée, Catherwood n'est pas pour autant au bout de ses peines. Il doit reproduire une sculpture dont il ne comprend pas la plupart des motifs ; ses prédécesseurs ont déjà été confrontés à ce problème. Armendariz (le dessinateur de Del Rio), Castañeda (celui de Dupaix) et Waldeck ont eu un mal considérable à voir et à comprendre des motifs nouveaux et des symboles inconnus sculptés dans un style qui ne doit rien aux arts de l'Ancien Monde. Le regard ne peut voir que ce qu'il reconnaît et l'œil occidental au XIXe siècle — encore plus « fermé » que le nôtre à l'exotisme — ne reconnaît pas grand-chose à une sculpture de Copán. Ces difficultés sont avouées avec candeur et honnêteté : « ... les motifs étaient d'une grande complexité et si différents de tout ce que Mr. Catherwood avait vu jusque-là, qu'ils lui étaient parfaitement inintelligibles » (p. 107). La grande qualité des dessins réalisés à Copán (et leur supériorité sur les œuvres antérieures) est due en grande partie à l'utilisation de la chambre claire, qui permet à l'artiste de voir sur le papier la projection de l'image de l'objet qu'il cherche à reproduire. Pour s'en convaincre,

14

il n'est que de comparer les dessins de Copán avec ceux de Quirigua, exécutés rapidement et sans chambre claire.

Stephens et Catherwood, dans le même souci de fidélité et d'exactitude, mesurent tout, à la chaîne d'arpenteur et au ruban gradué : places, édifices, « idoles », autels. Le lecteur devra supporter patiemment ces énumérations de longueurs, largeurs, profondeurs et hauteurs (d'ailleurs, et l'on ne sait pourquoi, presque toujours largement erronées...) que la présente édition a pieusement conservées. Il faut l'en féliciter. Ces mesures — même fausses et inutiles — illustrent les débuts de l'illusion de l'objectivité par la quantification, qui a pris aujourd'hui l'importance que l'on sait.

L'émotion esthétique, elle, ne se mesure pas et est immédiatement ressentie par Stephens. Dès la première stèle, sa conviction est faite : il est en présence d'œuvres d'art dont les créateurs n'étaient pas des sauvages. Les sculptures n'ont rien à envier — référence obligatoire — à celles de l'Égypte. Mais si la qualité des œuvres est comparable, les styles ne le sont pas. Autant Stephens que Catherwood connaissent bien — et mieux que quiconque parmi ceux qui les ont précédés en Centre-Amérique — les arts des grandes civilisations classiques de Rome, de la Grèce, de l'Égypte, de Palestine, etc. Sur un Waldeck, ils ont l'avantage d'en savoir suffisamment pour être à même de comparer des ensembles et de les trouver indépendants et originaux, au lieu de s'attacher seulement à des détails isolés que l'on va découvrir partout et dont on va tirer des conclusions hâtives sur des contacts transocéaniques ou des migrations. Plus ils connaissent Copán, plus ils connaîtront Palenque, Tonina et Uxmal, plus ils se convaincront qu'ils ont affaire à une civilisation originale qui n'a de commun avec la Grèce ou l'Égypte que l'excellence. Stephens n'est pas le premier à penser que les grandes civilisations américaines sont indigènes ; déjà Diego de Landa, le premier évêque du Yucatan, avait soutenu au XVIᵉ siècle cette thèse, en faisant remarquer que les personnages sculptés sur les édifices en ruine portaient les mêmes costumes et ornements que les Indiens qu'il côtoyait tous les jours. Mais Stephens et Catherwood seront les premiers à la faire accroire, avec images et textes à l'appui.

Cette position est d'une importance théorique fondamentale. Elle détruit d'abord les conceptions proches du racisme d'un Robertson, pour lequel les Indiens ne pouvaient créer ni grandes civilisations ni œuvres d'art originales. En outre et surtout, en ne considérant plus seulement ces civilisations comme les héritières de signes étrusques, de divinités hindoues ou de costumes égyptiens, mais comme véritables créatrices, elles vont acquérir droit de cité parmi les grandes civilisations. A l'avenir, elles ont le droit d'être considérées, étudiées, admirées en elles-mêmes et pour elles-mêmes. Les Mayas ne sont plus des Néo-Égyptiens ou de faux Grecs, ce sont des Mayas.

Ce n'est pas tout : en matière d'interprétation, Stephens — et sans doute également Catherwood, car on peut penser que les idées développées par l'auteur proviennent de discussions qu'il a eues avec son ami — a eu de profondes intuitions sur des aspects essentiels de cette civilisation, qui ont été ensuite ignorées ou niées par des générations d'archéologues et d'historiens. Depuis seulement une trentaine d'années on reconnaît que « les statues (ont été) érigées par différents rois, peut-être pour commémorer d'importants événements de l'histoire de la cité » (p. 128) ; que les glyphes ont un contenu historique, ou « relatent quelque événement important de l'histoire du peuple mystérieux qui occupa jadis la cité » (p. 130) ; que les personnages sculptés tout autour de l'autel Q sont « assis sur un glyphe qui désigne probablement leur nom et leur fonction » (p. 131).

Stephens, être de raison et de culture, de bon sens et d'intuition, est aussi un homme sensible et ouvert aux émotions. Ce n'est pas parce que sa description et son analyse des ruines sont intelligentes qu'elles doivent pour autant être sèches et fastidieuses. En dégageant la Stèle I, il ressent toute l'émotion que les archéologues éprouvent à mettre au jour un vestige de qualité ; à la beauté de l'idole, progressivement dévoilée, s'ajoutent la présence de la forêt, vivante comme une foule, celle des animaux dont on entend les cris, et bien sûr le poids du mystère de la cité abandonnée. C'est le récit vivant d'une ville morte, dans lequel la dimension du vécu n'est jamais absente. On partage les difficultés des voyageurs aux prises avec le redoutable Don Gregorio qui terrorise tout Copán, on goûte leurs menus, on se retourne avec Stephens sur la beauté des jeunes filles, on hait son muletier qui ne cesse de le défier. L'ascension du mont Mico, avec les glissades dans la boue et les chutes dans les fondrières, pourrait figurer en bonne place, avec la description du spleen des nortes, dans une anthologie des tropiques tristes.

Les talents de conteur de Stephens vont se manifester de façon plus éclatante encore dans ses récits de guerre civile au Guatemala et au Salvador, qui constituent la majeure partie du premier volume. C'est du bon journalisme et c'est en effet aux grands correspondants de guerre que l'on pense en le lisant. Il excelle dans les histoires vécues, délibérément subjectives, pleines des bruits et des fureurs du feu de l'action, avec coups de mousquet, mains coupées, galopades, coups frappés avec violence la nuit à la porte d'une maison, vieillards et enfants réfugiés dans une église et implorant pitié, mères en larmes, fils superbes, traîtres et héros, soudards éméchés qui vous menacent de leur arme. Plus de soixante ans avant l'invention du cinéma, on assiste à un western de la plus belle eau. La projection est coupée d'entractes au cours desquels Stephens analyse la situation, en fait l'historique, décrit les forces en présence, les enjeux de la victoire de l'un ou de l'autre parti, le pourquoi des comportements. Si son idéal de Démocrate lui fait préférer le parti des Libéraux à celui des Centralistes, si ses goûts comme ses convictions le rapprochent de Morazan et l'éloignent de Carrera, il n'en est pas dupe. Il ne trouve guère de désintéressement et d'idéal chez les Libéraux et voit fort bien comment les Indiens ont utilisé les Centralistes pour essayer de sortir de leur isolement et de leur servitude. Stephens comprend que la guerre civile est en partie une guerre de castes, c'est-à-dire des Indiens contre les Blancs, comme l'a été la guerre d'indépendance du Mexique, trente ans auparavant, et comme le sera la révolution dans le même pays, soixante-dix ans plus tard.

De retour à New York, les deux amis se promettent de retourner au Yucatan dès que possible. Après la publication de Incidents of Travel in Central America *avec le succès que l'on sait, ils reparti-ront en compagnie du Dr Cabot, un jeune médecin recruté comme naturaliste. Cette deuxième campagne de découvertes fera l'objet de deux nouveaux tomes en février 1843, qui connaîtront également un grand succès de librairie, cependant surpassé par celui de l'*Histoire de la Conquête du Mexique *de W. Prescott (vingt-trois éditions en douze ans). L'amitié de l'historien et de l'« antiquaire » et l'admira-tion qu'ils se portent réciproquement sont très fructueuses pour les deux hommes, qui ont souvent correspondu. Après le succès de l'un comme de l'autre, Stephens conçoit le projet d'un grand ouvrage sur les antiquités américaines, illustré de cent à deux cents gravures in folio *qui rendraient justice au talent de Catherwood, et dont les contributions seraient signées par Prescott, Stephens, Alexandre de Humboldt et par deux autres historiens de renom : Gallatin et Wil-kinson. Le projet, qui doit malheureusement être abandonné faute de souscripteurs, n'est pas mieux accueilli en Angleterre. C'est à Lon-dres cependant que Catherwood, en 1844, publie seul ses *Views of Ancient Monuments *qui comprennent vingt-cinq lithographies aquarellées de grand format, illustrant Copán et les grands sites du Chiapas et du Yucatan. Stephens, qui avait été pressenti pour rédi-ger les textes d'accompagnement, fait défaut ; il est alors entièrement absorbé par la campagne électorale pour l'élection de Polk. L'homme d'action prend de plus en plus le pas sur l'antiquaire ; en 1846, il est élu représentant de New York à la Convention constitutionnelle d'Albany et, l'année suivante, nommé vice-président d'une compa-gnie de navigation.

C'est alors qu'il profite d'un voyage à Brême pour aller à Berlin rendre visite à Humboldt, le grand ancêtre de l'américanisme, qu'il admire profondément. Le baron prussien a été en effet l'un des pre-miers à présenter des œuvres (édifices, monuments ou manuscrits) américaines d'avant la Conquête, et dans de véritables « best-sellers » dès 1810. S'il a été cependant incapable d'éveiller l'intérêt d'un large public pour les antiquités, c'est parce qu'il les a montrées isolément, à la façon de vues de paysages dessinées au cours d'un voyage et destinées à faire partie d'un album, genre très à la mode alors en Angleterre, illustré notamment par Turner. L'un des plus grands succès de Humboldt, *Vues des cordillères et monuments des peuples indigènes de l'Amérique, *ne propose rien de plus que ce que promet son titre. On y trouve ici une sculpture aztèque, là un relief en stuc maya de Palenque (présenté comme une sculpture en pierre de Oaxaca), plus loin une pyramide, tous hors de leur contexte et décrits, le plus souvent, à partir de documents de seconde main.

Le vieux baron qui reçoit Stephens connaît les travaux de l'Américain et lui en fait compliments. Mais les deux hommes ne parlent pas seulement de ruines, mais du futur de l'Amérique Centrale pour laquelle Stephens a de grands projets. Humboldt avait été un des premiers à songer à un canal qui relierait le Pacifique à l'Atlantique, soit au Nicaragua, soit au Panama. Stephens, conscient de l'énormité des problèmes financiers, techniques et humains d'une telle entreprise, pense avec plus de réalisme que l'on pourrait d'abord faciliter considérablement le transport de marchandises et d'hommes par la construction d'un chemin de fer traversant l'isthme de Panama.

Stephens parviendra à allécher les financiers, convaincre les politiciens, et négocier avec les autorités de la République de Nouvelle-Grenade (ainsi appelait-on la Colombie dont le Panama faisait partie) pour que son projet prenne corps. Quant à Catherwood, il avait une fois de plus suivi une voie parallèle à celle de son ami ; depuis 1845, il travaillait à la construction d'un chemin de fer en Guyane britannique, le premier à être posé en Amérique du Sud. Remercié en 1849, l'ancien architecte devenu ingénieur, fort de son expérience, se retrouve aux côtés de Stephens à Chagres, au Panama. C'est alors l'une des régions les plus malsaines du globe : les travailleurs du chemin de fer meurent comme des mouches de la fièvre jaune et de la malaria surtout, mais aussi de la typhoïde, de la dysenterie et du typhus. En novembre 1850, Catherwood, rongé par la malaria, doit quitter le Panama pour la Californie. Après un voyage à Londres, il disparaît en 1854 dans le naufrage du navire qui le ramenait aux États-Unis.

Il n'aura survécu que deux années à son ami qui, terrassé par la fièvre, fut découvert inanimé sous un immense fromager qu'il admirait, et qui est de nos jours montré aux touristes comme l'« arbre de Stephens ». Il fut ramené à New York, où il s'éteignit quelques semaines plus tard.

L'œuvre américaniste et littéraire de Stephens a été universellement admirée du vivant de l'auteur comme après sa mort. Les Incidents of Travel... ont été à l'origine de plusieurs vocations, comme celles de Désiré Charnay et d'Alfred Maudslay. Le seul qui se soit permis de la critiquer, et souvent assez vivement, est Jean-Frédéric Waldeck. Cet artiste français d'origine autrichienne a vécu à Palenque sept ans avant la visite de Stephens et Catherwood. Ce n'est qu'en 1866 que son travail sur le site a été publié, et seulement en partie et pour accompagner un texte écrit par un autre, l'abbé Brasseur de Bourbourg. C'est dire que Waldeck jalousait beaucoup le succès rapide de l'Américain. Dans ses notes inédites, Waldeck reproche plusieurs fois à Stephens d'être trop hâtif, sans vraiment préciser en quoi cette hâte a été préjudiciable. Il critique de façon plus pertinente la mauvaise reconstruction du Palais par Catherwood (« ... de mon temps il n'y avait que cinq piliers existant sur cette face à l'est. Il n'est pas probable qu'il en soit sorti six de terre depuis ces temps... »), l'attribution erronée de deux panneaux sculptés au Temple du Soleil (« si Mr. Stephens avait pu converser en espagnol, il eût appris d'où ces deux sculptures provenaient et ne les eût pas restituées à un temple dont elles n'ont jamais fait partie... ») et la mauvaise qualité générale des dessins de Palenque. Catherwood, que Waldeck avait interrogé, s'en était excusé et avait mis sa maladresse sur le compte de la fièvre paludéenne qui le terrassait ; il avait ajouté que s'il était resté deux jours de plus sur les ruines, il n'aurait pas survécu. Par contre, Waldeck n'a jamais caché son admiration pour l'œuvre accompli par l'artiste anglais à Copán, au point qu'il en a recopié les dessins en faisant croire qu'ils étaient de lui ! Juste avant la disparition de l'architecte, Waldeck envisageait de s'associer à lui pour une nouvelle expédition.

Avec une quasi-absence de notes discordantes dans le concert de louanges adressé à l'œuvre de Stephens, avec le succès considérable qu'elle a obtenu aux États-Unis, en Angleterre, en Allemagne, en Suède, etc., comment expliquer que les Français aient attendu cent cinquante ans avant de traduire cette œuvre ? On peut trouver un commencement de réponse à cette question dans le compte rendu élogieux du premier livre de Stephens (son voyage au Proche-Orient) signé Edgar Poe et paru dans le New York Review. Un passage de ce compte rendu, reproduit en exergue de cette préface, montre que si Poe appréciait autant le récit de voyage de Stephens, c'est dans la mesure où il s'opposait à la « sentimentalité outrée de Chateaubriand » et à l'« enthousiasme sublimé et trop français de Lamartine ». Si les Anglo-Saxons goûtaient le ton mesuré et raisonnable de Stephens, qui contrastait avec les épanchements et les outrances sentimentales des voyageurs français, on peut penser que de leur côté les lecteurs français pouvaient trouver l'Américain sec et superficiel. Cette antinomie entre Anglo-Saxons et « Latins », clairement énoncée par Poe, est confirmée par une lettre de Prescott à Stephens de mars 1841, dans laquelle l'historien confie que pendant longtemps il avait donné raison à Robertson, ne pouvant croire à des « civilisations indiennes », par réaction contre les exagérations des « Latins ». Il reproche en effet aux voyageurs français et espagnols de pratiquer une telle outrance dans l'apologie (such swell of glorification) qu'ils ne sont plus crédibles. Il en va de même, d'après Prescott, des dessins de Waldeck, qui sont si peu semblables à leurs modèles qu'ils peuvent apparaître comme de purs et simples faux.

19

*Gageons que les lecteurs français d'aujourd'hui se sentiront proches de Stephens et sauront apprécier la mesure, mais aussi le goût et l'humour, de l'*American Traveller.

Claude-François Baudez *
Juillet 1991.

* Directeur de recherche au CNRS, archéologue, Claude-François Baudez a étudié, au Costa-Rica et au Honduras, les vestiges de civilisations peu connues de la Méso-Amérique. Depuis 1971, il se consacre entièrement aux recherches sur les Mayas. Il a été codirecteur des fouilles françaises du site de Tonina (Mexique), et a dirigé le programme d'exploration et de restauration de Copán (Honduras). Il est coauteur du livre *les Mayas*, publié dans la collection « L'Univers des Formes », Gallimard (1984). Il est également l'auteur (avec Sydney Picasso) de l'ouvrage *les Cités Perdues des Mayas* (Gallimard « Découvertes », 1987) et prépare actuellement une étude sur l'œuvre de Jean-Frédéric Waldeck (à paraître aux éditions Hazan).

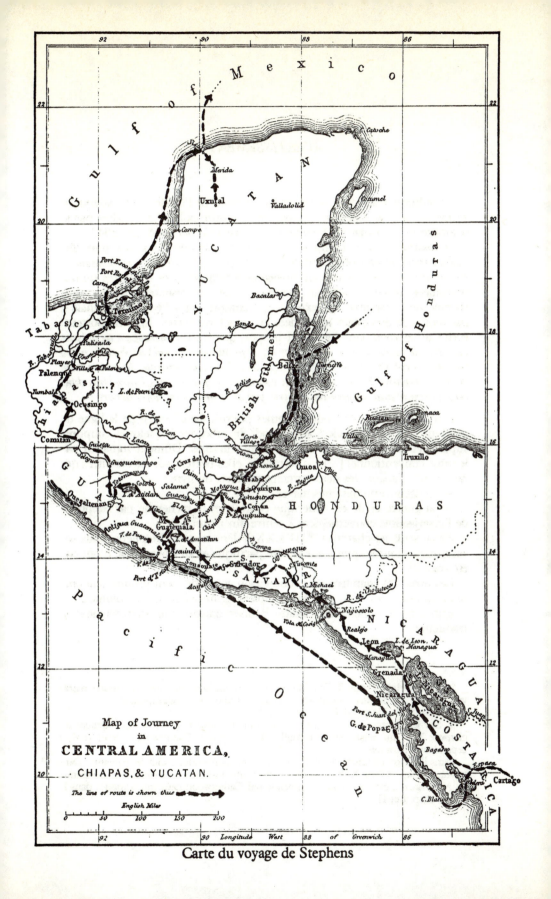

Map of Journey
in
CENTRAL AMERICA,
CHIAPAS, & YUCATAN.

The line of route is shown thus

English Miles

Carte du voyage de Stephens

AVERTISSEMENT

La présente traduction a été réalisée à partir de l'édition des *Incidents of Travel in Central America, Chiapas and Yucatan* publiée à Londres par le compagnon de voyage de Stephens, Frederick Catherwood, en 1854 [1].

Souhaitant rendre hommage à Stephens, décédé deux ans plus tôt, Catherwood voulait offrir aux lecteurs anglais une édition « *économique* », en un volume, de l'œuvre du voyageur américain. Les coupures qu'il a pratiquées restent toutefois minimes : elles représentent moins d'un sixième de l'ensemble du texte — qui compte, dans l'édition originale [2], pas moins de 898 pages imprimées en caractères serrés. Elles ne portent, écrit Catherwood dans son avant-propos, que sur les passages « *ne présentant pas de rapport avec le premier et, si je puis dire, l'unique objet de notre voyage, l'exploration des cités en ruine de l'Amérique centrale, la nomination de Mr. Stephens en tant qu'''agent confidentiel spécial'' des États-Unis dans cette région n'étant intervenue que très peu de temps avant notre départ* ».

Pour notre part, nous nous sommes permis, dans l'esprit de la ligne de conduite que s'était fixée Catherwood, de procéder à quelques coupures supplémentaires, qui, elles aussi, restent minimes. Dûment signalées par le signe conventionnel [...], ou résumées, elles portent sur les chapitres qui ne traitent d'aucun des deux principaux sujets du livre :
— la découverte des cités mayas,
— la guerre civile en Amérique centrale et la recherche par Stephens de l'insaisissable gouvernement « centre-américain ».

Ainsi, seuls les chapitres XIII à XX [3], dans lesquels Stephens relate ses escapades « touristiques » sur la côte pacifique et au Costa Rica, n'ont pas été traduits.

Les titres des chapitres et la subdivision en parties sont propres à la présente édition. Une bibliographie complète figurera à la fin du volume 2.

Enfin, nous remercions Claude Baudez d'avoir relu attentivement la traduction.

---

1. Arthur Hall, Virtue & Co., 548 pp., avec 82 ill., dont huit inédites, toutes regravées à partir des dessins et esquisses originaux, et une notice biographique.
2. New York, Harper & Row, 1841, 2 vol.
3. Sur les quarante-cinq chapitres que compte l'édition de 1854 (un fragment du chapitre XIV, qui relate les retrouvailles de Stephens et Catherwood à Noël 1839, a cependant été traduit).
Dans l'édition complète de 1841, les chapitres non traduits sont les suivants : dans le vol. 1, chap. XIII à XIX (ce dernier, qui traite d'un projet de canal transocéanique au Nicaragua, a été entièrement supprimé par Catherwood dans son édition) ; dans le vol. 2, chap. I et II.

PREMIÈRE PARTIE

L'APPROCHE

1

LE BOUT DU MONDE

Départ. — La traversée. — Arrivée à Belize. — Mélange de couleurs. — La résidence du gouverneur. — Le colonel MacDonald. — Histoire de Belize. — Écoles noires. — Scène de tribunal. — Des lois sans hommes de loi. — Une caserne. — Excursion en pirogue. — Premiers honneurs. — Les honneurs s'accumulent. — Départ de Belize. — Les plaisirs de la fonction.

Le mercredi 3 octobre 1839, nous embarquâmes à New York à bord du brick anglais *Mary Ann*, capitaine Hampton, à destination du golfe du Honduras. Le brick nous attendait dans la North River, son ancre à pic et ses voiles battant au vent. Quelques minutes plus tard, en compagnie d'une grande baleinière en partance pour le Pacifique, nous appareillâmes. Sept heures du matin n'avaient pas encore sonné : les rues et les quais étaient paisibles ; la Batterie, à l'extrémité sud de l'île de Manhattan, était déserte, et, alors que nous partions pour une longue traversée en mer d'une durée incertaine, jamais elle ne m'avait paru aussi belle.

A la hauteur du Quarantine Ground, quelques amis montés à bord pour nous accompagner jusqu'à la sortie du port nous quittèrent. Une heure plus tard, le pilote suivit leur exemple. Au crépuscule, la sombre ligne de faîte des hauteurs de Neversink n'était plus qu'à peine visible, et le lendemain matin, nous étions pour de bon en pleine mer.

Poussés par un fort vent de nord-est, nous pénétrâmes le 9 octobre dans la région des alizés. Le 10, nous franchîmes le tropique du Cancer, et le 11, alors que le thermomètre indiquait 27 °C, mais que soufflait une brise rafraîchissante, nous nous faufilâmes dans le détroit qui sépare Cuba de Saint-Domingue ; chacune des deux îles était nettement visible au-dessus de l'horizon. Pour le reste, après dix-huit jours de gros temps, trempés par les pluies tropicales, nous trouvâmes refuge le 29 à l'intérieur du Récif du Phare, puis, sans avoir emprunté le chenal des pilotes, atteignîmes à minuit la baie de Saint George, à environ vingt milles de Belize. Un grand brick chargé de bois d'acajou y était ancré, avec un pilote à son bord, attendant que le temps se remette au beau pour prendre la mer. Le pilote était accompagné de son fils, un jeune garçon d'environ seize ans qui avait appris à naviguer au berceau. Le capitaine Hampton, qui le connaissait, décida de le prendre à son bord.

Sous la pleine clarté de la lune, l'adolescent monta sur le pont et nous transmit les salutations de son père. Je ne pus distinguer ses traits, mais constatai malgré tout qu'il n'était pas blanc ; sa voix était aussi douce que celle d'une femme. Il prit place à la barre, et, après avoir fait larguer les voiles, nous parla des tempêtes qui avaient balayé la côte les jours précédents et des craintes éprouvées pour nos vies ; il nous parla encore de désastres et de naufrages, et d'un pilote qui, par une nuit que nous avions encore en mémoire, quelques jours auparavant, avait jeté son navire sur un récif recouvert par la mer.

Le lendemain matin, à sept heures, nous aperçûmes Belize, qui semblait surgir de l'eau — si l'on peut me permettre de la comparer à des villes consacrées par le temps et un renom séculaire, telles Venise ou Alexandrie. Une rangée de maisons blanches s'étendait sur près de deux kilomètres le long du rivage, encadrée d'un côté par la Résidence du gouverneur et de l'autre par la Caserne, et coupée en son milieu par la rivière Belize, qu'enjambait un pittoresque petit pont. Le fort, construit sur un îlot à l'embouchure de la rivière, la flèche d'une église gothique derrière la maison du Gouverneur et les plantations de cocotiers (qui, de loin, nous rappelèrent les palmiers d'Égypte) conféraient au site une véritable beauté. Quatre vaisseaux de guerre, trois bricks, un vapeur et divers schooners, goélettes et canots dansaient sur leur ancre dans le port, à couple avec des trains de bois d'acajou flotté. Un peu plus loin, dans la rade, un Noir pagayait, assis à califourchon sur une grume de ce même précieux bois. Quand nous eûmes jeté l'ancre, le doris du gouverneur, taillé lui aussi dans un tronc d'acajou, vint à notre rencontre.

Nous débarquâmes en face de l'entrepôt de Mr. Coffin, le consignataire de notre navire. Il n'y avait pas d'hôtel dans la ville, mais Mr. Coffin entreprit de nous conduire chez une « lady » qui, pensait-il, pourrait nous loger.

Les fortes pluies que nous avions essuyées en mer avaient balayé Belize. Les rues étaient inondées, et de grandes mares, que nous franchîmes avec le plus grand mal, s'étaient même formées par endroits. Nous atteignîmes finalement, tout au bout de la rue principale, la demeure de la « lady », Miss ***, une mulâtresse qui ne pouvait nous donner que le couvert. Mr. Coffin eut la bonté de mettre à notre disposition pour nos nuits une maison située de l'autre côté de la rivière. Nous retournâmes ensuite au port.

J'avais alors déjà parcouru deux fois la rue principale sur toute sa longueur, et la ville me paraissait habitée exclusivement par des Noirs. Le pont, la place du marché, les rues et les commerces en étaient emplis, et je me serais volontiers cru dans la capitale d'une république nègre. Les habitants de cette lointaine colonie britannique forment une belle race, grande, droite, et athlétique, à la peau noire, lisse et luisante comme du velours. Ils sont par ailleurs bien habillés, les hommes allant en chemise et pantalon de coton blanc, coiffés d'un chapeau de paille. Quant aux femmes, elles portent des robes blanches à manches courtes et larges galons rouges, et se parent de colliers et de grandes boucles d'oreilles de la même couleur. Je ne peux m'empêcher de remarquer que leur robe constitue l'unique élément de leur costume, et que ces dames ont la curieuse coutume de la faire tomber largement de leur épaule droite, et d'en retenir le pan de la main gauche, qu'elles soulèvent à une hauteur appropriée pour traverser les mares.

Sur le chemin du retour, je m'arrêtai chez un négociant que je surpris au milieu de ce qu'on appelle à Belize le « second break-fast ». Ce *gentleman* se restaurait en compagnie de son épouse, de deux officiers britanniques et de deux mulâtres. Il se trouve qu'on me fit une place entre les deux *gentlemen* de couleur. Certains de mes compatriotes auraient peut-être répugné à la prendre. Pas moi. Mes deux voisins étaient bien mis, de bonne éducation, et fort policés. Ils discutaient de leurs exploitations d'acajou, de l'Angleterre, de chasse, de chevaux, de femmes et de vin. Une heure à peine après mon arrivée à Belize, j'avais déjà appris que le grand œuvre du mélange des races, matière à de si furieux débats aux États-Unis, s'accomplissait ici sans heurts depuis plusieurs générations ; que la couleur n'y était qu'une simple affaire de goût ; et que certains des plus respectables habitants du pays avaient des épouses noires et des enfants de sang mêlé, qu'ils éduquaient avec autant de soin, et aux besoins desquels ils subvenaient avec autant de zèle que si leur peau avait été parfaitement blanche. Je ne savais trop si je devais être amusé ou choqué par cet état social.

Je rejoignis bientôt Mr. Catherwood et nous visitâmes ensemble la maison qui nous était offerte par Mr. Coffin. Elle était sise sur la berge opposée de la rivière et la route qui y menait était une véritable fondrière. Dans le passage du portail s'était formée une grande mare, que nous franchîmes d'un saut. Reposant sur des pilotis, la maison s'élevait sur une étendue d'eau de près d'un pied de profondeur. Nous accédâmes à la porte d'entrée par une planche, et pénétrâmes dans une grande pièce qui occupait la totalité du rez-de-chaussée et était entièrement vide. L'étage, ainsi qu'une cabane au fond de la cour, était habité par des familles noires, et partout, derrière comme devant la maison, se chamaillaient des petits nègres des deux sexes, nus comme au jour de leur naissance. Nous fîmes balayer notre appartement et apporter nos bagages. Lorsque nous quittâmes la maison, nous nous rappelâmes la description que le capitaine Hampton avait faite de la ville, et mesurâmes toute la justesse de ses propos : « Belize, nous avait-il dit en nous quittant, est véritablement le bout du monde. »

Nous retournâmes en ville. Alors que nous rêvions d'un bon hôtel confortable, nous reçûmes par l'entremise de Mr. Goff, consul des États-Unis, une invitation de Son Excellence le Gouverneur, le colonel MacDonald, qui nous faisait par ailleurs savoir qu'il enverrait son doris chercher nos bagages restés sur le brick. Remplissant pour la première fois de ma vie une fonction officielle, et n'étant pas certain d'en tenir un jour une autre, je résolus d'en tirer le meilleur parti et acceptai sur-le-champ de rendre visite à Son Excellence.

Le vapeur ancré devant Belize assurait la liaison avec Izabal, l'unique port guatémaltèque sur la mer des Caraïbes. En me rendant chez le gouverneur, je m'arrêtai chez le señor Comyano, l'agent de la compagnie maritime, qui m'informa que le vapeur appareillait le lendemain. Il ajouta aussitôt, avec la plus grande courtoisie, que, si tel était mon désir, il pouvait le retenir pendant quelques jours. Habitué, dans mon pays, à me soumettre aux règlements despotiques des agents de transports maritimes, je tins cette offre pour un honneur plus grand que l'invitation du gouverneur, mais ne voulant pas abuser de mon heureuse fortune, je demandai que le départ du navire ne fût reporté que d'un jour.

Entourée d'une pelouse descendant jusqu'à l'eau et de cocotiers, la résidence du gouverneur est plaisamment située à la sortie de la ville. Le colonel MacDonald, un vétéran de l'armée de Sa Majesté d'un mètre quatre-vingt-dix — et l'un des hommes à l'allure la plus martiale qu'il m'ait été donné de voir — m'attendait à l'entrée. Une heure plus tard, le doris arriva avec nos bagages, et à cinq heures, nous nous assîmes pour dîner. Nous avions à notre table Mr. Newport, aumônier de la garnison, et *clergyman* de la paroisse de Belize depuis quinze ans ; Mr. Walker, secrétaire du gouverneur, qui remplissait par ailleurs un nombre inconcevable d'autres fonctions, à en faire pâlir d'envie les politiciens les plus éclectiques de Washington ; enfin, divers autres *gentlemen* de Belize, fonctionnaires, civils et militaires, dans l'agréable société desquels nous passâmes la soirée.

Le lendemain, nous commençâmes nos préparatifs en vue de notre long voyage dans l'intérieur des terres, mais nous prîmes tout de même le temps de visiter la ville. Le *Honduras Almanac,* qui tient lieu de gazette officielle dans cette colonie, nimbe d'un halo de légende les origines du petit établissement anglais, créditant de sa fondation un boucanier écossais du nom de Wallace. Les rumeurs qui couraient sur les richesses du Nouveau Monde, et les galions espagnols chargés des trésors du Mexique et du Pérou, avaient attiré sur les côtes américaines une multitude d'aventuriers — pour ne pas les appeler autrement — originaires, qui de France, qui d'Angleterre. L'un d'eux, Wallace, l'un des plus fameux et des plus audacieux flibustiers du temps, trouva refuge et impunité derrière les cayes et les récifs qui protègent le port de Belize. L'endroit où il construisit ses cabanes et son fortin de rondins est connu, mais il est occupé aujourd'hui par des entrepôts. Fort de son alliance avec les Indiens de la côte des « Moschitos » et du ralliement d'un grand nombre d'aventuriers britanniques qui hantaient les côtes du Honduras sur le motif officiel de faire commerce du bois d'acajou, il défia les Espagnols. Depuis lors, le territoire de Belize n'a jamais cessé d'être l'objet de négociations et de contestations, et, encore aujourd'hui, les pays de la Fédération de Centre-Amérique*persistent à le revendiquer. La colonie a prospéré grâce à l'exportation de bois ; mais, comme les arbres de la région ont presque tous été coupés et que l'Amérique centrale, appauvrie par des guerres continuelles, constitue un piètre marché pour les produits britanniques, son économie est aujourd'hui languissante, et elle continuera à péricliter tant que les négociants de Belize n'auront pas trouvé de nouveaux débouchés commerciaux.

Sa population actuelle est de six mille habitants, et sur ce nombre, quatre mille sont des Noirs, employés par les négociants pour la coupe du bois. Leur condition a toujours été meilleure que celle des esclaves des plantations ; avant même que ne fût entré en vigueur le décret sur l'abolition générale de l'esclavage dans l'ensemble des possessions britanniques, ils étaient libres de fait. Et le 31 août 1839, un an avant la date fixée par le décret,

---

* Les notes de la présente édition sont regroupées en fin de volume.

à l'initiative des propriétaires unanimes, le lien de servitude nominal avait lui-même été supprimé.

L'événement fut fêté, rapporte le *Honduras Almanac,* par des cérémonies religieuses et des processions, avec fanfares et bannières ornées de devises telles que : « Les fils de Cham honorent la mémoire de Wilberforce [2] », « Dieu bénisse la Reine », « MacDonald pour toujours », « Liberté civile et religieuse pour l'humanité entière ». Nelson Schaw, « un perce-neige de la plus belle eau, poursuit l'*Almanac,* s'avança vers Son Excellence, le colonel MacDonald, et déclara ce qui suit : "De la part de mes frères et sœurs émancipés, je me permets de m'adresser à Votre Excellence, pour la charger de remercier notre Reine très gracieuse pour tout ce qu'elle a fait en notre faveur. Nous prierons pour elle ; nous combattrons pour elle ; et, si nécessaire, nous mourrons pour elle. Dieu bénisse Votre Excellence ! Dieu bénisse Son Excellence, Mrs. MacDonald, et toute la famille royale ! Avec moi, mes compatriotes, hourra ! Dansez, coquins noirs ! Le drapeau de l'Angleterre claque au-dessus de vos têtes, et chaque bruissement de ses plis brise les chaînes des pauvres esclaves. *Hubbabboo Cochalorum Gee !''* ».

L'école noire est située derrière la résidence du gouverneur. Les classes de garçons accueillent environ deux cents enfants, âgés de trois à quinze ans, de toutes les teintes — du presque blanc au noir d'ébène de deux petits Africains d'origine, arborant sur leurs joues les cicatrices des entailles pratiquées par leurs parents dans leur pays. Ces deux garçonnets ont été trouvés sur un navire arraisonné par un croiseur anglais ; conduits à Belize, ils échurent en partage, par tirage au sort, comme le veut la loi, à un citoyen de la colonie. Ce dernier s'est engagé à les bien traiter, et, en échange, il pourra les garder à son service jusqu'à leur majorité.

De l'école noire, nous nous rendîmes au Tribunal. Il était ouvert depuis une demi-heure quand nous y pénétrâmes. Sur le mur du fond, fixées sur un panneau d'acajou massif, s'offraient à la vue les armes d'Angleterre. Au-dessous, sur une estrade, se trouvait une grande table ronde, autour de laquelle étaient disposés d'imposants fauteuils en acajou pourvus de hauts dossiers et de coussins. La cour se compose de sept juges. Cinq d'entre eux étaient présents ce jour-là. L'un d'eux, le Mr. Walker de la veille, m'invita à prendre place dans l'un des fauteuils vacants. Je refusai, prétextant que ma tenue ne seyait pas à une charge aussi éminente, mais il insista, et finalement, je m'assis, vêtu de ma simple redingote, dans un fauteuil beaucoup trop confortable pour l'exercice de la justice.

L'un des cinq juges présents était un mulâtre. Le jury, déjà constitué, formait un beau panaché, au moins deux des jurés étant aussi des sang-mêlé : l'un d'eux, comme le juge qui était assis à côté de moi me le précisa, était un *zambo,* le fils d'une femme mulâtre et d'un homme noir. Bien en peine de déterminer la caste d'un troisième juré, je m'en enquis auprès du juge, qui me répondit que l'homme en question était son frère, et que sa mère était une mulâtresse. Mon voisin, qui connaissait l'opinion prévalant aux États-Unis au regard de la couleur, me déclara qu'il n'existait, dans la vie publique de la colonie, aucune discrimination de quelque sorte que ce fût, à l'exception de celles fondées sur les qualifications et le mérite ; et qu'il n'en existait presque aucune dans la vie sociale, même en matière de mariage.

J'avais identifié les juges et les jurés, mais il manquait l'un des éléments essentiels d'un tribunal anglais. Où étaient les *gentlemen* du barreau ? Certains de mes lecteurs seront peut-être d'accord avec le capitaine Hampton pour considérer que Belize est véritablement le « bout du monde » quand je leur apprendrai qu'il n'y avait pas un seul avocat dans la colonie, et qu'il n'y en avait jamais eu. Mais à moins que certains de mes confrères américains soient un jour tentés de boucler leurs valises pour aller faire carrière dans cet eldorado de la basoche, j'estime de mon devoir d'ajouter qu'à mon sens il n'y en aura jamais un seul.

Comme il n'existe pas de barreau pour préparer les hommes au banc des magistrats, les juges, bien sûr, n'ont aucune formation juridique. Sur les cinq citoyens assis autour de la table, deux étaient négociants, et un autre, coupeur d'acajou ; enfin, l'un des mulâtres, qui ne le cédait en rien en matière de qualification et de mérite, était médecin. Cette cour constitue la plus haute instance pour le jugement des affaires civiles, et est compétente pour tous les litiges portant sur des sommes supérieures à quinze livres. Belize est le siège d'importantes transactions commerciales ; des contrats y sont chaque jour conclus et rompus — ou mal compris, ce qui requiert l'intervention de quelque tribunal habilité à interpréter leurs clauses et contraindre leurs signataires à les honorer. Les litiges ne manquaient pas : l'ordre du jour était très chargé, et le tribunal, rempli de monde. La première affaire examinée portait sur une liquidation : le défendeur ne s'étant pas présenté, le verdict fut prononcé par défaut. Dans l'affaire suivante, le plaignant fit l'exposé des faits, et prêta serment ; le défendeur répondit, appela ses témoins, et l'affaire fut soumise aux délibérations du jury. Aucune cause n'offrait d'intérêt particulier. A un moment, cependant, le ton monta entre les deux parties en présence, le défendeur ne cessant d'interrompre le plaignant, sur quoi ce dernier, posant la main sur l'épaule de son antagoniste, déclara, d'une voix caressante : « Bon, écoute, George. Attends un peu, ce sera bientôt ton tour de parler. Ne me coupe pas la parole, et je ne te couperai pas la parole. » Tout se passait de manière informelle et bon enfant ; les parties se connaissaient plus ou moins, et juges et jurés étaient grandement influencés par les liens qu'ils entretenaient avec l'une ou l'autre. Je ferai toutefois remarquer que les affaires étaient si sérieusement étudiées que, lorsqu'elles étaient soumises au jury, le verdict n'était en général jamais contesté. La justice est rendue dans cette colonie de manière si satisfaisante que, bien qu'il soit possible de faire appel auprès de la reine et son Conseil, comme me l'a confié Mr. Evans, le chef du jury, une seule affaire a donné lieu à un recours en vingt-deux ans. Il reste que la justice de Belize constitue une anomalie dans les annales de la jurisprudence britannique. Je crois en effet que partout où prévalent les principes du droit civil, l'instruction des juges et la compétence des avocats sont tenues pour nécessaires à l'établissement de la vérité.

Le lendemain à l'aube, je fus tiré du lit par Mr. Walker pour une promenade à pied jusqu'à la caserne. Dès que nous fûmes sortis des faubourgs, nous nous retrouvâmes au milieu de terres vierges, basses et plates, mais au sol très fertile. Nous passâmes devant un ancien champ de courses, aujourd'hui abandonné et envahi par la végétation. Je dois préciser que nous avancions sur la seule route du pays, et qu'il n'existe pas de voitures sur roues à Belize. Entre la colonie britannique et la partie habitée de l'Amérique centrale, ce ne sont qu'étendues désertes, où les Indiens eux-mêmes n'ont jamais tracé aucun sentier. Il n'existe aucune voie de communication avec l'intérieur des terres en dehors du golfe Dulce ou du rio Belize, et, du fait de l'absence de routes, les habitants s'y sentent plus isolés que s'ils vivaient sur une île.

En une demi-heure, nous atteignîmes la caserne, située sur la rive opposée de la petite baie. Les soldats, tous noirs, appartiennent à un ancien régiment de la Jamaïque, et ont été enrôlés pour la plupart dans les divers postes de recrutement anglais en Afrique. Grands et athlétiques, ils sont vêtus d'uniformes rouges, et, au garde-à-vous, la baïonnette à l'épaule, avec leur visage noir d'ébène, ils ont une allure des plus martiales. Ils portent tête haute, se donnent le nom de « Gentlemen de la Reine », et affichent un beau mépris pour les « négros » du lieu.

Nous rentrâmes pour le breakfast, et repartîmes immédiatement pour une excursion dans la pirogue du gouverneur. C'est sur ce type d'embarcation que les Indiens naviguaient sur les rivières d'Amérique avant l'arrivée des Espagnols. Si elle n'a pas sensiblement perfectionné le modèle indien, l'ingéniosité européenne l'a peut-être rendu plus esthétique. Taillée dans une grume d'acajou, et pointue à ses deux extrémités, la nôtre était longue d'environ douze mètres et large de deux en son milieu. Soutenu par des montants de fortune, un frêle toit en bois recouvrait l'ensemble du canot à l'exception de la poupe, et des rideaux protégeaient les passagers du soleil et de la pluie. Équipé de larges sièges rembourrés, il était aménagé aussi confortablement que les gondoles de Venise. Il était monté par huit soldats noirs : six étaient assis deux par deux sur des bancs, maniant des rames de deux mètres de long, et deux se tenaient debout à la poupe, avec des avirons en guise de gouvernails. Quelques coups de rame suffirent à imprimer une bonne allure à la pirogue, et nous traversâmes rapidement la ville. Il était rare de voir la pirogue de Son Excellence sur l'eau ; des habitants s'arrêtèrent pour nous regarder passer, et tous les nègres désœuvrés de la ville se précipitèrent sur le pont pour nous acclamer. Leurs vivats électrisèrent nos rameurs africains, lesquels, au rythme d'une mélopée qui nous rappela les chants des bateliers nubiens sur le Nil, forcèrent sur leurs avirons : nous filâmes sous le pont, et débouchâmes bientôt sur la vaste étendue d'une majestueuse rivière. Nous entendions encore les acclamations des nègres dans le lointain quand nous nous retrouvâmes au beau milieu de solitudes aussi complètes que si nous avions été transportés à plusieurs milliers de kilomètres de toute vie humaine. Le rio Belize, dont les sources sont encore aujourd'hui à peine connues de l'homme civilisé, était alors en crue. De part et d'autre du cours d'eau, la forêt dense formait une muraille continue ; les berges étaient inondées, et les arbres semblaient surgir de l'eau et s'y reflétaient comme dans un miroir, leurs branches se rejoignant au-dessus de nos têtes, presque au point de masquer la lumière du soleil. La région des sources était le domaine de tribus indigènes, aussi sauvages et libres qu'à l'époque de Cortés. Nous avions l'ardent désir de nous y aventurer, et, de là, d'atteindre le fameux lac de Peten, où le squelette du cheval du conquérant espagnol avait été découvert par les Indiens stupéfaits, qui en avaient fait une divinité [3] ; mais les peines endurées par nos bateliers nous rappelèrent qu'ils luttaient contre un fort courant. Nous fîmes demi-tour et nous laissâmes porter par les flots. A l'approche de la ville, nos rameurs forcèrent l'allure et donnèrent de la voix, et, sous les vivats redoublant d'intensité de la population, notre pirogue passa à la vitesse de l'éclair sous le pont. Quelques minutes plus tard, nous débarquions devant la résidence du gouverneur.

Afin que nous puissions embarquer à l'heure prévue, le colonel MacDonald nous fit servir un lunch à deux heures. Comme les deux jours précédents, il avait invité quelques notabilités de la ville à notre table. Je ferais violence à mes sentiments si j'omettais d'exprimer ici ma reconnaissance envers le colonel. Le fait qu'il m'ait convié chez lui tenait certes à ma fonction de représentant du gouvernement américain, mais je ne peux m'empêcher de penser (et de m'en flatter) qu'une part de la gentillesse qu'il me témoigna procédait de quelque affinité personnelle. Le colonel MacDonald avait, vingt années durant, participé aux guerres napoléoniennes ; il a pour frère le général Sir John MacDonald, et pour cousin le maréchal français Mac-Donald. Toutes ses accointances et tous ses souvenirs touchent de près ou de loin à la chose militaire. A dix-huit ans, il avait combattu en Espagne avec le grade d'aspirant, au sein d'une armée de dix mille hommes dont il n'est plus resté, six mois plus tard, que quatre mille. Après avoir pris une part active à la campagne d'Espagne (et en avoir surmonté toutes les épreuves), il a commandé un régiment à Waterloo, et reçu sur le champ de bataille la médaille de Compagnon de l'Ordre militaire du Bain, et celle de Chevalier de l'Ordre russe de Sainte-Anne. Riche en souvenirs d'une longue carrière dans le métier des armes (il était personnellement lié, à titre public ou privé, avec les plus grandes figures militaires de ce temps), sa conversation donnait à ses interlocuteurs l'impression de lire une page d'histoire. Il appartient à une race d'hommes qui ne sera bientôt plus de ce monde, et dont un Américain a rarement l'occasion de rencontrer un représentant.

Mais revenons à notre déjeuner. La grande fenêtre de la salle à manger donnait sur le port ; le vapeur était ancré en face de la résidence du gouverneur, et la fumée noire qui s'élevait en colonne de sa cheminée indiquait qu'il était temps d'embarquer. Avant de quitter la table, le colonel MacDonald, en bon sujet de Sa Majesté, porta un toast à la Reine, après quoi il ordonna que nos verres fussent remplis à ras bord, et, après s'être levé, il but « à la santé de Mr. Van Buren, président des États-Unis », accompagnant ses vœux du souhait le plus sincère que se perpétue l'amitié entre l'Angleterre et l'Amérique ; je pensai sur le moment, sous le coup de l'émotion : « Maudite soit la main qui tentera de la briser », et, bien que peu habitué à parler au nom de mon Président et de mes compatriotes, je répondis du mieux que je pus. Un autre toast fut porté, à notre santé et au bon déroulement de notre voyage, et nous nous levâmes de table. Le doris du gouverneur nous attendait au bas de la pelouse. Le colonel MacDonald me prit par le bras, et, tout en marchant, me confia que je partais pour un pays troublé, que Mr. Savage, le consul américain en poste à Guatemala, avait récemment été amené à assurer la protection des biens et des vies de sujets britanniques, et que si quelque danger me menaçait, je devais rassembler les Européens, hisser le drapeau de ma nation, et lui demander secours. Je savais qu'il ne s'agissait pas de simples paroles de courtoisie, et, étant donné l'état du pays dans lequel je me rendais, appréciai toute la valeur d'une telle amitié. Avec les plus vifs sentiments de gratitude, je lui fis mes adieux et montai dans le doris. Au même moment, des drapeaux furent hissés sur la résidence du gouvernement, le fort, le tribunal et le schooner du gouverneur, et un coup de canon fut tiré du fort. Treize autres salves nous saluèrent lorsque nous traversâmes la baie ; quand notre bateau passa à la hauteur du fort, les soldats présentèrent les armes, et le schooner ramena et hissa à nouveau son pavillon. Monté sur le pont du vapeur, je vis le capitaine s'avancer vers moi, son couvre-chef à la main. Il m'informa qu'il avait pour instructions de placer son navire sous mes ordres, et de s'arrêter là où je le souhaiterais.

Le lecteur se demandera peut-être comment je tins mon rôle face à tous ces honneurs. J'avais visité maintes villes et maints pays, mais c'était la première fois que des drapeaux et des coups de canon annonçaient au monde mon départ vers une autre destination. J'étais un novice en la matière, mais je m'efforçai de me comporter comme si j'avais une longue habitude des cérémonies officielles. Pour dire la vérité, mon cœur battait à tout rompre, et je ressentais une grande fierté, car tous ces honneurs étaient rendus à mon pays, et non à moi-même.

Pour parfaire la solennité de cette scène d'adieux, mon bon ami le capitaine Hampton, qui avait chargé ses deux canons de quatre, fit feu au moment de notre départ, mais l'une des deux pièces rata. Le vapeur était lui-même armé d'un minuscule canon, avec lequel nous aurions pu retourner à nos amis toutes leurs civilités, mais le capitaine m'avoua qu'à son grand regret il n'avait pas de poudre.

Le vaisseau sur lequel nous avions embarqué était le dernier vestige d'une flotte affrétée par une certaine « Association Agricole Centre-Américaine », qui s'était donnée pour buts de construire des villes, de mettre en valeur des terres, d'accueillir des émigrants, et, d'une manière générale, d'œuvrer au progrès de la région. Sur les riches plaines de la province de Vera Paz, cette association britannique avait fondé le poste de « New Liverpool », auquel ne manquèrent que des maisons et une population pour devenir une ville. La barre du navire arborait une plaque de cuivre sur laquelle étaient inscrits, en une étrange juxtaposition, les noms « Vera Paz » et « London ». Le capitaine était un petit Espagnol, au visage sec et tanné par le soleil, aussi courtois qu'un *hidalgo* d'autrefois. Le mécanicien était anglais, et l'équipage était formé d'Espagnols, de métis et de mulâtres peu familiarisés avec le maniement d'un vapeur.

Notre seul compagnon de traversée était un prêtre catholique — un jeune Irlandais, qui, après avoir séjourné huit mois à Belize, se rendait désormais à Guatemala, sur l'invitation du vicaire général, qui assurait la direction du diocèse depuis le départ en exil de l'archevêque. La cabine était des plus confortables, mais les soirées étaient si douces que nous prenions notre thé sur le pont. A dix heures, le capitaine vint demander quels étaient mes ordres. J'avais imaginé beaucoup de choses, mais je n'avais jamais espéré pouvoir un jour imposer mes volontés au capitaine d'un bateau. Néanmoins, à nouveau avec autant de calme que si j'avais une grande habitude du commandement, je désignai les endroits que je désirais visiter, et me retirai. En vérité, pensai-je, si tels sont les avantages des fonctions officielles, il ne faut pas s'étonner que les hommes les acceptent avec autant d'empressement.

2

LA TRAVERSÉE DE LA MONTAGNE

Chacun pour soi. — Ruses de voyageur. — Une visite chez les Indiens Caraïbes. — Une vieille commère. — Un baptême. — Le rio Dulce. — Paysages enchanteurs. — Izabal. — Chez le padre. — Un barbier à l'œuvre. — Soldatesque. — Les factions en Centre-Amérique. — Un compatriote. — Une tombe en terre étrangère. — Préparatifs avant la traversée de la « Montagne ». — Une route sans macadam. — Périls en chemin. — Un déjeuner bien épicé. — Le passage de la montagne.

Nous avions engagé un jeune serviteur d'origine franco-espagnole ; né à Saint-Domingue, il avait passé son enfance à Omoa, au Honduras, et portait le nom d'Augustin ; comme nous le constatâmes par la suite, ce n'était pas une lumière. A notre réveil, il nous demanda ce que nous souhaitions pour notre breakfast, nous faisant miroiter des œufs, du poulet et d'autres victuailles. Nous lui donnâmes nos directives et, à l'heure dite, passâmes à table. Ce n'est qu'après avoir entamé notre repas que nous commençâmes à nous interroger sur l'origine de ce que nous avions dans notre assiette — pour apprendre bientôt que tout ce qui se trouvait sur la table, à l'exception du thé et du café, appartenait au *padre* irlandais. Sans nous être renseignés, voire sans même nous être posé la question, nous avions considéré comme allant de soi que le vapeur fournissait le couvert.

Nous apprîmes cependant, à notre grande surprise, qu'aucun repas n'était servi à bord, et que les voyageurs étaient censés apporter leurs provisions. Le *padre* avait été aussi ignorant et imprévoyant que nous, mais de bons amis, qu'il avait mariés, ou dont il avait baptisé les enfants, avaient fait porter à bord à son intention divers cadeaux, dont — étrange bagage pour un voyageur — une cage pleine de poulets. Nous félicitâmes le *padre* de la chance qu'il avait de voyager avec nous, et nous-mêmes de cette précieuse recrue qu'était Augustin. Je dois à ce propos signaler que lorsque le colonel MacDonald nous fit les honneurs de sa maison, Mr. Catherwood et moi-même dûmes passer aux yeux de notre hôte pour des voyageurs particulièrement débrouillards. Le dernier jour, alors que nous déjeunions, Mr. Catherwood dut quitter la table pour superviser le transfert de certains de ses bagages. Je le rejoignis peu après, et — heureusement pour le colonel MacDonald et l'honneur de mon pays — le découvris en train de plier tranquillement, pour le renvoyer à New York, un grand manteau bleu appartenant au colonel, pensant qu'il m'appartenait. Je retournai à table, et informai notre hôte de l'« emprunt » auquel il avait échappé de peu, ajoutant que je nourrissais quelques doutes à propos d'un grand sac en toile que j'avais trouvé dans ma chambre ; présumant qu'il s'agissait de celui que m'avait promis le capitaine Hampton, je l'avais fait charger à bord du vapeur. Il apparut que ce sac appartenait lui aussi au colonel, et qu'il s'en était servi pendant ses multiples campagnes pour transporter son lit de camp. Notre ami tint cependant à ce que nous l'emportions, et je crains qu'il ne l'ait récupéré dans un bien piètre état. Le lecteur conclura de tout cela que Mr. Catherwood et moi-même, avec l'aide d'Augustin, étions parés pour voyager dans n'importe quel pays.

Mais revenons à notre sujet. Il faisait fort beau. Notre route nous portait presque plein sud, le long de la côte du Honduras. Lors de son dernier voyage, Colomb avait découvert cette partie du continent américain, mais ses beautés et la luxuriance de sa végétation n'avaient pas suffi à l'attirer à terre. Sans débarquer, il avait poursuivi jusqu'à l'isthme de Darien, à la recherche de ce passage vers l'Inde qui était l'objet de tous ses espoirs, mais qu'il ne devait jamais découvrir.

Les bateaux à vapeur ont ruiné certaines des plus belles illusions de ma vie. C'est à une allure infernale, et dans le tintamarre des machines, que j'ai croisé le long des côtes de l'Hellespont, et entr'aperçu Sestos, Abydos et la plaine de Troie ; tout le merveilleux qui reste attaché aux voyages de Colomb s'évanouit pour celui qui s'engage dans le sillage du navigateur avec, dans les oreilles, le halètement d'un de ces monstres. Malgré cela, le voyage fut très agréable. Nous nous assîmes sous la tente de la passerelle ; le soleil dispensait une chaleur torride, mais nous étions à l'abri, et une petite brise venant du large nous rafraîchissait. La beauté grandiose de la côte confirmait l'idée que je me faisais des tropiques. Une forêt impénétrable s'étendait jusqu'au bord de l'eau. Au loin, se profilaient d'immenses montagnes, recouvertes jusqu'à leurs cimes d'un manteau de végétation perpétuellement vert ; certaines se dressaient, solitaires, dans l'azur bleu du ciel ; d'autres formaient des chaînes, de plus en plus hautes sur l'horizon, jusqu'à disparaître dans les nuages.

A onze heures, nous parvînmes en vue de Punta Gorda, un village d'Indiens Caraïbes, situé sur la côte, à environ deux cent cinquante kilomètres au sud de Belize — le premier endroit auquel j'avais demandé au capitaine de nous arrêter. En nous rapprochant, nous distinguâmes une brèche dans la muraille d'arbres du rivage, au fond de laquelle nous aperçûmes une rangée de maisons basses, spectacle qui me rappela les clairières des forêts des environs de New York. Ce n'était qu'un point infime du littoral, cerné de toutes parts par la forêt vierge. Le site était dominé par une extraordinaire montagne, qui semblait comporter deux sommets, tel le dos d'un chameau. Lorsque le vapeur s'approcha de la côte, croisant dans des eaux où aucun navire ne s'était aventuré auparavant, le village entier entra en émoi : femmes et enfants accoururent sur la grève, et quatre hommes descendirent jusqu'à l'eau et vinrent à notre rencontre à bord d'une pirogue.

Notre compagnon de voyage, le *padre*, avait rencontré de nombreux Caraïbes pendant son séjour à Belize ; il avait notamment marié et baptisé l'ensemble des habitants d'un village indien proche de la ville. Il nous demanda si nous ne voyions aucune objection à ce qu'il profite de l'occasion pour faire de même ici ; et comme nous n'en avions aucune, il apparut au moment de débarquer avec une grande bassine dans une main, et un foulard bien rempli dans l'autre, contenant ses ornements sacerdotaux.

Nous jetâmes l'ancre à faible distance du rivage, et allâmes à terre avec le canot du navire. Nous atterrîmes au pied d'une berge haute d'environ cinq mètres ; après en avoir fait l'ascension sous un soleil de plomb, nous nous trouvâmes d'emblée plongés dans toute l'exubérance d'une végétation tropicale. Outre le coton et le riz, bananiers, cocotiers, orangers, citronniers, plantaniers [4], et bien d'autres arbres fruitiers dont nous ne connaissions même pas le nom, poussaient dans une telle luxuriance que, dès les premiers instants, leurs parfums mêmes nous prirent à la gorge. A l'ombre de ces arbres, les habitants se tenaient rassemblés. Le *padre* leur fit immédiatement savoir, en s'adressant à tous, qu'il était venu pour les baptiser et les marier. Après une brève discussion, une maison fut choisie pour l'accomplissement des cérémonies, et Mr. Catherwood et moi-même, sous la conduite d'un Caraïbe (qui avait appris quelques rudiments d'anglais au cours de ses expéditions en pirogue à Belize), nous promenâmes à travers le village.

Ce dernier comptait environ cinq cents habitants, originaires de la région côtière située au sud de Trujillo, sur le territoire de la Fédération de Centre-Amérique. Ayant pris une part active à la lutte contre Morazan [5], ils avaient dû fuir lorsque son parti avait pris l'avantage, et s'étaient réfugiés en ce lieu, à l'intérieur des frontières du Honduras britannique. Bien que vivant à l'écart du monde et ne mêlant pas leur sang à celui de leurs conquérants, ils étaient complètement civilisés. Ils conservaient cependant la passion des Indiens pour les perles et les ornements. Recouvertes de feuilles de *corun*, leurs huttes étaient faites de pieux d'environ un pouce d'épaisseur, plantés à la verticale et attachés ensemble au moyen de liens d'écorce. Certaines comportaient des cloisons intérieures et des châlits faits dans les mêmes matériaux. Dans chaque foyer, on trouvait un hamac en fibres végétales, et un portrait de la Vierge, ou de quelque saint tutélaire. Nous fûmes particulièrement frappés par les progrès réalisés sur la voie de la civilisation par ces descendants de cannibales — la plus redoutable de toutes les tribus indiennes rencontrées par les Espagnols.

Les cases étaient disséminées le long de la berge, légèrement en retrait. La chaleur était si accablante qu'avant même d'avoir atteint la dernière, nous fûmes tentés de faire demi-tour, mais notre guide nous pressa d'aller voir « une très vieille femme » — en l'occurrence sa grand-mère. Nous le suivîmes et pénétrâmes dans sa hutte. Elle était très vieille ; personne ne connaissait son âge, mais elle avait largement plus de cent ans, et (ce qui lui donnait à nos yeux plus de valeur que le simple fait d'être la grand-mère de notre guide) elle venait de l'île de Saint-Vincent [6], où avaient vécu les fils les plus indomptables de sa race. Enfin, elle n'avait jamais reçu le baptême. Elle nous accueillit avec un rire niais ; sa silhouette était toute recroquevillée ; son visage était ratatiné, parcheminé et, pour tout dire, hideux ; on eût dit qu'elle avait pris un plaisir démoniaque, dans sa jeunesse, à danser devant des festins de chair humaine.

Nous revînmes sur nos pas, et découvrîmes notre ami, le *padre,* paré du contenu de son foulard — ce qui faisait de lui un prêtre tout à fait convenable. Il avait posé à côté de lui sa bassine, remplie d'eau bénite, et brandissait un livre de prières. Augustin se tenait à ses côtés, avec un bout de chandelle dans la main.

Comme la plupart des autres Indiens d'Amérique centrale, les Caraïbes avaient assimilé la doctrine du christianisme telle que la leur avaient inculquée les prêtres et les moines espagnols des siècles passés ; en toutes choses, ils respectaient avec la plus stricte rigueur les formes de la religion. Dans ce village, la visite d'un prêtre était un événement rare, mais dont il y avait lieu de se réjouir. Au début, il leur sembla que notre ami ne fût pas très orthodoxe, car il ne parlait pas l'espagnol, mais lorsqu'ils le virent dans sa robe et son surplis, avec l'encens qui brûlait, tous leurs soupçons s'évanouirent.

Il n'y avait pas grand-chose à faire ce jour-là en matière de mariages, car très peu d'hommes se trouvaient sur place pour tenir le rôle d'époux (la plupart d'entre eux étaient partis pêcher ou chasser) ; mais de nombreuses femmes s'étaient présentées d'elles-mêmes, avec un enfant dans les bras, pour les faire baptiser. Elles pénétrèrent dans la hutte transformée pour la circonstance en chapelle, se rassemblèrent en cercle, le dos au mur, et le *padre* commença à officier. A la première d'entre elles, il posa une question qui, à ma connaissance, ne se trouve pas dans la Bible, et qu'il aurait été considéré, en d'autres lieux, comme impertinent de poser à une mère offrant son enfant à la Sainte Église — à savoir « si elle était mariée ». La femme hésita, sourit, puis éclata de rire, pour finalement répondre par la négative. Le *padre* lui déclara alors que c'était « très mal » et « fort inconvenant » pour une bonne chrétienne, et lui conseilla de profiter de l'occasion présente pour épouser le père de son enfant. Elle répondit que tel était son désir, mais que ledit père était parti couper du bois d'acajou dans la forêt. Dès lors, comme les questions du prêtre et les réponses de l'Indienne devaient être traduites par un interprète, l'affaire commença à se corser. Un si grand nombre de femmes s'interposèrent, en parlant toutes en même temps, que le *padre* finit par comprendre qu'il avait touché un sujet délicat, et qu'il valait mieux passer à la femme suivante.

En fait, même pour accomplir les simples devoirs de son office, notre ami avait fort à faire. Il parlait très mal l'espagnol, son missel était en latin, et, étant incapable de traduire les phrases aussi vite que l'exigeait la cérémonie, il avait profité de notre absence pour recopier sur un bout de papier, à partir d'un livre de prières protestant espagnol, les formules officielles de la cérémonie du baptême. Dans l'affolement, il perdit son papier, et dut se rabattre sur son texte latin, et le traduire au pied levé. Après avoir peiné un moment, il se tourna vers Augustin, et lui énonça en anglais les questions qu'il voulait poser aux femmes. Augustin, en bon catholique, l'écoutait avec autant de respect que s'il avait été le pape, mais ne comprenait pas un traître mot de ce qu'il lui disait. Je dus expliquer en français les paroles du prêtre à Augustin, qui les expliqua en espagnol à l'un des hommes, qui lui-même les expliqua aux femmes dans leur idiome. Tout cela, bien évidemment, conduisit à une belle confusion, mais tous étaient si pieux et si respectueux qu'en

41

dépit de cet embrouillamini la cérémonie fut empreinte d'une grande solennité. Lorsqu'il en vint aux passages en latin, notre ami les expédia aussi vite que s'il était un émissaire frais émoulu de l'Œuvre de la Propagation de la Foi à Rome, mais les Caraïbes n'eurent pas trop de mal à le suivre.

Le *padre* nous avait parlé de la passion des Indiens pour les noms : l'une des femmes, après en avoir donné trois ou quatre à son enfant, me désigna du doigt, et demanda au prêtre d'ajouter le mien. Je ne suis pas très strict en matière de religion, mais je n'avais pas spécialement envie d'assumer sans motif les obligations qui incombent à un parrain : interrompant la cérémonie, je demandai au *padre* de m'en délier avec toute la diplomatie nécessaire. Il promit de le faire, mais c'était une journée excessivement chaude, la hutte était pleine à craquer et la porte était obstruée par une véritable foule. Mélangeant le latin, l'anglais, le français et l'espagnol, le *padre* suait à grandes eaux et ne savait plus à quel saint se vouer. Je me croyais tiré d'affaire quand, quelques instants plus tard, on me passa un enfant depuis le fond de la pièce, en me priant de le prendre dans mes bras. Pendant quelques instants, je fus soulagé sur un point : j'avais cru en effet que la femme qui était devenue mère sans être épouse était la même que celle qui désirait que son enfant portât mon nom, mais heureusement, je me trompais. Quoi qu'il en soit, et de façon fort discourtoise, je refusai de prendre le bébé. Quand nous sortîmes, cependant, la femme m'attrapa par le bras et, brandissant son fils devant moi, m'appela *compadre*. C'est ainsi que, sans le vouloir, j'étais devenu le parrain d'un enfant caraïbe. Par chance, sa mère était une honnête femme (son époux était à ses côtés). Selon toute probabilité, l'éducation religieuse de mon filleul ne me donnera jamais de grands soucis ; et je puis seulement espérer que, dans un avenir plus ou moins lointain, de nombreux petits John naîtront sur les côtes du Honduras, et que mon prénom sera respecté parmi les Caraïbes.

Nous regagnâmes le vapeur et appareillâmes quelques minutes plus tard pour le rio Dulce. Un étagement d'immenses montagnes s'étire sur de nombreux kilomètres le long de la côte ; leurs plus hauts sommets se perdent dans le lointain. Surélevée d'une dizaine de mètres au-dessus du niveau de la mer, la rive droite de l'estuaire était couverte d'une végétation aussi touffue et luxuriante que les environs de Punta Gorda. Nous parvînmes bientôt en vue d'un second village. Ce dernier était occupé par une autre tribu caraïbe qui, chassée comme la première de ses terres par la guerre, avait remonté la côte vers le nord, et, avec ce don qu'ont tous les Indiens pour se fixer au milieu des plus beaux paysages, s'était établie dans cet endroit. Leurs huttes couvertes de feuilles étaient alignées le long de la berge, à l'ombre de bananiers de paradis et de cocotiers ; des pirogues, leurs voiles mises, dansaient sur l'eau, et, assis sous les arbres, des hommes et des femmes nous observaient. Baignée par les rayons du soleil déclinant, loin des tumultes d'un monde enfiévré, la scène qui s'offrait à notre regard était empreinte de paix et de liberté.

Mais, pour belle qu'elle fût, nous l'oubliâmes bientôt, car une étroite ouverture dans un rempart de montagnes nous invitait à pousser plus avant : quelques instants plus tard, nous naviguions sur le rio Dulce. De chaque côté, hautes de plus de cent mètres, se dressaient à la verticale des murailles de roc recouvertes de végétation. Des arbres au feuillage dense, impénétrable, poussaient du bord de l'eau jusqu'au sommet des falaises. Pas un seul espace libre n'était visible, et de part et d'autre de la rivière, du faîte des plus hauts arbres, de longues lianes descendaient jusqu'à l'eau, comme si elles voulaient la boire et, ainsi, vivifier les troncs qui les portaient. C'était, comme son nom l'indique, un rio *dulce,* traversant une terre de Titans, au milieu de paysages féeriques où la plus exquise beauté se mêlait au sublime et au colossal. Un peu plus loin, le canyon dessina une courbe et la mer disparut derrière les montagnes. Bientôt, nous nous trouvâmes entourés de tous côtés par des murailles de forêt, mais la rivière, bien qu'aucune issue ne fût en vue, nous invitait à aller toujours de l'avant. Était-ce là le seuil de cette terre de volcans et de tremblements de terre, déchirée et troublée ·par la guerre civile ? Pendant longtemps, nous cherchâmes en vain du regard un espace libre de végétation. Finalement, nous aperçûmes un à-pic rocheux, mais lui-même n'était pas entièrement nu : sortant des fissures, et, on eût dit, de la roche elle-même, des broussailles et des arbres s'élançaient vers le ciel. Parfois, nous étions à tel point entourés par la jungle qu'il semblait que le navire devait se frayer un chemin parmi les arbres. De place en place, au débouché d'une courbe, le mur disparaissait, et le soleil dardait alors ses rayons avec une force redoublée, mais quelques instants plus tard, nous étions à nouveau plongés dans l'ombre la plus profonde. Selon les descriptions fantaisistes que nous avions en mémoire, nous nous attendions à voir des singes faire des cabrioles dans les arbres, et des perroquets voler au-dessus de nos têtes, mais tout était aussi tranquille que si l'homme n'avait jamais pénétré dans cette contrée. Le pélican, le plus calme des oiseaux, fut le seul être vivant que nous surprîmes, et nous n'entendîmes aucun son hormis le grondement incongru de notre machine à vapeur. Le sauvage défilé qui conduit à la cité troglodyte de Pétra, dans le désert d'Arabie, n'est ni plus silencieux ni plus extraordinaire — s'il peut être comparé, dans sa stérile désolation, à l'immense vallée du rio Dulce, où tout est luxuriant, romantique et beau.

Sur quinze kilomètres, le passage offrait la même scène et la même beauté, quand soudain l'étroite rivière s'élargit et se transforma en un grand lac entouré de montagnes et parsemé d'îles, que le soleil couchant éclairait de tous ses feux. Nous restâmes sur le pont jusqu'à une heure avancée de la nuit, pour nous réveiller le lendemain matin dans le port d'Izabal. La présence d'un seul malheureux schooner d'une quarantaine de tonneaux témoignait de l'état peu florissant de son commerce. Nous débarquâmes avant sept heures du matin, mais il faisait déjà très chaud. Il n'y avait pas âme qui vive sur le rivage, et l'employé des douanes fut la seule personne qui nous reçut.

La ville est sise légèrement en hauteur au bord du Golfo Dulce, au pied de montagnes dominées elles-mêmes par d'autres sommets. Nous remontâmes la rue principale jusqu'à la place centrale, sur un côté de laquelle se dressait la demeure des señores Ampudia et Pulleiro, la plus vaste maison du lieu, et la seule qui fût en pierre. Les autres habitations étaient toutes des huttes, faites de pieux et de roseaux, et recouvertes de feuilles. De l'autre côté de la place, une grande remise abritait des balles de marchandises, ainsi que les muletiers et les mules qui s'apprêtaient précisément à les transporter de l'autre côté du mont Mico.

La nouvelle de l'arrivée du *padre* irlandais se répandit très vite dans la ville. Elle fut saluée par une volée de cloches, et, une heure plus tard, notre ami, vêtu de son surplis, disait la messe. L'église se dressait sur le haut de la place et, comme les maisons, était faite de pieux et couverte de feuillages. Une grande croix en bois, à une distance de quatre ou cinq mètres, faisait face à son porche. Son sol en terre battue était jonché de rameaux de pin ; les murs étaient garnis de branchages et de guirlandes de fleurs, et sur l'autel reposaient des statues de la Vierge et de saints. Il y avait fort longtemps que les habitants n'avaient pas eu le privilège d'assister à une messe, et toute la population — Espagnols, métis et Indiens — répondit à l'appel des matines. L'église était remplie de femmes agenouillées, leurs têtes recouvertes de châles blancs ; derrière elles, adossés aux piliers, se tenaient les hommes. La ferveur et l'humilité de l'assistance, le sol en terre battue et le toit de feuillages formaient un tableau plus imposant que les fastes qui entourent les offices religieux dans les grandes cathédrales de l'Europe ou sous le dôme de Saint-Pierre de Rome.

Après le petit déjeuner, nous nous mîmes en quête d'un barbier. On nous envoya chez le receveur du port, qui, à ce qu'on nous dit, était le meilleur coiffeur de la ville. Sa maison n'était pas plus grande que celle de ses voisins, mais à l'intérieur pendaient aux murs une selle de soldat, avec des pistolets dans leurs étuis, et un énorme sabre — les accoutrements du receveur lorsqu'il partait en campagne, avec son adjoint, pour semer la terreur chez les contrebandiers. Malheureusement, cet honnête citoyen n'était pas chez lui, mais ledit adjoint nous offrit ses propres services. Mr. C. et moi-même nous en remîmes à ses soins, mais le *padre*, qui tenait à ce qu'on lui rase la tonsure, conformément à la règle de son ordre, décida d'attendre le retour du receveur.

Je rendis ensuite visite au commandant de la garnison, pour lui présenter mon passeport. Sa résidence était située de l'autre côté de la place. Un soldat âgé d'environ quatorze ans, coiffé d'un chapeau de paille à clochettes qui lui tombait sur les yeux comme un éteignoir sur une chandelle, montait la garde devant la porte. La troupe, composée d'une trentaine d'hommes et d'adolescents, était alignée devant la maison, et un sergent fumant un cigare la passait en revue. L'uniforme consistait, en théorie, en un chapeau de paille blanc, un pantalon de coton, une chemise couvrant la ceinture, un mousquet et une boîte de cartouches. Sur un point particulier, l'uniformité était strictement observée : tous allaient nu-pieds. Un grand escogriffe de six pieds de haut se tenait à côté d'un petit garçon de douze ou treize ans. L'agent des douanes escortait le sergent, à qui il prodiguait ses conseils. Après une courte « manœuvre » et quelques palabres, le sergent s'avança vers le rang, et, de la paume de la main, frappa un soldat sur cette partie du corps qui, dans ma tendre enfance, était tenue par le maître d'école pour la voie de passage la plus rapide du savoir vers la cervelle d'un jeune garçon.

Le commandant de cette joyeuse bande était Don Juan Peñol, un gentilhomme de naissance et d'éducation, qui, avec d'autres membres de sa famille, avait été exilé par le général Morazan, et avait trouvé refuge aux États-Unis. Son prédécesseur, un officier de Morazan, venait d'être chassé par les partisans de Carrera, et Peñol n'exerçait ses fonctions que depuis vingt jours.

Trois principales factions se livraient alors une guerre sans merci pour le pouvoir en Amérique centrale : celle de Morazan, l'ancien président de la Fédération de « Centre-Amérique », au Salvador ; celle de Ferrera, au Honduras ; et celle de Carrera, au Guatemala. Ferrera était un mulâtre, et Carrera, un Indien ; leur seul terrain d'entente était leur opposition commune à Morazan. Quand Mr. Montgomery visita le Guatemala, le pays commençait tout juste à être gagné par l'anarchie avec la montée en puissance de Carrera, alors tenu pour un simple chef de bande, un brigand et un assassin ; ses partisans étaient appelés les *Cachurecos* (« Fausse monnaie »), et Mr. Montgomery m'a confié qu'un passeport officiel ne constituait en aucune manière une protection contre leurs agissements. Carrera était devenu entre-temps le chef du parti au pouvoir au Guatemala. Señor Peñol nous dressa un tableau attristant de l'état de son pays. Une bataille venait juste de mettre aux prises, près de San Salvador, les forces de Morazan et de Ferrera ; le premier y avait été blessé, mais les forces de Ferrera avaient été taillées en pièces. Peñol craignait que Morazan ne marchât sur Guatemala. Il ne pouvait me délivrer un passeport que pour cette ville, et encore tint-il à m'avertir qu'il ne serait pas reconnu par Morazan.

Le personnage du señor Peñol nous toucha : il était encore jeune, mais son visage était marqué par les soucis et l'anxiété ; le présent ne lui offrait que des sujets d'affliction, et l'avenir n'était guère plus souriant. A notre grand regret, les renseignements qui nous furent fournis incitèrent notre ami le *padre* à renoncer momentanément à se rendre à Guatemala. Il avait entendu les terribles récits qui couraient sur les proscriptions et les persécutions des prêtres par Morazan, et estimait qu'il était dangereux de tomber entre ses mains. Sa crainte de connaître pareille mésaventure devait le faire quitter peu après le pays.

Dans la soirée, je fis une promenade dans la ville. Sa population regroupait environ quinze mille Indiens, Noirs, mulâtres, *mestizos* et autres sang-mêlé de toutes teintes, ainsi que quelques Espagnols. Je fus bientôt abordé par un homme qui se présenta comme étant mon compatriote — un mulâtre de Baltimore nommé Philips, qui vivait depuis huit ans dans ce pays. Il me confia qu'il avait plus d'une fois songé à rentrer dans notre patrie commune, pour y exercer le métier de valet, mais qu'il était parti de chez lui avec une telle précipitation qu'il avait oublié d'emporter ses « papiers d'identité ». J'en déduisis qu'il était ce qu'on appelait dans le Maryland un « esclave en fuite ». C'était à n'en point douter une notabilité de la ville, exerçant le métier de pompier à bord du vapeur pour vingt-trois dollars par mois ; il effectuait par ailleurs divers travaux de menuiserie et était en fait le principal architecte d'Izabal. Je dois cependant préciser qu'en d'autres domaines Mr. Philips n'était pas aussi respectable. Il me pria en effet de l'accompagner jusqu'à sa maison pour y rencontrer sa femme, mais je devais apprendre en chemin qu'il n'était pas marié. Il s'empressa d'ajouter — ce qui, je l'espère, n'est que calomnie à l'endroit des honnêtes habitants d'Izabal — qu'il ne faisait que se conformer à l'usage général. En sa qualité de propriétaire et d'Américain, je tentai de le convaincre de profiter de la présence du *padre* irlandais pour se marier et donner ainsi le bon exemple. Il refusa obstinément, alléguant qu'il ne voulait pas d'un boulet au pied, et qu'il préférait pouvoir reprendre sa liberté et vivre avec une autre femme qu'il aimerait davantage.

Alors que nous devisions devant sa porte, nous vîmes passer Mr. Catherwood, qui se rendait chez Mr. Rush, le mécanicien du vapeur, tombé malade pendant la traversée. Nous le suivîmes jusqu'à la masure de l'infortuné marin. Ce dernier était allongé dans un hamac, encore tout habillé. C'était un véritable colosse, à la musculature impressionnante, mais il gisait là, aussi faible et désemparé qu'un enfant. Une unique chandelle plantée dans le sol dispensait une lumière ténue, et plusieurs hommes de races et de couleurs différentes — du Saxon à peau blanche à l'Indien et à l'Africain — faisaient cercle autour de lui, insolites infirmières pour qui avait connu le confort douillet d'un *home* anglais. Je me souvins qu'Izabal était réputé pour son insalubrité. Mr. Montgomery, qui a publié une intéressante relation de son voyage au Guatemala en 1838 [7], m'avait confié qu'on y courait un danger mortel, ne fût-ce qu'en y passant. Je me rappelai également — et, chose étrange, ce détail m'était jusque-là sorti de l'esprit — que Mr. Shannon, l'un des précédents chargés d'affaires américains en Amérique centrale, y était mort. Philips accepta de m'emmener sur le lieu de sa sépulture, mais, dans l'obscurité, il craignait de ne pas trouver le chemin. J'avais l'intention de me mettre en route très tôt le lendemain matin, et, de peur de négliger, dans la hâte du départ, l'obligation sacrée qui m'était faite de visiter, en ce lieu perdu, la tombe d'un Américain, je retournai chez le señor Ampudia, et le priai de m'accompagner. Nous traversâmes la place, franchîmes les faubourgs, et, quelques minutes plus tard, nous nous retrouvâmes en dehors de la ville. La nuit était si noire que je voyais à peine où je posais les pieds. Après avoir traversé une profonde ravine sur une planche, nous atteignîmes un terrain en pente cerné par la forêt. Près de la lisière des bois, avait été érigé un petit enclos rudimentaire, à l'intérieur duquel se trouvait la tombe d'un parent du señor Ampudia ; près d'elle, gisait celle de Mr. Shannon. Aucune pierre, aucune clôture, et pas la moindre élévation ne permettaient de la distinguer du sol environnant. C'était là un bien sinistre lieu de repos éternel pour un compatriote, et j'en ressentis une infinie tristesse. Une sorte de fatalité avait pesé sur notre représentation diplomatique auprès du gouvernement de Centre-Amérique. Mr. Williams, Mr. Shannon, Mr. De Witt, Mr. Leggett, qui tous avaient occupé cette fonction, étaient morts loin de leur patrie. Un passage d'une lettre que m'avait adressée un proche parent de Mr. De Witt me revint soudain en mémoire : « Puissiez-vous avoir plus de chance que vos prédécesseurs. » Il était navrant qu'un homme mort à l'étranger au service de son pays fût ainsi abandonné sur une montagne sauvage, sans qu'aucune pierre n'indiquât l'emplacement de sa tombe. Je retournai à la ville, et ordonnai qu'une palissade fût dressée autour de la sépulture de Mr. Shannon. Mon ami le *padre* me promit d'y planter un cocotier.

Au lever du jour, les muletiers commencèrent à charger leurs bêtes en vue du passage de la « Montagne ». A sept heures, la caravane entière, qui regroupait près de cent vingt mules et vingt-cinq muletiers, était déjà en route. Notre propre groupe comprenait cinq mules (deux pour Mr. Catherwood et moi-même, une pour Augustin, et deux pour nos bagages) et quatre porteurs indiens. Si l'on nous avait laissé le choix, peut-être aurions-nous répugné sur le moment à utiliser des hommes comme bêtes de somme, mais le señor Ampudia s'était occupé de tout à notre place. Les Indiens étaient entièrement nus, mis à part une petite pièce de coton nouée autour des reins, dont ils faisaient passer un pan entre leurs jambes. Les charges étaient préparées de manière à présenter sur un côté une surface plane. Les Indiens s'assirent à même le sol, le dos contre ledit côté, placèrent en travers de leur front la courroie qui soutenait la charge, et, après avoir ajusté cette dernière sur leurs épaules, se relevèrent. Notre quasi-indifférence pourra paraître cruelle, mais à peine avions-nous songé à leur témoigner notre sympathie qu'ils étaient déjà hors de notre vue.

A huit heures, Mr. C. et moi-même enfourchâmes nos montures, armés chacun d'une panoplie de pistolets et d'un grand couteau de chasse pendant à notre ceinture. Par ailleurs, n'ayant pu me résoudre à m'en séparer, je portais en bandoulière mon baromètre servant à mesurer les altitudes. Augustin s'était muni de pistolets et d'un sabre. Quant à notre chef muletier, monté sur une bête, il arborait une énorme machette et, sur ses chevilles nues, une paire d'éperons meurtriers, avec des molettes longues de cinq centimètres. Enfin, deux autres muletiers nous accompagnaient à pied, armés chacun d'un fusil.

Quelques badauds étaient venus assister à notre départ. Ils nous souhaitèrent bon voyage. Après être passés devant les quelques masures qui faisaient office de faubourgs, nous débouchâmes sur une plaine marécageuse parsemée de broussailles et d'arbustes. Quelques minutes plus tard, nous nous retrouvâmes au cœur d'une forêt impénétrable. A chaque pas, les mules s'enfonçaient dans la boue jusqu'aux fanons, et, très vite, nous dûmes franchir de véritables mares et bourbiers, qui me rappelèrent les sentiers équestres solitaires des forêts des Appalaches à la fin de l'hiver. Au fur et à mesure que nous avancions, l'ombre des arbres devenait de plus en plus épaisse, et les mares, de plus en plus profondes. S'élevant parfois à près d'un mètre au-dessus du sol, des racines entrelacées enjambaient le sentier. Je confiai finalement mon baromètre au muletier, ayant fort à faire pour rester en selle. Toute conversation avait cessé, car nous devions suivre avec la plus grande attention les traces du muletier. A plusieurs reprises, nous nous enfonçâmes jusqu'à la ceinture dans de véritables fondrières dont la boue bleutée colla à nos vêtements pour le reste du voyage.

La caravane de mules, qui avait pris de l'avance, ne nous précédait plus que d'une courte distance. Quelques instants plus tard, nous entendîmes à travers les bois les clameurs des muletiers et les claquements de leurs fouets. Nous la dépassâmes sur la berge d'un torrent qui dévalait la montagne, et dont le lit rocailleux nous servit désormais de sentier. L'eau était obscurcie par l'ombre des arbres qui surplombaient la rivière. Les muletiers, torse nu, leurs pantalons enroulés au-dessus des genoux, s'étaient répartis sur toute la longueur de la caravane : l'un d'eux courait après une bête sortie du chemin ; un second se précipitait sur une mule dont la charge menaçait de glisser ; un troisième en aidait une autre à se relever ; un autre, les pieds calés contre les flancs de sa monture, l'éperonnait sans ménagement pour la faire avancer. Tous criaient, juraient, et donnaient du fouet : tout cela se déroulait dans un désordre indescriptible, et formait un tableau presque terrifiant.

Nous nous mîmes sur le côté pour laisser passer le convoi. Après avoir franchi le torrent et pris un raccourci par la forêt, nous retombâmes dans le cours d'eau, au beau milieu de la caravane. Les branches des arbres se rejoignaient au-dessus de nos têtes, et le lit du rio était si accidenté et pierreux que les mules ne cessaient de trébucher. Une fois remontés sur la berge, nous atteignîmes en une heure le pied de la montagne. L'ascension commença par une pente des plus abruptes, et un extraordinaire couloir. Il s'agissait d'un goulet resserré, si raviné par les eaux des torrents de la montagne et le piétinement des mules que ses parois étaient plus hautes que nos têtes, et si étroit que deux cavaliers ne pouvaient y passer de front. Notre caravane au complet s'engagea dans ce singulier défilé, les muletiers cheminant en ordre dispersé, les uns parmi leurs bêtes, les autres sur les remblais, à la lisière des bois, dégageant les mules quand elles s'enlisaient, et les relevant quand elles tombaient. Si l'une d'elles s'arrêtait, toutes celles qui suivaient se trouvaient bloquées, tout demi-tour étant impossible. A l'inverse, quand une bête forçait soudainement son allure, nous étions immanquablement comprimés contre les parois du goulet, et le danger était grand de se faire écraser une jambe. Émergeant de ce défilé, nous retrouvâmes bourbiers et racines, avec la difficulté supplémentaire d'avoir à gravir une pente de plus en plus escarpée. Dominant la forêt, les acajous projetaient autour d'eux leurs racines géantes, qui n'étaient point recourbées, comme celles des autres arbres, mais droites, avec des arêtes tranchantes, qui fendaient les rochers et transperçaient les racines des arbres voisins. La saison des pluies touchait à sa fin. Les trombes que nous avions essuyées en pleine mer avaient noyé la montagne sous un véritable déluge, et le chemin était dans le pire état que l'on pût imaginer. Il n'avait pas plu les jours précédents, mais à peine nous étions-nous félicités de notre bonne fortune, que la forêt s'assombrit et la pluie se mit à tomber. Les bois étaient impénétrables au regard, et rien hormis notre détestable sentier ne s'offrait à notre vue. Pendant cinq longues heures, nous nous frayâmes un chemin à travers cet enfer végétal, plongeant dans les fondrières, trébuchant sur les racines, quand nous ne nous heurtions pas aux arbres. Chaque mètre parcouru requérait une attention de tous les instants et de considérables efforts physiques. Si quelque malheur nous était survenu, peu glorieuse eût été notre épitaphe : « Projeté par-dessus la tête de sa mule, le crâne fracassé contre un tronc d'arbre, a été englouti par la boue du mont Mico. » Nous tentâmes de marcher, mais les rochers et les racines étaient si glissants, les bourbiers si profonds et le terrain si accidenté, qu'il était impossible d'avancer à pied.

Les mules avaient beau n'être chargées qu'à moitié, plusieurs d'entre elles s'écroulèrent, et les coups de fouet ne purent les faire mouvoir d'un pouce. Rares furent les bêtes qui, en les enjambant, ne tombèrent pas à leur tour. Dans notre propre groupe, la mienne fut la première à tomber. Constatant que je ne pourrais jamais la relever avec la bride, je réussis, au prix d'efforts surhumains, à me dégager et à sauter sur le côté (je parvins à éviter racines et arbres, mais pas la boue). Mais j'avais échappé de justesse à un plus grand péril : sorti de son fourreau, mon poignard pointait vers le ciel, à la verticale, son manche planté dans la glaise et sa lame nue, longue de trente centimètres, dardant vers le ciel. Mr. Catherwood fut pour sa part éjecté de sa selle avec une telle violence que pendant quelques instants, mesurant le caractère désespéré de notre situation, je fus pris de panique. Le corps à moitié plongé dans la boue, Mr. C. resta un moment sans mot dire, avant de me signifier, dans un accès de rage, que s'il avait su ce qui l'attendait dans cette « montagne », je serais certainement parti seul en Amérique centrale. Si les honneurs qui m'avaient été rendus à Belize m'avaient laissé envisager la suite de mon voyage avec un bel optimisme, ce misérable chemin — l'unique route qui reliât Izabal et la mer des Caraïbes à la capitale du pays, Guatemala, ma destination — me fit déchanter. Peu après, la mule d'Augustin bascula en arrière. Notre compagnon dégagea *in extremis* ses pieds des étriers, et tenta d'éviter la bête, mais cette dernière retomba sur sa jambe gauche. S'il n'avait pas eu la présence d'esprit de sauter de sa monture, chacun de ses os eût été broyé. La mule rua des quatre fers, et ils se relevèrent ensemble, sans aucun dommage, si l'on excepte le fait que la boue, dont ils n'étaient maculés que par endroits avant leur chute, formait désormais sur eux une véritable carapace épaisse et unie.

Nous continuions à peiner dans notre ascension quand, après un tournant, nous croisâmes un voyageur solitaire. C'était un homme de haute taille, aux cheveux bruns, coiffé d'un panama à larges bords, rebiquant sur les côtés ; il portait un veston guatémaltèque à rayures, avec des basques à franges, ainsi qu'un pantalon écossais, des jambières en cuir, des éperons et un sabre ; il chevauchait une belle mule, nantie d'une selle à haut pommeau, et les crosses de deux pistolets de cavalier sortaient de leurs étuis. Son visage était couvert de sueur ; sa poitrine et ses jambes étaient maculées de boue, et son flanc droit était entièrement incrusté de terre séchée. Au total, son aspect était des plus effrayants. Il nous paraissait déjà étrange de rencontrer un voyageur sur pareille route. Quelle ne fut pas notre surprise quand l'inconnu nous adressa la parole en anglais ! Il avait quitté Guatemala avec une escorte de muletiers et d'Indiens, mais il les avait perdus en pleine forêt, à un détour du chemin, et poursuivait seul sa route. Il avait déjà franchi par deux fois la montagne dans le passé, mais il ne l'avait jamais vue dans un si mauvais état. Il était tombé à deux reprises. La dernière fois, sa mule lui était passée sur le corps, et l'avait presque écrasé. Cette chute avait tellement effrayé sa bête qu'il parvenait à peine à la faire avancer. Il mit pied à terre. Les tremblements de sa mule et son propre état, des plus piteux, confirmèrent ses dires. Il me demanda du cognac, du vin, ou de l'eau — n'importe quoi qui pût lui redonner force, mais, hélas, nos provisions étaient loin en avant, et il était hors de question pour lui de reculer d'un pas. Le lecteur imaginera notre stupéfaction quand, les pieds enfoncés dans la boue, il nous raconta qu'il avait séjourné deux ans à Guatemala pour « négocier » un contrat bancaire. Débarquant tout juste du pays des banques, je crus un moment qu'il se payait ma tête, mais il n'était pas d'humeur à plaisanter. A l'attention de ceux qui seraient tentés d'y voir la preuve du progrès de la civilisation en Amérique centrale, je puis affirmer que notre ami de rencontre, malgré sa triste mine, avait son contrat en poche, et qu'il était en route pour la Grande-Bretagne pour y vendre ses titres. Il nous confia aussi — ce qui est déjà plus dans le ton de la scène — que Carrera marchait sur San Salvador, et qu'une bataille entre ses troupes et celles de Morazan était imminente.

Mais aucun de nous n'avait de temps à perdre. Nous nous séparâmes — avec quelque regret, et d'une manière presque aussi abrupte que notre rencontre — et poursuivîmes chacun notre route. A une heure, à notre inexprimable satisfaction, nous atteignîmes le sommet de la montagne. Nous y trouvâmes une clairière d'environ cinquante mètres de diamètre, défrichée à l'intention des muletiers surpris par la nuit ; çà et là gisaient sur le sol des petits tas de cendres et de braises consumées — les vestiges de leurs feux. C'était le seul endroit de la montagne que le soleil pouvait atteindre (la terre y était sèche), mais la vue y était bornée par la lisière de la forêt.

Nous y aurions volontiers déjeuné, mais, faute de point d'eau, nous dûmes pousser plus loin. La descente était aussi mauvaise que la montée, et, au lieu de marquer de temps en temps une pause pour permettre aux mules de reprendre leur souffle, leurs maîtres semblaient vouloir leur faire établir un record de vitesse. Dans un défilé particulièrement boueux, nous fûmes stoppés net par la chute d'une des mules de tête, et comprimés par toutes celles qui venaient derrière : à la première occasion, nous laissâmes passer l'ensemble de la caravane. La prudence des mules est extraordinaire : pendant une heure, je me plus à observer les mouvements de celle qui me précédait. Parfois, elle posait son sabot sur une racine ou une pierre, pour en éprouver la solidité comme l'eût fait un homme ; un peu plus loin, elle extrayait ses pattes de devant d'une mare de boue où elle s'était enfoncée jusqu'aux épaules — pour retomber quelques secondes plus tard dans la fondrière suivante.

Cet effroyable sentier, je l'ai dit, n'est autre que la « grand-route » qui relie la mer des Caraïbes à Guatemala, depuis toujours l'une des principales villes de l'Amérique espagnole. La quasi-totalité du transit des voyageurs et des marchandises venant de l'Atlantique s'effectue par lui. S'il se trouvait dans un si mauvais état, nous expliqua notre guide, c'était parce qu'il était emprunté par un trop grand nombre de mules — ce qui, dans tout autre pays, aurait constitué une raison suffisante pour l'améliorer.

Deux heures plus tard, nous atteignîmes une rivière aux eaux impétueuses — un torrent écumant qui dévalait la montagne au milieu d'un véritable chaos de blocs de pierre, sous une voûte de grands arbres. Elle avait pour nom « El Arroyo del Muerto » (le « Torrent du Mort »). Les muletiers s'éparpillèrent sur les rochers, ou à l'ombre des arbres, pour y manger leur frugal repas composé de galettes de maïs. Les mules prirent le frais dans la rivière, ou s'égaillèrent sur les berges. Nous jetâmes notre dévolu sur un grand arbre, qui étendait ses branches au-dessus de nous comme un toit, et était situé si près de l'eau que nous pouvions y plonger nos tasses sans avoir à nous lever.

Outre ma propre personne, le principal objet de mon anxiété avait été, tout au long de la journée, ce baromètre que, le lecteur s'en souvient, j'avais confié à contrecœur à notre guide. Ce dernier portait par ailleurs à sa ceinture une petite cruche blanche dont il paraissait très fier et prenait grand soin. Plusieurs fois, après avoir trébuché et failli tomber, il s'était retourné et avait brandi son pichet, intact, avec un sourire rayonnant, ce qui me donnait bon espoir pour mon baromètre. Et, de fait, il le transporta jusqu'au bout sans le briser, mais, hélas, le réservoir à mercure, mal fermé, s'était entièrement vidé de son contenu. Il était impossible de le réparer à Guatemala, et la perte de cet instrument constitua l'un des grands regrets de mon voyage. Nous gravîmes en effet un grand nombre de montagnes dont l'altitude n'avait jamais été mesurée jusque-là avec exactitude.

Mais nous connûmes une autre mésaventure qui, sur le moment, nous contraria encore davantage. Nous nous étions assis en tailleur à l'ombre de l'arbre, en ayant pris soin de laisser un espace entre nous. Augustin y avait déposé nos victuailles encore enveloppées dans une nappe. Tout en continuant à nous désaltérer avec l'eau fraîche du torrent qui coulait à nos pieds, nous nous prîmes à songer à nos patries respectives, et devisâmes avec condescendance des trains, des villes et des hôtels. Mais, ô sectateurs de la civilisation, votre vengeance fut prompte ! Nous déroulâmes la nappe, et le tableau qui s'offrit à nos yeux fut trop choquant, même pour les nerfs les plus résistants. Nous avions emporté du pain pour trois jours, des œufs durs et deux volailles rôties. Augustin avait oublié le sel, mais il avait placé dans la nappe, de sa propre initiative, de la poudre à fusil enveloppée dans un grand papier. Hélas, ledit papier s'était déchiré, et le pain, les volailles et les œufs étaient copieusement assaisonnés de ce condiment inédit. Toute la beauté des lieux, toute notre sérénité, tout, sauf nos appétits dévorants, s'évanouit en un instant. Des auberges regorgeant de mets plantureux surgirent dans nos imaginations. Inutile de préciser que nous agonîmes d'injures ce pauvre Augustin, nous qui avions été jusque-là si patients à son égard, et rêvâmes un instant de lui faire ingurgiter tous nos vivres, avec leur assaisonnement infernal, jusqu'à la dernière bouchée. Nous ne pûmes sauver assez de nourriture pour calmer notre faim. C'était peut-être la plus innocente manière de goûter à la poudre ; il reste que la dragée fut amère. Après avoir grignoté ce qui pouvait l'être, nous jetâmes dans la rivière le reste de nos provisions.

Cet incident clos, nous remontâmes en selle, et, passant à gué le torrent, poursuivîmes notre descente. Après avoir contourné un contrefort de la montagne, nous atteignîmes une dernière crête, libre de toute végétation, au pied de laquelle s'étendaient à perte de vue de vastes espaces de savane. Nous gagnâmes bientôt un petit plateau où les muletiers d'une importante caravane en route vers Izabal avaient dressé leur camp pour la nuit. Les balles d'indigo qui constituaient leur chargement étaient empilées les unes sur les autres, formant un véritable mur. Leurs mules paissaient tranquillement auprès d'eux, et leur repas cuisait sur des feux. Nous éprouvâmes une grande satisfaction à nous trouver à nouveau en terrain découvert, et à voir se profiler derrière nous la montagne, avec sa forêt impénétrable, illuminée par le soleil couchant, et sa masse à la fois imposante et sinistre : nous l'avions franchie ! Pendant les dix heures qu'avait duré notre voyage à dos de mule (le plus difficile dont j'aie jamais fait l'expérience), nous n'avions parcouru que dix-neuf kilomètres.

Descendant de ce plateau, nous atteignîmes une plaine densément boisée. En quelques minutes, nous parvînmes près d'une palmeraie sauvage d'une singulière beauté. De l'extrémité d'un grand stipe nu avaient poussé des branches longues de cinq à dix mètres qui, partant du tronc, retombaient vers l'extérieur en une courbe gracieuse, tels d'énormes panaches de plumes. Les autres arbres étaient si rapprochés que leurs branches, en se rencontrant, formaient de véritables voûtes — par endroits aussi géométriques que si elles avaient été construites par la main de l'homme. Quand nous nous engageâmes sous leurs frondaisons, la quiétude solennelle et l'atmosphère de désolation qui y régnaient nous rappelèrent les colonnes d'un temple égyptien.

A la tombée du jour, nous atteignîmes le *rancho* de Mico — une petite maison faite de pieux et de boue séchée. Par un appentis à toit de branchages, on accédait à une autre maison de plus grandes dimensions, construite dans les mêmes matériaux et réservée aux voyageurs. Elle était déjà occupée par deux groupes venant de Guatemala ; l'un d'eux était composé du chanoine Castillo, de son secrétaire et de deux jeunes représentants de la grande famille des Pavon ; l'autre était conduit par un négociant français retournant à Paris. Mr. C. et moi-même offrions un spectacle des plus pittoresques : nous n'étions pas éclaboussés, nous étions littéralement plâtrés de boue de la tête aux pieds, mais chacun se présenta et nous reçûmes les plus cordiales salutations de bienvenue en Amérique centrale.

L'allure de ces voyageurs me laissait bien auguer des personnes que j'allais rencontrer à Guatemala. Le chanoine était l'un des personnages les plus importants du pays, tant par ses fonctions que par sa stature personnelle. Il était alors en route pour La Havane, avec une mission politique délicate : il était en effet chargé par l'Assemblée constituante de convaincre l'archevêque, exilé par le général Morazan dix ans plus tôt, de regagner sa juridiction. Désirant nous faire les honneurs de sa table, il disposa devant nous du chocolat et — ce qu'il appelait le « plat national » des Guatémaltèques — des *frijoles* (des haricots noirs frits), dont, heureusement pour la suite de notre voyage, nous raffolâmes sur-le-champ. Nous étions épuisés, mais une agréable compagnie est préférable au sommeil. Le chanoine avait fait ses études à Rome, et passé toute sa jeunesse en Europe ; le Français était de Paris ; les jeunes Pavon faisaient leurs études à New York. Nous veillâmes jusqu'à une heure avancée de la nuit, nos vêtements raidis par la boue, conversant sur la France, l'Italie et nos patries respectives. Finalement, nous suspendîmes nos hamacs. Nous avions été tellement occupés depuis notre arrivée que nous n'avions plus prêté attention à nos bagages. Lorsque nous voulûmes changer de tenue, nous ne pûmes trouver nos hommes, et dûmes nous coucher avec nos vêtements de la journée ; mais, avec le sentiment réconfortant d'avoir « franchi la montagne », nous tombâmes très vite dans les bras de Morphée.

3

DANS LES SOLITUDES
DU GUATEMALA

*Comment rôtir une volaille. — ... et fabriquer une chaussure. —
Le rio Motagua. — Un bain de première classe. — Costumes
rudimentaires. — Comment préparer des tortillas. — Gualan. —
Une chaleur oppressante. — Un tremblement de terre. — Difficultés
avec notre muletier. — Importantes négociations. — Comment
conquérir un mari. — Un royaume fleuri. — Zacapa. —
Malentendu avec un hôte.*

Le lendemain, je fus sur pied avant le lever du jour. Vingt ou
trente hommes, muletiers et serviteurs, dormaient à la belle
étoile, à même le sol, leurs *chamarros* noirs enroulés autour du
corps, couvrant leur tête et leurs pieds. Ils se réveillèrent avec le
soleil. Peu après, le Français se leva à son tour, prit son chocolat
et, après une heure de préparatifs, se mit en route. Le chanoine
partit ensuite. Il avait déjà franchi la montagne vingt ans plus
tôt, à son arrivée dans le pays, et gardait encore parfaitement le
souvenir de ses horreurs. Il voyageait sur le dos d'un Indien,
dans une *silla* — une chaise à haut dossier, avec un dais protégeant du soleil. Trois autres Indiens chargés de relayer le malheureux porteur le suivaient, ainsi qu'une splendide mule tenue
à sa disposition pour le cas où il se lasserait de sa chaise. Si
l'Indien était littéralement courbé en deux, le chanoine était pour

sa part d'une gaieté folle : un cigare aux lèvres, il nous salua de la main tant qu'il put nous voir. Les Pavon partirent les derniers, et nous nous retrouvâmes seuls.

Aucun de nos hommes, en effet, ne s'était présenté. Vers huit heures, deux d'entre eux firent leur apparition. Ils avaient dormi dans un *rancho* des environs, et les autres s'étaient déjà mis en route avec les bagages. Nous en fûmes extrêmement contrariés mais, endurant autant que nous le pouvions l'inconfort de nos vêtements raidis par la boue séchée, nous sellâmes nos mules et partîmes.

Nous ne devions pas voir de la journée notre caravane de mules, et le muletier, qui portait le baromètre, avait tout simplement disparu, nous laissant entre les mains de deux subalternes.

Notre route traversait un pays montagneux, et généralement dénudé. Deux heures plus tard, nous atteignîmes un groupe de *ranchos* appelé El Pozo. L'un de nos hommes mit pied à terre devant une hutte et y entra, comme s'il était de retour chez lui. Peu après, nous entendîmes des cris : la femme de la maison lui reprochait vertement de ne pas être venu dormir chez elle la nuit précédente, ce dont, d'une voix bourrue, il nous rendit aimablement responsables ; et il était évident que nous avions de grandes chances de le perdre lui aussi. Mais un sujet d'un intérêt plus immédiat nous préoccupait davantage : notre petit déjeuner. Notre thé et notre café — tout ce qui restait après la destruction de nos vivres par la poudre à fusil — étaient loin en avant, et pendant une bonne heure nous ne pûmes rien trouver à nous mettre sous la dent. Notre voyage ne faisait que commencer, et nous étions déjà confrontés à des difficultés d'approvisionnement que nous n'avions jamais rencontrées au cours de nos précédents voyages. La population se nourrissait exclusivement de *tortillas* — des galettes de maïs moulu, et cuites sur une plaque d'argile — et de haricots noirs. Augustin acheta une ration de *frijoles,* mais ils demandaient plusieurs heures de trempage avant de pouvoir être mangés. Il réussit finalement à acquérir une volaille, qu'il embrocha sur un bâton pour la faire cuire au-dessus d'un feu, sans assaisonnement d'aucune sorte, et qui, avec des *tortillas*, fit un repas digne d'un menu pour bagnards. Comme nous le craignions, notre muletier ne put se résoudre à repartir, mais, en époux conscient de ses devoirs, il confia au dernier homme qui nous accompagnait un message d'amour à l'attention de sa femme légitime, qui habitait Gualan.

Au moment de nous remettre en route, l'ultime rescapé de notre caravane nous demanda de l'attendre quelques instants, le temps qu'il se confectionne une nouvelle paire de chaussures. Fort heureusement, l'opération fut de courte durée. Se tenant debout sur une peau de vache crue, il y dessina les contours de ses pieds à l'aide d'un charbon de bois, découpa la « semelle » ainsi délimitée avec sa machette, y perça les trous adéquats, et, après avoir passé une lanière de cuir sous son cou-de-pied, autour du talon et entre le gros orteil et son voisin, se trouva chaussé.

A nouveau, notre route longea la crête d'une haute montagne, sur la ligne de partage séparant deux vallées. Dans le lointain, se profilaient de belles collines verdoyantes et agrémentées de bois de pins. Du bétail paissait sur leurs flancs. Nous croyions contempler un paysage de la campagne anglaise. Çà et là, des hauteurs se détachaient sur l'horizon : en d'autres pays, embellies par l'art et le goût, elles auraient constitué des sites de villages et de villes. Un perpétuel été règne sur cette contrée, les rigueurs de l'hiver ne l'atteignent jamais ; mais, malgré toute leur douceur et leur beauté, ses étendues sont mornes et désolées.

A trois heures, nous aperçûmes le rio Motagua, l'une des plus belles rivières d'Amérique centrale. Son cours majestueux se dessinait au fond de la vallée, sur notre gauche. Descendant par un sentier escarpé, à travers la nature la plus sauvage, nous atteignîmes à quatre heures la rive du rio, directement à l'aplomb d'Encuentros. Ce fut l'un des plus beaux spectacles qu'il m'a jamais été donné de voir : tout autour de nous se dressaient d'immenses montagnes, et la rivière, large et profonde, se frayait un chemin entre elles avec l'impétuosité d'un torrent.

Sur la rive opposée se trouvaient quelques maisons, au pied desquelles étaient amarrées deux ou trois pirogues ; mais nous ne vîmes pas âme qui vive. A force de crier, nous réussîmes à attirer un homme sur la berge. L'inconnu monta dans une des embarcations et se laissa aller à la dérive. Il fut aussitôt emporté très loin en aval, mais, à la faveur d'un tourbillon, il parvint à traverser et à accoster à l'endroit où nous nous tenions. Nos bagages, les selles, les brides et le reste du harnachement des mules furent placés à bord, puis nous embarquâmes. Augustin prit place à la poupe, tenant le licou d'une des mules, qu'il mena comme un de ces canards factices qu'on utilise pour la chasse, mais ses compagnes n'avaient nullement l'intention de la suivre. Le muletier les fit avancer dans l'eau jusqu'au cou, mais elles s'empressèrent de remonter sur la rive. A plusieurs reprises, en les accablant de coups de bâton et de volées de pierres, il renouvela l'opération — sans plus de succès. Finalement, il se déshabilla, et, avançant dans le lit du rio avec de l'eau jusqu'à la poitrine, parvint à l'aide d'une canne longue de trois ou quatre mètres à les faire nager l'une derrière l'autre. Chaque bête qui esquissait un demi-tour recevait un coup sur le museau. Sans cesser de regarder droit devant elles, en direction de la berge opposée, elles furent cependant déportées par le courant. L'une d'elles fut emportée loin vers l'aval : quand elle vit ses compagnes reprendre pied sur la rive, elle poussa un cri d'effroi, et faillit se noyer en tentant de les rejoindre.

Pendant tout ce temps, nous étions restés assis dans la pirogue, sous un soleil torride. Durant les deux heures précédentes, nous avions terriblement souffert de la chaleur ; nos vêtements étaient saturés de sueur et raidis par la boue, et nous envisagions déjà avec plaisir — je dirais même, avec ravissement — de nous baigner dans le Motagua et de changer de tenue. Nous débarquâmes et gravîmes la berge jusqu'à la maison dans laquelle nous devions passer la nuit. Crépie et blanchie à la chaux, elle était ornée d'une frise rouge figurant des festons. On y accédait en franchissant une clôture faite de roseaux. Somme toute, l'aspect de ce gîte d'étape était engageant. A notre grand dépit, cependant, nous apprîmes que notre caravane — et avec elle, nos bagages — avait continué jusqu'à un *rancho* situé à trois lieues de là, et nos muletiers refusaient d'aller plus loin. Notre situation était des plus fâcheuses, mais nous ne tenions pas à quitter si vite les rives du Motagua. Notre hôte nous informa que sa maison et tout ce qu'il possédait étaient à notre disposition, mais qu'il ne pouvait rien nous offrir à manger. Dans l'immédiat, nous demandâmes à Augustin de fouiller le village, dans l'espoir qu'il y trouve quelque nourriture, et retournâmes à la rivière. Le courant, de ce côté-ci du rio, était trop rapide pour que l'on pût s'y baigner tranquillement. Appelant notre piroguier, nous retournâmes sur la rive opposée, et, quelques minutes plus tard, nous nous ébattions dans l'eau — un luxe qui ne peut être apprécié que par ceux qui, comme nous, ont franchi le mont Mico sans changer de vêtements de tout le trajet.

Ce bain nous procura un plaisir encore plus grand que le simple rafraîchissement de nos corps accablés de chaleur. C'était en effet l'heure du crépuscule, et nous assistâmes à un véritable embrasement du ciel. Nous nous tenions debout, la tête seule émergée, dans une eau claire comme du cristal et aussi calme que celle d'un étang, à l'écart du courant impétueux de la rivière. De part et d'autre, des montagnes culminaient à plusieurs centaines de mètres, leurs sommets éclairés par le soleil couchant ; sur un piton rocheux au-dessus de nous, on pouvait apercevoir une hutte en feuilles de palmier sur le seuil de laquelle était assis un Indien nu, qui nous regardait fixement. Une multitude de perruches au plumage brillant volaient par milliers au-dessus de nos têtes et semblaient faire écho à nos paroles, emplissant l'air de leurs moqueries. C'était l'un de ces spectacles qu'il est rarement donné à un homme de contempler au cours de sa vie : nous avions l'impression de rêver éveillés. Nous nous abandonnions à la poésie de l'instant quand soudain notre inénarrable Augustin apparut sur la berge opposée, et, d'une voix qui couvrit les caquetages des oiseaux et le grondement de la rivière, nous appela pour le dîner.

Une certaine angoisse nous saisit lorsque nous voulûmes sortir de l'eau. Nos vêtements gisaient sur la rive, telles les misérables guenilles de deux vagabonds. Le soleil couchant, qui répandait sur toute chose une douce et chatoyante lumière, laissait voir leurs placards de boue et de crasse, et les rendait on ne peut plus hideux. Nous n'avions pas d'autre choix que de regagner la maison dans le plus simple appareil ; mais, à la réflexion, une telle initiative nous semblant contraire aux convenances, nous ramassâmes nos hardes et, la mort dans l'âme, nous nous rhabillâmes. Je ne suis pas sûr, cependant, que ce sacrifice imposé au confort de nos personnes fût absolument nécessaire. Les convenances ne sont qu'affaire de conventions. Notre hôte était un *don* — un « monsieur » — et pourtant, lorsque nous lui présentâmes notre lettre d'introduction, il nous reçut avec la plus grande dignité avec, pour tout vêtement, une grande chemise blanche qui lui recouvrait à peine le haut des jambes. La toilette de son épouse était tout aussi désinvolte — un peu dans le style de nos jupes courtes et de nos cotillons d'antan, à cela près que la jupe courte et tout ce qui est porté habituellement dessous faisaient défaut, leur place étant occupée par un collier de perles auquel était suspendue une grande croix. Une douzaine d'hommes et d'adolescents, dont la tenue des plus rudimentaires ne dissimulait que l'essentiel, flânaient dans la maison. Quant aux femmes et aux jeunes filles, leur impudeur était telle qu'un collier de perles leur tenait lieu de cache-sexe.

Quand vint l'heure d'aller nous coucher, notre situation, à Mr. C. et à moi-même, devint des plus inconfortables. La salle de séjour contenait trois sommiers faits de lanières de cuir tendues sur un cadre et entrelacées. Le maître des lieux en occupait un. Son déshabillage ne lui demanda pas beaucoup de temps : il lui suffisait d'ôter sa chemise. Quant au second lit, il se trouvait au pied de mon hamac. Je sommeillais déjà quand, ouvrant les yeux, je vis une jeune fille d'environ dix-sept ans s'asseoir sur son rebord pour fumer une cigarette. Une pièce de coton était nouée autour de sa taille et lui couvrait les genoux ; le reste de sa mise était celle que la Nature octroie indifféremment à l'élégante de nos capitales et à la plus humble des jeunes filles — en d'autres termes, sa tenue était identique à celle de l'épouse du chef de famille, le collier de perles en moins. Au début, je crus la voir en rêve, mais peut-être me vit-elle lever la tête quand je me réveillai pour de bon, car elle tira quelques bouffées rapides de sa cigarette, se couvrit la tête et les épaules d'un drap de coton, et s'allongea pour dormir. Je suivis son exemple. Je me rappelais le dicton selon lequel « les voyages font d'étranges compagnons de lit ». J'avais dormi dans des conditions impossibles au milieu de

Grecs, de Turcs et d'Arabes pendant mon périple en Orient. J'entamais un voyage dans un nouveau pays : il était de mon devoir de me conformer aux coutumes de ses habitants, de me préparer au pire, et d'accepter avec résignation toutes les mésaventures qui pourraient m'advenir.

En notre qualité d'invités, il nous fut agréable de sentir que la famille ne nous considérait pas comme des étrangers. La femme du *don* se retira dans le même appareil. A plusieurs reprises au cours de la nuit, nous fûmes réveillés par le frottement de l'acier contre le silex, et vîmes l'un de nos voisins allumer une cigarette. Au lever du jour, la maîtresse de maison dormait encore du sommeil du juste. Pendant que je m'habillais, elle me salua, ôta le drap qui lui recouvrait les épaules et se leva, déjà vêtue pour la journée.

Nous partîmes très tôt ce jour-là. Sur une certaine distance, notre route longeait le rio Motagua, presque aussi beau à la lumière du matin que sous celle du soir. Une heure plus tard, nous commençâmes l'ascension d'un contrefort montagneux, puis, une fois parvenus à son sommet, suivîmes une crête. Haute et étroite, elle commandait des deux côtés une vue presque sans limites, comme si elle avait été créée pour produire un effet spectaculaire. Le panorama était grandiose, mais le pays était sauvage et inculte — on eût cherché en vain la moindre barrière, clôture ou habitation. Quelques têtes de bétail erraient en liberté à travers ces grandes étendues, mais sans présenter cet aspect domestique qui, en d'autres pays, caractérise les animaux des champs. Nous croisâmes quelques Indiens qui se rendaient, munis de leurs machettes, à leur travail matinal, ainsi qu'un homme et une femme à dos de mule, le premier enserrant la taille de la seconde de son bras.

J'avais pris de l'avance sur mes compagnons quand, au sommet de la crête, légèrement en retrait par rapport à la route, je vis une petite fille de race blanche, complètement nue, qui jouait devant un *rancho*. La plupart des gens que nous avions rencontrés jusque-là étant des Indiens ou des *Ladinos*, je fus intrigué par une telle apparition et décidai de m'approcher de la ferme. Le propriétaire, dans la même tenue que notre hôte d'Encuentros, se balançait dans un hamac sous le *pórtico*, en fumant un cigare. Un peu plus loin se dressait un appentis recouvert de tiges et de feuilles de maïs en guise de toiture, appelé la *cocina* (la cuisine). Comme à l'accoutumée, tandis que le *don* se prélassait dans son hamac, les femmes peinaient à la tâche.

Je m'approchai de la cuisine, devant laquelle je mis pied à terre. Le groupe se composait de la mère, de sa fort jolie bru (âgée d'environ dix-neuf ans) et de ses deux filles, de quinze et dix-sept ans. Le lecteur souhaitera peut-être obtenir des éclaircissements sur les toilettes de ces dames, mais, lui ayant déjà donné un aperçu des coutumes vestimentaires de ce pays, je ne pense pas qu'il ait besoin de beaucoup d'autres explications. En l'honneur de ma visite, la mère empoigna la petite fille qui avait attiré mon attention sur le *rancho*, l'emmena à l'intérieur, et lui fit enfiler un vêtement qui, je le suppose, est généralement porté par les fillettes de ce pays. Quelques minutes plus tard, cependant, ma jeune amie avait déjà retrouvé sa tenue d'Ève, et trottinait autour de nous avec sa parure sous le bras.

La famille entière était alors occupée à préparer des *tortillas*. C'est le pain de l'Amérique centrale, ou, plus exactement, de toute l'Amérique hispanique, et le seul que l'on puisse trouver en dehors des principales villes. Dans un recoin de la cuisine était aménagé un endroit surélevé sur lequel, prenant appui sur trois pierres, était posé un *comal*, ou plaque, sous laquelle brûlait un feu. La bru avait devant elle un grand récipient en terre cuite contenant du maïs qu'elle avait fait tremper dans de l'eau de chaux pour le débarrasser de son tégument ; après en avoir placé une poignée sur une pierre oblongue et concave, elle broya le grain à l'aide d'une molette en pierre pour obtenir une pâte épaisse. Les jeunes filles façonnaient ensuite, en les tapotant de leurs mains, des galettes à partir de cette pâte, qu'elles étalaient et faisaient cuire sur le *comal*. La même opération était répétée avant chaque repas, de telle sorte que les femmes d'Amérique centrale consacrent une bonne partie de leur temps à préparer des *tortillas*.

Quand Mr. Catherwood me rejoignit, les *tortillas* étaient fumantes, et nous décidâmes de nous arrêter pour prendre notre petit déjeuner. Cette famille nous fit partager son seul luxe — du café à base de maïs grillé, que nous bûmes par politesse, en remerciement de la gentillesse de nos hôtes. Comme moi, Mr. C. fut frappé par la beauté des trois jeunes filles. Avantagées par une jolie toilette et une brillante éducation, elles auraient pu être les fleurs d'une société cultivée, mais le sort en avait décidé autrement, et toutes trois passeraient leur vie à préparer des *tortillas*.

Pendant encore une heure, nous continuâmes à avancer sur la crête de la montagne, puis pénétrâmes dans une contrée plus boisée, avant d'atteindre, une demi-heure plus tard, un grand portail qui se dressait en travers de la route, telle une barrière d'octroi. C'était la première fois depuis notre départ que nous avions sous les yeux la matérialisation d'une limite (que ce fût d'une propriété, ou d'un territoire). En d'autres pays, ce portail aurait constitué une entrée digne d'un domaine princier ; son imposant châssis, avec ses montants et ses supports, était en acajou massif. La chaleur était désormais torride. Nous entrâmes dans un bois touffu et franchîmes à gué un torrent dans lequel s'ébattaient des cochons. Peu après, nous atteignîmes une plantation de cochenilliers [8] et empruntâmes un long chemin ombragé et bordé d'arbres et de broussailles si impénétrables que nous avions l'impression de suffoquer. Nous débouchâmes sur une vaste plaine dégagée, sur laquelle le soleil cognait avec une intolérable intensité. Nous nous y engageâmes, et parvînmes à Gualan vers trois heures. Il n'y avait pas un souffle d'air ; les maisons et la terre semblaient réverbérer la chaleur. Tout vacillait autour de moi ; j'étais comme pris de vertiges et redoutais une insolation.

Nous allâmes directement chez Doña Bartola, pour qui nous avions une lettre de recommandation. Je ne puis décrire le plaisir que je pris à m'allonger dans un hamac. L'ombre et le calme me ramenèrent à la vie. Pour la première fois depuis notre départ d'Izabal, nous changeâmes de tenue ; pour la première fois également, un véritable repas nous fut servi.

Dans la soirée, nous nous promenâmes à travers la ville. Elle est située sur un plateau, au confluent de deux belles rivières, et est entourée d'une ceinture de montagnes. Une rue principale bordée de maisons de plain-pied, avec des vérandas en façade, conduit à une *plaza* sur le haut de laquelle se dresse une grande église avec un porche gothique auquel fait face, à une distance de dix ou vingt mètres, une croix haute de six mètres. La population compte environ dix mille habitants — principalement des métis. Depuis la *plaza*, nous descendîmes jusqu'au rio Motagua. Sur la berge, une embarcation longue de quinze mètres, entièrement en acajou, était en construction. Près du chantier, un groupe d'hommes et de femmes, leurs vêtements sur la tête, franchissaient à gué la rivière ; un peu plus loin, trois jeunes filles se baignaient. Aucun souvenir historique marquant n'est attaché à cette localité, mais la nature sauvage, les nuages, les teintes du ciel et le soleil couchant qui se reflétait sur les montagnes formaient un somptueux spectacle. A la tombée de la nuit, nous retournâmes chez notre hôte. En dehors de la compagnie de quelques milliers de fourmis, nous disposions d'une chambre pour nous tout seuls.

Le lendemain matin, Doña Bartola nous fit servir du chocolat et un petit pain. Pendant notre petit déjeuner, notre muletier vint nous voir, exigea à nouveau d'être réglé, et réclama trois dollars de plus que ce qui lui était dû. Nous refusâmes de le payer, et il repartit furibond. Une demi-heure plus tard, un *alguazil* (gendarme) se présenta pour nous signifier que j'étais convoqué chez l'*alcalde* (le maire, ou juge de paix). Mr. Catherwood, qui était alors occupé à nettoyer ses pistolets, me donna du courage en m'assurant qu'il « bombarderait la ville » s'ils osaient me mettre en prison. Le *cabildo*, ou hôtel de ville, bordait la *plaza* sur un de ses côtés. Nous pénétrâmes dans une grande salle au fond de laquelle étaient assis, derrière une balustrade en bois, l'*alcalde* et son secrétaire. A l'extérieur de ce « tribunal » se tenait mon muletier entouré d'un groupe d'individus à moitié nus venus là pour le soutenir. Il ne réclamait plus qu'un dollar supplémentaire, supposant sans doute que je le payerais pour m'éviter d'éventuels ennuis. Se faire traîner en justice pour un malheureux dollar n'était pas très glorieux. Cela ne m'empêcha pas de le regarder droit dans les yeux en entrant, bien décidé à ne pas lui concéder un *cent*. Je me gardai de plaider ma cause en me référant au droit des gens, préférant m'en tenir au fond de l'affaire. Finalement, l'*alcalde* trancha en ma faveur ; après quoi je lui montrai mon passeport. Il me fit passer derrière la balustrade, et m'offrit un cigare.

Une fois cette question réglée, je pus me consacrer à des affaires plus importantes. Il fallait d'abord louer d'autres mules, ce qui était possible, mais les bêtes n'étaient disponibles que le surlendemain. Ensuite, je m'enquis du nettoyage de nos vêtements, opération qui se révéla fort complexe, car il fallait préciser lesquels devaient être lavés, repassés ou amidonnés, et il fallait payer séparément pour le lavage, le repassage, le savon et l'amidon.

Dans la soirée, nous marchâmes à nouveau jusqu'à la rivière, rentrâmes, et apprîmes à Doña Bartola à faire du thé. A cette heure, la ville entière était en émoi, prête à célébrer la cérémonie religieuse de la Santa Lucia. Le matin, au lever du jour, des tirs de mousquets, des pétards et des fusées avaient annoncé l'arrivée de cette visiteuse que personne n'attendait, mais dont la venue était toujours saluée avec fièvre par la population. Sainte Lucie est en Amérique hispanique l'une des principales saintes du calendrier, et, après saint Antoine, la plus vénérée pour son pouvoir à faire des miracles. L'arrivée de Morazan à la tête des affaires du pays s'était traduite par des persécutions à l'encontre du clergé : ses partisans y voyaient la purification d'un corps corrompu ; ses ennemis, une guerre contre la moralité et la religion. A cette époque, le pays pullulait littéralement de prêtres, de frères et de moines des différents ordres. Les plus beaux édifices, les terres les mieux cultivées, et une grande partie de la richesse du pays se trouvaient entre leurs mains. Nombre d'entre eux, sans aucun doute, étaient des hommes sincères, mais d'autres, sous le manteau de la religion, s'adonnaient au vice et à toutes sortes d'ignominies. La plupart vivaient en parasites, récoltant ce qu'ils n'avaient pas semé, et vivant de la sueur de leurs prochains. En tout état de cause, les débuts du gouvernement de Morazan avaient été marqués par une hostilité systématique à l'égard des hommes d'Église dans leur ensemble : de l'archevêque de Guatemala au plus pauvre des moines, tous se retrouvèrent du jour au lendemain en danger ; certains fuirent ; d'autres furent exilés ; d'autres, encore, furent extraits *manu militari* de leurs monastères et de leurs églises, expédiés vers les ports, et embarqués de force sur les navires en partance pour Cuba ou la vieille Espagne, encourant une mort certaine s'ils revenaient. Sous le rapport de la religion, le pays fut alors plongé dans le plus grand dénuement ; maintes églises tombèrent en ruine ; d'autres restèrent debout, mais leurs portes furent rarement ouvertes : en 1840, le souvenir des rites qui y étaient célébrés était en passe de s'effacer. Carrera et ses Indiens, chez qui les mystères du catholicisme s'étaient greffés sur les superstitions de leurs ancêtres, avaient acquis un grand ascendant sur le peuple en promettant de ramener dans le pays le clergé exilé et de restaurer l'influence de l'Église. La visite de sainte Lucie était considérée comme l'indice d'un changement — le prélude au rétablissement de l'Église dans tous ses pouvoirs et des cérémonies si chères au cœur des Indiens. En tant que telle, la sainte fut saluée dans tous les villages où elle passa. Elle devait, ce soir-là, recevoir les prières des chrétiens de Gualan.

Sainte Lucie jouissait d'une popularité particulière en raison de ses pouvoirs miraculeux en matière d'amour et de mariage : un jeune homme qui la priait de lui accorder une épouse, ou une jeune fille qui l'implorait de lui donner un époux étaient assurés d'être exaucés. Et si le suppliant précisait à la sainte le nom de la personne souhaitée, son vœu était bientôt satisfait, à condition bien sûr que la personne en question ne fût pas déjà mariée. Il n'est pas surprenant qu'un saint doué d'aussi extraordinaires pouvoirs bénéficiât d'une telle aura dans un pays où les sentiments ou plutôt les passions, sont particulièrement tournés vers l'amour.

Doña Bartola nous invita à l'accompagner chez l'un de ses amis. Pendant toute la durée de notre visite, une servante resta assise, avec du tabac sur les genoux, occupée à rouler des cigares pour notre usage immédiat. La conversation porta sur la sainte et ses pouvoirs. Quand nous avouâmes notre scepticisme, la servante, avec cette familiarité mêlée de respect que l'on rencontre chez les petites gens en Amérique centrale, nous rétorqua que nous avions tort de douter ; qu'elle avait prié elle-même la sainte, et que, deux mois plus tard, elle s'était mariée avec l'homme dont elle avait mentionné le nom dans sa prière, bien qu'à l'époque ce dernier ne pensât aucunement à elle, et en fait, désirât une autre jeune fille.

Forts de cet encouragement, nous décidâmes d'aller rendre hommage à la sainte en compagnie des enfants et des serviteurs de la maison. Le son des violons et les tirs de fusées nous guidèrent vers sa résidence temporaire. Elle avait élu domicile dans la hutte d'un pauvre Indien des faubourgs de la ville. En chemin, nous rencontrâmes des foules d'indigènes des deux sexes, de tous âges et de toutes couleurs, certains vêtus, d'autres quasi nus, en train de fumer et de converser, assis ou allongés sur le sol dans les postures les plus variées. On fit de la place pour notre groupe, et nous pénétrâmes dans la hutte.

Mesurant environ six mètres de côté, et entièrement recouverte de feuilles de maïs, elle était remplie d'une nombreuse assemblée d'hommes et de femmes agenouillés. A gauche en entrant, on pouvait voir un autel recouvert d'un drap de coton blanc immaculé, sur lequel était posée une structure à trois niveaux, telle une jardinière, qui servait de support à une caisse contenant une grande poupée de cire, vêtue de soie bleue et parée de feuilles d'or, de paillettes et de fleurs artificielles. C'était sainte Lucie. Elle était abritée par un dais de coton rouge décoré d'une croix d'or. Sur la droite, était posée la chaise à porteurs garnie de coton rouge et de feuilles d'or, dans laquelle la sainte était véhiculée ; à côté d'elle se tenaient les Indiens en tenue semi-sacerdotale sur les épaules desquels elle voyageait ; des guirlandes d'oranges pendaient du toit, et les piliers rudimentaires de la hutte étaient enveloppés dans des feuilles de canne. Au pied de l'autel était étendue une natte sur laquelle des enfants jouaient, et un petit bonhomme d'environ six ans, vêtu en tout et pour tout d'un chapeau de paille, contemplait l'assistance d'un air mutin.

Les prières avaient déjà commencé, et la musique produite par un tambour, un violon et un flageolet couvrit bientôt le bruit des voix. Doña Bartola, veuve de son état, et les autres dames de notre groupe s'agenouillèrent à leur tour. Me recommandant à leurs prières, j'observais la scène sans bouger, mais en étudiant attentivement les visages des hommes et des femmes qui m'entouraient. Certains ne pouvaient, à proprement parler, être tenus pour de jeunes candidats au mariage, mais ces derniers ne priaient pas avec moins d'ardeur. En d'autres pays, les gens ne reconnaissent qu'avec honte qu'ils recherchent un mari ou une épouse ; il n'en va pas de même à Gualan : on y prie publiquement pour ce qui est considéré comme une grâce de Dieu. Certains hommes étaient plongés dans un tel état de transe que la sueur perlait à grosses gouttes sur leur visage ; quant aux demoiselles, la rougeur de leurs joues témoignait de leur égale ferveur. J'observais de loin l'expression d'une jeune Indienne, rayonnant d'enthousiasme et d'espoir. Ses yeux ne quittaient pas l'image de la sainte, et l'on pouvait lire sur ses lèvres des mots de prières. Je ne pus m'empêcher d'imaginer que son cœur appartenait à quelque amant volage, et peut-être indigne d'elle.

A l'extérieur de la hutte, la scène était entièrement différente. Aux abords immédiats de la cabane, des hommes et des femmes priaient, agenouillés en rang, mais au-delà s'agitaient des groupes d'adolescents enfiévrés, qui allumaient des feux d'artifice et des fusées. Je me frayais un passage à travers la foule lorsqu'un éclair jaillit de sous mes pieds, et un pétard explosa si près de mon talon que la poudre me brûla légèrement : me retournant, je vis mon gredin de muletier s'enfuir à toutes jambes. Un peu plus loin, des jeunes gens dansaient à la lueur des torches. Dans une hutte située à quelque distance, deux vieilles femmes au visage décharné étaient assises devant d'imposants chaudrons posés sur de grands feux, dont elles remuaient et servaient le contenu au moyen de longues louches en bois : on eût dit des sorcières distribuant un poison en guise d'élixir d'amour.

A dix heures, les prières dites à la sainte touchèrent à leur fin, et la foule se scinda en petits groupes et en couples, dont bon nombre s'adonnèrent à ce que l'on appelle en anglais le *flirt*. Une natte fut étendue à notre intention à côté de la hutte, puis nous allumâmes nos cigares et nous assîmes. Des tasses remplies d'une préparation de maïs bouilli agrémentée de divers *dolces* ou sucreries (le contenu des chaudrons) passèrent de bouche en bouche, chacun prenant une gorgée et passant le récipient à son voisin, dégustation qui dura plus d'une heure. Nous restâmes assis à même le sol jusqu'après minuit, et nous fûmes alors les premiers à partir. Tout bien pesé, nous conclûmes qu'effectivement prier sainte Lucie pouvait conduire au mariage. Je ne pus cependant m'empêcher de remarquer que, dans leur quête d'un mari ou d'une femme, la plupart des postulants semblaient donner un coup de pouce au destin et ne pas s'en remettre entièrement aux pouvoirs de la sainte.

Le lendemain, il fit excessivement chaud, et nous restâmes toute la journée chez Doña Bartola. Dans la soirée, nous rendîmes visite au *padre,* qui venait de rentrer d'un village des environs. C'était un homme de petite taille et de fort embonpoint ; il portait un bonnet de coton blanc, un pantalon de la même couleur, et une veste à rayures bleues. Nous le trouvâmes allongé dans un hamac, un cigare aux lèvres. Il était entouré d'une grande maisonnée de femmes et d'enfants, les avis divergeant sur la nature des liens qui l'attachaient à ces derniers. Il nous donna davantage d'informations sur le pays que tous nos précédents interlocuteurs réunis, notamment concernant Copán, la cité en ruines que nous souhaitions visiter. Il connaissait bien l'histoire des Indiens et avait pénétré l'âme de la race actuelle jusque dans ses arcanes. Quand nous lui demandâmes s'ils étaient tous chrétiens, il nous répondit qu'ils « étaient pieux et religieux », et qu'ils professaient « un grand respect pour les prêtres et les saints ». Là-dessus, il remonta son pantalon duquel débordait son énorme bedaine et alluma un autre cigare. Nous aurions pu sourire en l'entendant mettre sur le même pied les saints et sa très douillette personne, mais il faisait montre d'une telle simplicité de manières et d'une telle bonté de cœur que nous nous gardâmes de penser à mal.

66

Le lendemain, notre muletier réapparut, mais il n'avait pas réuni assez de bêtes pour transporter tous nos bagages. Nous partîmes sans l'attendre, et laissâmes à Gualan une partie de nos affaires, à charge pour lui de les acheminer à Zacapa le lendemain.

En quittant la ville, nous eûmes sur notre droite le rio Motagua, qui était maintenant devenu pour nous un ami, et, derrière lui, la grande chaîne des monts de la Vera Paz, hauts de mille huit cents à deux mille quatre cents mètres. Une heure plus tard, nous en commencions l'ascension. Nous fûmes bientôt environnés de fleurs sauvages ; arbustes et broussailles étaient parés de pourpre et de vermillon, et, sur les flancs des montagnes et dans les ravins qui descendaient jusqu'à la rivière, de grands arbres accrochés à la roche dans les endroits les plus invraisemblables étaient à tel point recouverts de rouge qu'ils paraissaient former chacun une seule fleur. Trois heures s'étaient écoulées quand nous redescendîmes des hauteurs et retrouvâmes les berges du rio, dont le cours impétueux se transformait par endroits en rapides. A deux heures de l'après-midi, nous atteignîmes le village de San Pablo, situé sur un vaste plateau dominant la rivière et cerné par les monts de la Vera Paz. L'église se dressait à l'entrée du village. Nous détachâmes nos mules pour qu'elles puissent paître, et déjeunâmes sous le porche. Nous jouissions d'un beau panorama : deux chutes d'eau étincelant dans le lointain, sur le versant de la montagne, tels des filets d'argent, nous rappelèrent les cascades de la Suisse.

Le soir même, sous un soleil voilé, nous arrivâmes à Zacapa, ville sise au creux d'un cirque de montagnes dont les sommets se perdaient dans les nuages. C'était de loin la plus belle localité que nous ayons vue jusque-là. Les rues étaient tracées au cordeau, et les maisons crépies et blanchies à la chaux, avec de grandes fenêtres à balcons et des vérandas. L'église, à façade moresque, affectait la forme d'une croix latine. L'une des moitiés du transept avait été transformée en échoppe de tailleur ; quant à l'autre, son toit s'était effondré. A l'intérieur du « clocher » — quatre troncs d'arbres grossièrement taillés supportant un toit pointu en tuiles —, deux cloches étaient suspendues à une poutre rudimentaire, au-dessus d'une plate-forme où, au moment de notre passage, un Indien à demi nu sonnait les vêpres.

Nous mîmes pied à terre devant la maison de Don Mariano Durante, l'une des plus grandes et des plus belles du lieu. Elle mesurait plus de trente mètres en façade, et comportait une galerie qui courait sur toute sa longueur. Un nègre de Saint-Domingue, fort bien mis, nous ouvrit la porte et nous déclara dans un français parfait que le señor Durante « n'était pas chez lui », mais que sa maison était « à notre disposition ». Nous contournâmes le bâtiment jusqu'à une *porte cochère* ★ donnant accès à une grande cour garnie d'arbres et de fleurs, bordée sur un côté par une *caballería,* ou écurie. Nous confiâmes nos mules aux serviteurs, et pénétrâmes dans la *sala,* ou grand salon, qui s'étendait sur presque toute la longueur de la maison, avec de grandes portes-fenêtres à ferronneries, et était meublée de tables, d'un bureau importé d'Europe, et de chaises. Au centre de la pièce et dans les renfoncements des fenêtres pendaient des cages, très finement travaillées et dorées, renfermant de beaux oiseaux-chanteurs du pays, ainsi que deux splendides canaris de Cuba. C'était la résidence de deux frères célibataires qui, conscients des besoins des rares voyageurs qui s'aventuraient dans un pays entièrement dépourvu d'hôtels, tenaient toujours table ouverte. On nous apporta des chandelles et nous nous sentîmes bientôt comme chez nous. J'étais en train d'écrire quand j'entendis au-dehors un bruit de sabots ; peu après, un gentilhomme entra, ôta son sabre et ses éperons, et posa ses pistolets sur ma table. Croyant avoir affaire à un autre voyageur, nous le priâmes de prendre un siège, et, lorsque le dîner fut servi, le conviâmes à se joindre à nous. Ce n'est qu'au moment d'aller nous coucher que nous découvrîmes que nous avions fait les honneurs de la maison... à l'un de ses deux propriétaires. Peut-être a-t-il jugé que nous avions un peu trop pris nos aises. Toujours est-il que je me flatte de ne lui avoir donné aucune raison de se plaindre d'un manque d'égards.

★ En français dans le texte.

4

PRISONNIERS

*Comment acheter un mors. — Une école. — Conversations avec
un Indien. — Chiquimula. — Une église en ruine. — Un vétéran
de la Grande Armée. — Un pays de montagnes. — Différend avec
notre muletier. — Un village déserté. — Arrestation. —
Emprisonnement. — Relâchés.*

Le lendemain, nous fûmes contraints d'attendre notre muletier, notre guide de la veille nous ayant volé notre harnais. A la
faveur de ce contretemps, nous découvrîmes l'un des désagréments auquel nous serions confrontés pendant toute la durée de
notre voyage : la quasi-impossibilité d'acheter le moindre objet
manufacturé en Amérique centrale. Le forgeron du village travaillait alors à un mors, mais il ne lui restait pas assez de charbon
de bois pour le terminer. Heureusement, un Indien arriva pendant la journée avec un chargement comprenant un sac de com-
bustible manquant, et le mors put être achevé. Nous acquîmes le
licou auprès d'un sellier, et eûmes la chance de trouver des rênes
(en cuir natté, comme la lanière d'un fouet) toutes faites. L'arrivée à point nommé du charbon de bois permit au forgeron de
nous fabriquer également une paire d'éperons.

C'est à Zacapa que nous vîmes pour la première fois une
école. Il s'agissait d'un édifice de bel aspect, avec des colonnes en
façade. Au mur était accroché un grand panneau sur lequel on

pouvait lire un long règlement fait d'articles fort compliqués, donnant le détail des récompenses et des punitions. L'école, pour l'administration de laquelle ces règles étaient édictées, n'abritait que cinq jeunes garçons. Il n'était pas midi, et l'instituteur, qui était le secrétaire de l'*alcalde,* n'avait pas encore fait son apparition. Les seuls livres que je vis étaient un livre de prières et une traduction de *l'Esprit des lois* de Montesquieu. Les élèves étaient de beaux petits enfants, à moitié blancs. Je demandai à l'un d'eux de faire une addition, puis d'écrire quelques mots, exercice auquel il se montra très adroit, écrivant en espagnol d'une main sûre : « Donnez-moi une pièce de monnaie. »

Nous ne savions pas trop comment occuper notre temps, mais dans l'après-midi, notre hôte fit venir un Indien pour nous permettre d'établir un vocabulaire de mots de sa langue. Je lui demandai d'abord quel était le nom de Dieu dans l'idiome de ses ancêtres, ce à quoi il répondit « Santissima Trinidad », « la Sainte-Trinité ». Par le truchement de notre hôte, je lui expliquai que je souhaitais connaître non le mot espagnol, mais le terme indien, et il répondit derechef « Santissima Trinidad », ou « Dios » (« Dieu »). J'eus beau formuler ma question de diverses manières, je ne pus obtenir d'autre réponse. Il appartenait à une tribu appelée Chinaute [9], et j'en conclus que ces gens, soit n'avaient jamais vénéré de Grand Esprit régissant et dirigeant l'univers, soit avaient subi un bouleversement si complet en matière de religion qu'ils avaient perdu jusqu'au souvenir du nom par lequel ils désignaient jadis leur divinité.

Notre muletier ne se présenta le lendemain qu'à une heure tardive. Dans l'intervalle, j'eus l'occasion d'acquérir un grand nombre d'informations concernant les routes et l'état du pays. Constatant que, pour ce qui touchait l'objet de ma mission, il n'était pas nécessaire de nous rendre immédiatement à Guatemala — et qu'en fait, il était préférable d'attendre quelque temps pour voir quelle tournure prendraient les événements qui agitaient alors le pays —, nous décidâmes de visiter l'ancienne cité de Copán. Cette dernière était située complètement à l'écart de notre itinéraire, et, bien que distante seulement de quelques journées de marche, dans une région à peine connue, même des habitants de Zacapa. Notre muletier, cependant, nous affirma qu'il connaissait la route et s'engagea à nous conduire là-bas en trois jours, arrêtant à l'avance les différentes étapes, puis directement de Copán à Guatemala.

Nous partîmes le lendemain matin à sept heures. Malgré la grande expérience des voyages que nous avions acquise tous deux en Orient, nos bagages étaient fort peu adaptés à de longs trajets à dos de mule à travers un pays montagneux ; ils étaient difficiles à charger, et tombaient facilement. Pour compliquer notre tâche, nous ne disposions que d'une seule paire d'éperons pour deux. Une heure plus tard, nous franchissions à gué le Motagua, qui, en ce point de son cours, est une rivière encore large, profonde et au courant rapide. Pendant encore une heure, nous continuâmes à cheminer dans la plaine de Zacapa, à travers des champs de maïs et de cochenilliers bordés de haies de broussailles et de cactus. Plus loin, le pays devint accidenté, aride et désolé, et très vite, nous commençâmes à gravir le versant abrupt d'une montagne. En deux heures, nous en atteignîmes le sommet, haut d'un millier de mètres, et, après nous être retournés, embrassâmes du regard un magnifique panorama de la plaine et de la ville de Zacapa. Passant de l'autre côté de la crête, nous atteignîmes un éperon rocheux aux flancs vertigineux, et, peu après, vîmes devant nous une autre plaine fort étendue, et, dans le lointain, la ville de Chiquimula avec son église géante. De chaque côté s'ouvraient de profonds ravins, et les hauteurs qui nous faisaient face étaient couvertes de mimosas blancs et roses. Nous descendîmes par un long sentier en lacets, et gagnâmes la plaine, sur laquelle poussaient du maïs, des cochenilliers et des bananiers de paradis. Après avoir à nouveau franchi à gué un rio, nous gravîmes un coteau, et entrâmes à deux heures dans Chiquimula, le chef-lieu du département du même nom. Le centre de la *plaza* était occupé par une belle fontaine, ombragée par des palmiers, à laquelle des femmes remplissaient leurs jarres. Sur les côtés, se dressaient l'église et le *cabildo*. Dans un angle de la place, se trouvait une maison vers laquelle nos regards furent d'emblée attirés : une femme, en effet, venait d'apparaître dans l'embrasure de la porte. Je devrais dire une « dame », car elle portait une robe fermée dans le dos, ainsi que des escarpins et des bas. Elle avait un visage d'une beauté peu commune, le teint mat, et des sourcils finement dessinés au crayon. Pour accroître l'effet produit par son apparition, elle nous souhaita gracieusement la bienvenue dans sa maison. Quelques minutes plus tard, l'entrée était encombrée de nos divers bagages.

Après une légère collation, nous prîmes nos fusils, et, marchant jusqu'au rebord du plateau, contemplâmes ce qui, de loin, avait attiré notre attention — une gigantesque église en ruine. Elle était large de vingt-deux mètres et longue de soixante-quinze, et ses murs avaient trois mètres d'épaisseur. Sa façade était rehaussée d'ornements et de statues de saints plus grandes que nature. La voûte de la nef s'était effondrée, et, à l'intérieur, sur le sol envahi par la végétation, gisaient pêle-mêle d'énormes blocs de pierre et de mortier. Cette église avait été bâtie par les Espagnols sur le site d'un ancien village indien, mais ce dernier ayant été par deux fois anéanti par un tremblement de terre, les habitants l'avaient déserté pour construire une autre ville là où elle se trouve aujourd'hui. Le village abandonné servait aujourd'hui de *campo santo*, ou cimetière. L'église renfermait les tombes des « notables » du lieu, et on pouvait encore voir dans les niches des murs des ossements de prêtres et de moines, avec le nom de chacun écrit au-dessous de chaque renfoncement. A l'extérieur se trouvaient les tombes du petit peuple, mais elles étaient laissées totalement à l'abandon. Les litières de branchages qui avaient servi à transporter les dépouilles des défunts étaient posées à plat au-dessus des sépultures recouvertes d'une fine couche de terre. On pouvait distinguer au fond des tombes entrouvertes les corps décomposés, à moitié recouverts de terre et de poussière. Autour de cette scène de désolation et de mort, la nature déployait tous ses fastes : le sol était jonché de fleurs, et des perruches, perchées dans les arbres ou voletant en groupes au-dessus de nos têtes, offraient un véritable festival de couleurs, troublant, avec leurs jacasseries incessantes, la solennelle quiétude du lieu.

Nous retournâmes en ville, et trouvâmes environ mille deux cents soldats en rang sur la *plaza* pour la parade du soir. Leur allure était si féroce qu'on eût dit des bandits de grand chemin. Tout aussi farouches, leurs officiers, qui caracolaient sur des mules ou de petits chevaux disparaissant presque sous leurs toiles de selle et leurs caparaçons, se donnaient des airs qui frisaient le ridicule. Nous assistions au rassemblement depuis quelques instants, quand le général Cascara, le commandant du district, s'approcha à cheval du premier rang, suivi d'un serviteur. C'était un Italien, âgé de plus de soixante ans, qui avait servi sous les ordres de Napoléon dans son pays, et, après la chute de l'Empire, s'était enfui en Amérique centrale. Banni par Morazan, il venait juste de rentrer d'un exil de huit années. Avec sa mine blafarde, il était de toute évidence en mauvaise santé. Je ne pus m'empêcher de penser que si les hauts faits des guerres napoléoniennes hantaient parfois sa mémoire, il devait rougir de son détachement de va-nu-pieds.

Il regagna son quartier général, où nous le suivîmes pour lui présenter notre passeport. A l'instar du chef de la garnison d'Izabal, il semblait déprimé et parlait à l'envi du chaos qui régnait dans le pays. Il se déclara mécontent de la route que je me proposais d'emprunter. Bien que notre intention affichée se limitât à la visite des ruines de Copán, il craignait que je cherche à me rendre à San Salvador pour présenter mes lettres de créance au gouvernement fédéral. Il visa finalement mon passeport, mais, après notre départ, il rappela Augustin et l'interrogea sur nos desseins. J'en fus indigné, mais je dus modérer mes sentiments eu égard à l'état troublé de la région, et au faible prix qu'on y accordait alors à la vie humaine.

Nous retournâmes à notre maison, auprès de l'intéressante personne qui nous y avait si aimablement accueillis. Nous ne savions pas encore s'il s'agissait d'une señora ou d'une señorita,

72

mais, malheureusement, nous découvrîmes bientôt que l'homme que nous avions pris pour son père était en fait son mari, et qu'un beau petit garçon âgé de dix ans que nous supposions être son frère était en fait son fils. « *Es mío* », « Il est à moi », nous dit-elle avec un sourire enchanteur. Enfin (comme s'il était écrit que le charme de son apparition devait être définitivement rompu), lorsque, conformément aux règles de la courtoisie, je lui fis choisir entre une cigarette et un cigare (un énorme *puro Habana*), elle prit le second. Mais il y avait si longtemps que je n'avais vu de femme aussi ravissante, son visage était si captivant, ses manières étaient si raffinées, sa voix si douce, les mots espagnols coulaient si joliment de ses lèvres, et sa robe était si étroitement ajustée sur ses reins que j'en oubliai le garçon de dix ans et le *puro*, et préférai m'en tenir à mes premières impressions.

Nous nous levâmes à la première lueur du jour le lendemain matin. Notre intéressante hôtesse et son époux à l'allure de père se réveillèrent également de bonne heure pour nous aider. Nous aurions offensé les lois de l'hospitalité en leur offrant de l'argent. Mr. C. préféra donner au jeune garçon un canif. Pour ma part, je glissai au doigt de la señora une bague en argent sur laquelle était gravé « *Souvenir d'amitié* ». Ces mots étant écrits en français, le mari ne pouvait les comprendre ; elle-même, hélas, n'en était pas davantage capable.

A sept heures, nous nous mîmes en route. Passant devant l'église en ruine et l'ancien village, nous cheminâmes au fond d'une fertile vallée couverte de si beaux champs de « blé indien » que nous comprîmes enfin pourquoi le jeune garçon nous avait demandé si nous étions venus à Chiquimula pour « acheter du maïs ». Après avoir parcouru une lieue, nous atteignîmes le village de San Esteban, où, au beau milieu d'une dizaine de misérables huttes, se dressait une autre église gigantesque, sans toit, et en ruine, comme celle de Chiquimula. Nous nous trouvions désormais dans une région qui avait beaucoup souffert de la guerre civile. Un an auparavant, le village avait été dévasté par les soldats de Morazan.

Laissant le village derrière nous, nous arrivâmes au bord d'une rivière, dont les eaux étaient par endroits déviées dans des canaux pour irriguer la terre. De l'autre côté du rio, se profilait une chaîne de hautes montagnes. Avançant sur la berge, nous rencontrâmes un Indien qui nous informa que le *camino real* — la grand-route — menant à Copán partait de l'autre côté de la rivière, pour traverser ensuite la montagne. Nous revînmes sur nos pas et franchîmes à gué le cours d'eau. Une grande partie du lit étant à sec, nous y chevauchâmes sur une certaine distance, mais nous ne trouvâmes aucun chemin conduisant vers la montagne. Nous finîmes par dénicher une petite sente — qui se révéla n'être qu'un chemin à bestiaux — et errâmes pendant encore plus d'une heure avant de trouver le *camino real* ; ce « chemin royal » était en fait un sentier ayant à peine la largeur d'une mule. Il était clair que notre muletier ne connaissait pas la route, et la région dans laquelle nous nous engagions était si sauvage que nous commencions à hésiter à le suivre plus avant. A onze heures, nous parvînmes au sommet de la montagne ; nous nous retournâmes et vîmes dans le lointain, en contrebas, la ville de Chiquimula, et, sur la droite, en haut de la vallée, les misérables huttes du village de Santa Helena, que surplombait encore une autre gigantesque église sans toiture. De tous côtés se dressaient des montagnes encore plus hautes que la nôtre. Certaines étaient imposantes et sinistres, avec leur cime perdue dans les nuages ; d'autres, affectant la forme de cônes et de pyramides, étaient si farouches et fantastiques qu'elles semblaient défier les cieux. J'aurais presque aimé avoir des ailes pour voler et me poser sur leur faîte. Là, sur des hauteurs en apparence inaccessibles, nous vîmes la hutte solitaire d'un Indien, avec sa *milpa* (son lopin planté de maïs). Des nuages s'amoncelèrent autour des montagnes, et, une heure durant, nous avançâmes sous la pluie ; quand le soleil reparut, nous vîmes à nouveau les sommets, et, loin en contrebas, une profonde brèche dans le relief. Nous y descendîmes, et découvrîmes la plus belle et la plus étroite vallée que nous ayons vue jusqu'alors. Elle était bordée par deux chaînes de montagnes de plus de mille mètres de hauteur ; celle de gauche était d'une extraordinaire beauté, avec ses pentes de grès rouge recouvertes de pins géants. Sur le versant opposé, dominant les misérables huttes d'un village, se dressait l'église colossale de Saint-Jean-l'Ermite, qui me rappela l'église de Saint-Jean dans les solitudes désertiques de Judée, mais le site était encore plus impressionnant.

A deux heures, nous franchîmes la rivière et entrâmes dans le village. Arrivé devant l'église, notre muletier nous annonça que son travail de la journée était terminé. Bien qu'ayant fort peiné, nous n'avions parcouru que vingt-cinq kilomètres et n'avions pas envie de nous arrêter de si bonne heure. La beauté sublime du lieu aurait pu nous faire changer d'avis, mais la seule hutte crépie et « habitable » étant occupée par des soudards à la mine patibulaire, nous continuâmes à remonter la vallée. Le muletier se remit en route en jurant par tous les dieux, et, empoignant son fouet, passa sa colère sur nos pauvres mules. De lourds nuages restaient accrochés aux montagnes, et, de nouveau, nous fûmes trempés par la pluie. A quatre heures, nous aperçûmes sur un haut plateau, sur notre gauche, le hameau de Jocotan, ainsi qu'une église gigantesque. Selon l'itinéraire dont nous étions convenus avec le muletier, cette localité devait être le terme de notre première journée de voyage. On nous avait assuré que son curé pouvait nous renseigner sur les ruines de Copán. Nous demandâmes en conséquence à notre guide de franchir le rio et de faire étape au village, mais il ne voulut rien entendre, et, pressant l'allure des mules, ajouta que nous avions refusé de nous arrêter quand il le désirait et qu'il ne s'arrêterait pas pour notre bon plaisir. Ne pouvant éperonner indéfiniment ma mule, au risque de la blesser, et ne parvenant pas à le rattraper, je sautai à terre et me lançai à sa poursuite à pied. Ayant accidentellement posé mes mains sur mes pistolets pour les empêcher de tomber de ma ceinture, il fit volte-face et dégaina sa machette. Nous parlementâmes. Il déclara que si nous nous arrêtions à Jocotan, nous n'atteindrions jamais Copán le lendemain. Là-dessus, las de batailler, et ne voulant lui laisser aucune excuse, nous continuâmes.

A six heures, nous atteignîmes le sommet d'un magnifique plateau, sur lequel se profilait une autre église géante. C'était la septième que nous contemplions ce jour-là, et voir ces édifices se dresser dans cette contrée perdue, près de sentiers que des mains humaines n'avaient jamais tenté d'améliorer, ne laissait de nous fasciner : leur colossale grandeur et leur magnificence, proprement saisissantes, portaient témoignage de la déchéance et de l'agonie de tout un peuple. Celle-ci était située en un lieu encore plus désolé que toutes celles que nous avions vues précédemment. L'herbe verdoyait ; pas même un chemin muletier n'avait laissé de trace sur le gazon ; il n'y avait pas un être humain en vue, et personne ne regardait au travers des barreaux de la prison du village. Ce dernier semblait en fait complètement abandonné. Nous mîmes pied à terre devant le *cabildo,* dont le portail était fermé par des chaînes et l'entrée barricadée, probablement pour empêcher le bétail errant d'y pénétrer. Nous brisâmes les chaînes, forçâmes la porte, et, après avoir déchargé les mules, envoyâmes Augustin en reconnaissance, dans l'espoir qu'il nous déniche quelque nourriture pour le soir. Il revint une demi-heure plus tard avec *un* œuf, la seule chose qu'il avait pu trouver. Il avait cependant réveillé tout le village, et l'*alcalde,* un Indien avec une canne à pommeau d'argent, vint peu après nous interroger, accompagné de plusieurs *alguazils* brandissant de longues baguettes faisant office de verges d'huissier. Nous montrâmes notre passeport à ces visiteurs impromptus, et les informâmes de notre destination, au sujet de laquelle, avec leur impassibilité coutumière, ils n'exprimèrent aucune surprise. S'ils étaient incapables de lire un passeport, ils en examinèrent en revanche avec attention le cachet avant de nous retourner le document. Nous leur demandâmes successivement des œufs, des volailles, du lait, etc., mais ils répondirent à chaque fois « *no hay* » (« il n'y en a pas »), deux mots que nous n'aurions que trop souvent l'occasion de réentendre dans la suite de notre voyage. Au bout de quelques minutes, ils se retirèrent et nous laissèrent seuls.

Le *cabildo*, dont les murs étaient crépis, mesurait douze mètres sur six et était meublé en tout et pour tout d'une grande table et de deux bancs. Pour tout dîner, l'*alcalde* nous fit porter une jarre d'eau. Nous agonîmes le muletier pour s'être arrêté dans un endroit où l'on ne pouvait rien trouver à manger, et soupâmes d'un quignon de pain et de quelques morceaux de chocolat, en prenant soin de ne pas lui en laisser une miette. Des chevilles plantées dans les murs nous servirent à accrocher nos hamacs, et, à la nuit tombante, nous nous préparâmes à nous coucher. Mr. C. était déjà dans son hamac, et j'étais moi-même à moitié déshabillé quand la porte fut littéralement défoncée : une trentaine d'hommes firent irruption dans la pièce — l'*alcalde*, les *alguazils*, des soldats, des Indiens et des métis —, des individus loqueteux, à la mine féroce, armés de bâtons, de sabres, de gourdins, de mousquets et de machettes, et brandissant des torches. A leur tête se trouvait un jeune officier âgé d'une trentaine d'années, nanti d'un chapeau lustré et d'un sabre ; la roublardise et le vice se lisaient sur son visage. Nous devions apprendre par la suite qu'il s'agissait du capitaine d'une compagnie de Carrera. L'*alcalde*, qui était de toute évidence éméché, réclama à nouveau mon passeport. Je le lui remis, et il le transmit à l'officier, qui l'examina sous toutes les coutures et déclara qu'il « n'était pas valable ». Dans l'intervalle, Mr. Catherwood et moi-même nous étions rhabillés. Parlant mal l'espagnol, j'expliquai par le truchement d'Augustin le caractère officiel de ma mission, et attirai notamment son attention sur les paraphes du commandant Peñol et du général Cascara. L'*alcalde* ne prêta aucune attention à mes explications ; il déclara qu'il avait déjà vu une fois dans sa vie un passeport, et qu'il était imprimé, sur un petit morceau de papier pas plus grand que sa main, tandis que le mien était écrit à la main, sur un grand feuillet in-quarto. Il ajouta que le cachet du général Cascara n'était que celui du département de Chiquimula, et qu'il fallait que figure celui de l'État du Guatemala. Je m'efforçai de lui démontrer que ses objections étaient infondées, mais, après un vif échange de paroles, le jeune homme déclara que nous ne pouvions pas poursuivre notre voyage, et devions demeurer à Camotan le temps qu'un messager soit envoyé à Chiquimula et que le général Cascara transmette ses ordres. N'ayant pas l'intention de rester en de telles mains, nous menaçâmes nos interlocuteurs des risques qu'ils prenaient à vouloir entraver notre route. Plutôt que de rester prisonniers dans ce village et d'y perdre notre temps, nous les informâmes finalement que nous préférions tout bonnement renoncer à notre voyage à Copán et retourner à Chiquimula par le même chemin. D'une même voix, l'officier et l'*alcalde* nous répondirent sur un ton péremptoire que nous ne devions quitter Camotan sous aucun prétexte.

Le jeune homme m'ordonna alors de lui remettre à nouveau mon passeport. Je lui répondis que ce dernier m'avait été octroyé par mon propre gouvernement, qu'il constituait la preuve du caractère officiel de ma mission, qu'il était nécessaire à ma sécurité, et qu'il était hors de question que je m'en sépare. Mr. Catherwood se lança alors dans un long exposé sur le « droit des gens », l'immunité diplomatique et, à nouveau, le danger qu'ils couraient de susciter le courroux du gouvernement « del Norte » — ce que je confirmai avec conviction, mais ce fut peine perdue. Je lui répétai que je ne lui remettrai jamais mon passeport, mais lui proposai de le porter moi-même, sous escorte, à Chiquimula, ou en quelque autre lieu de leur choix. Il me répondit, de manière insultante, que je n'irais ni à Chiquimula ni en quelque autre endroit — ni en avant ni en arrière —, et que nous devions rester où nous étions, et leur remettre le passeport. Constatant que les discussions et les remontrances ne servaient à rien, je glissai le document à l'intérieur de mon gilet, boutonnai ma redingote et croisai les bras, en déclarant qu'il ne l'obtiendrait que par la force. Une lueur de satisfaction illuminant son regard de scélérat, l'officier me répondit qu'il ne se priverait pas d'en user. J'ajoutai que, quel qu'en fût le résultat immédiat, un tel forfait lui serait, au bout du compte, fatal — ce à quoi il répondit, avec un ricanement, qu'il était prêt à en courir le risque. Pendant ce temps-là, la bande de ruffians et de poltrons qui l'accompagnaient gardaient leurs mains posées sur leurs sabres et leurs machettes, prêts à les dégainer, et deux coquins à la mine d'assassins, assis sur l'un des bancs, me tenaient en joue, la crosse de leur mousquet calée contre leur épaule, et le canon pointé à moins d'un mètre de ma poitrine. Si nous avions séjourné depuis plus longtemps dans le pays, notre inquiétude aurait probablement été plus grande ; mais nous ne connaissions pas encore les dispositions sanguinaires de la population, et cette affaire était depuis le début si insultante et outrageante qu'elle éveilla davantage notre indignation que notre peur. Augustin, qu'un grand coup de machette en travers du crâne (dont il avait heureusement réchappé) avait rendu à tout jamais belliqueux, me suppliait en français de le laisser tirer — un seul coup de feu, selon lui, devant suffire à faire déguerpir toute la troupe. Nous avions onze cartouches, toutes sûres. Notre excitation était à son comble, et si l'officier ne m'avait ne serait-ce que touché, je pense que je lui aurais au moins envoyé mon poing dans la figure, mais, fort heureusement, avant qu'il ait eu le temps d'ordonner à ses sbires de nous assaillir, un homme, entré en dernier, et d'allure plus respectable (il portait un chapeau satiné et un veston), s'avança et demanda à voir mon passeport. Bien résolu à ne pas m'en séparer, ne fût-ce qu'un instant, je le brandis, sous la lumière d'une torche, le temps qu'il puisse le lire — ce qu'il fit à haute voix, selon le vœu de Mr. Catherwood.

Depuis lors, je me suis souvent demandé si l'officier avait lui-même lu mon passeport, ou du moins, s'il en avait communiqué la teneur à ses acolytes, car sa lecture par le nouveau venu produisit un certain effet sur l'*alcalde* et ses *alguazils*. Après quelques instants d'incertitude et d'angoisse, ils renoncèrent à mettre leur menace à exécution, mais déclarèrent que nous devions rester sous leur garde. J'exigeai qu'un courrier portât sur-le-champ une lettre au général Cascara. Ma requête fut dans un premier temps repoussée, mais après que j'eus proposé de défrayer le messager, l'*alcalde* me promit d'envoyer un homme à Chiquimula. Sachant que le général Cascara était italien, et peu sûr de mon espagnol, je rédigeai une note que Mr. C. traduisit dans la langue de Dante, et qui l'informait de notre arrestation et de notre emprisonnement. J'ajoutai dans mon message que nous avions exhibé à l'*alcalde* et aux soldats qui nous retenaient captifs le passeport que m'avait spécialement délivré mon gouvernement, avec les contreseings du commandant Peñol et de lui-même, authentifiant le caractère officiel de ma mission — contreseings qui, à l'évidence, n'avaient pas été jugés suffisants. J'exigeai que la liberté nous fût immédiatement rendue, et qu'il nous fût permis de poursuivre notre voyage sans risquer d'autres voies de fait. Enfin, il allait sans dire que je me réservais le droit d'informer le gouvernement guatémaltèque, ainsi que le mien, de la manière dont nous avions été traités. Pour ne pas être en reste, Mr. Catherwood signa la note en qualité de « secrétaire ». Ne disposant d'aucun sceau officiel, nous la cachetâmes, hors du regard de nos anges gardiens, au moyen d'une pièce de cinquante *cents*, et la tendîmes à l'*alcalde*. L'aigle américain étendait ses ailes et les étoiles de l'Union scintillaient à la lumière des torches. Après s'être rassemblés pour examiner la missive, nos geôliers se retirèrent, verrouillant derrière eux le *cabildo* et laissant douze d'entre eux en faction devant la porte avec des sabres, des mousquets et des machettes. Avant de partir de son côté, l'officier déclara à l'*alcalde* que, si nous nous échappions pendant la nuit, il devrait en répondre de sa tête.

Le calme revenu, nous nous jetâmes dans nos hamacs, littéralement épuisés. Notre voyage ne faisait que commencer, mais sous de bien mauvais augures ! Nous nous trouvions à un mois de voyage de notre patrie, et entre les mains d'hommes dont on n'aurait même pas voulu dans une prison, de peur qu'ils n'en corrompent les détenus. Un coup d'œil à la dérobée sur nos gardes ne fut pas pour nous rassurer. Ils étaient assis sous l'auvent, juste devant la porte, autour d'un feu, leurs armes à portée de la main, et fumaient des cigares. Les guenilles qui leur tenaient lieu de vêtements n'auraient pas valu, à elles toutes, une seule paire de vieilles bottes. Avec leurs oripeaux, leurs armes et leurs visages basanés rougis par la lueur du feu, leur aspect était des plus féroces ; et il ne fait aucun doute que si nous avions tenté de nous échapper, ils eussent été heureux de saisir ce prétexte pour nous assassiner. Nous débouchâmes la bonbonne de vin que le colonel MacDonald nous avait offerte à Belize, et bûmes à sa santé. Si nos appréhensions étaient apaisées dans l'immédiat, nos perspectives pour la suite de notre voyage n'étaient guère souriantes. Après avoir barricadé notre porte de l'intérieur du mieux que nous pûmes, nous retrouvâmes une fois de plus nos chers hamacs.

Pendant la nuit, la porte fut à nouveau enfoncée, et la bande de soudards au complet fit irruption, comme la première fois, avec sabres, mousquets, machettes et torches. Nous nous levâmes instantanément. Ma première pensée fut qu'ils étaient revenus pour nous confisquer notre passeport, mais, à notre grande surprise, l'*alcalde* me rendit ma lettre ornée du gros cachet, en déclarant qu'il était inutile de l'envoyer, et que nous avions toute liberté de poursuivre notre voyage quand il nous plairait.

Nous étions trop contents pour poser des questions, et, à ce jour, nous ne savons toujours pas pourquoi nous avons été arrêtés. Mon opinion est que si nous avions fléchi, et que si nous n'avions pas conservé un ton menaçant jusqu'à la fin, nous n'aurions jamais été libérés ; et il ne fait pour moi aucun doute que le cachet improvisé avec une pièce de cinquante *cents* nous fut d'un grand secours. Notre indignation, cependant, était toujours aussi vive, d'autant que nous avions désormais tout loisir de lui donner libre cours. Nous fîmes valoir que l'affaire ne pouvait se terminer ainsi, et que notre lettre devait parvenir au général Cascara. L'*alcalde* nous répondit qu'il n'en était pas question. Nous lui déclarâmes alors que s'il ne l'envoyait pas, il pourrait lui en coûter très cher. Après quelques hésitations, il la fourra dans la main d'un Indien, qu'il fit sortir de la pièce à grandes bourrades dans le dos, ainsi que toute sa troupe. Quelques minutes plus tard, nos gardes levèrent le camp, et nous nous retrouvâmes seuls.

Il faisait déjà presque jour, et nous ne savions quel parti adopter : en poursuivant notre route, nous nous exposions à subir le même traitement, avec peut-être une issue bien pire à mesure que nous pousserions plus avant dans l'intérieur du pays. Ne sachant que décider, nous regagnâmes pour la troisième fois nos hamacs. Le jour était déjà levé depuis longtemps quand nous fûmes à nouveau réveillés par l'*alcalde* et ses *alguazils,* mais cette fois il s'agissait d'une visite de courtoisie. Les soldats, qui s'étaient arrêtés par hasard dans le village, et qui étaient, à l'en croire, les seuls responsables de nos mésaventures, étaient partis.

Après en avoir à nouveau discuté entre nous, nous décidâmes finalement de poursuivre notre voyage. Nous sommâmes une dernière fois l'*alcalde* d'adresser notre missive au général Cascara, puis lui tournâmes le dos ainsi qu'à ses acolytes. Quelques minutes plus tard, ils se retirèrent tous. Nous bûmes une tasse de chocolat et chargeâmes nos mules. Quand nous partîmes, les lieux étaient aussi déserts qu'à notre arrivée. Pas une seule personne ne s'était présentée pour nous accueillir, et personne n'était là pour nous dire au revoir.

DEUXIÈME PARTIE

COPÁN

5

DES VISITEURS INDÉSIRABLES

*Funérailles indiennes. — Le rio Copán. — Un havre de paix. —
L'hacienda de San Antonio. — Étranges coutumes. — Premiers pas
au Honduras. — Le village de Copán. — Un hôte fort désagréable.
— Le mur de Copán. — Histoire de Copán. — Premier aperçu des
ruines. — Vaines spéculations. — Nos talents de médecins sollicités.
— Recherche d'un gîte. — Une femme souffrante. — Un muletier
impossible. — Une situation déplaisante. — Un orage.
— Acheter Copán.*

Après avoir laissé derrière nous l'église et escaladé une colline,
nous aperçûmes, presque dissimulé aux regards, un misérable
hameau. Nos amis de la nuit précédente y avaient élu domicile.
Sans perdre un instant, nous nous enfonçâmes dans la montagne.
A une faible distance, nous croisâmes une procession funéraire —
quatre Indiens vêtus en tout et pour tout d'une pièce de coton
nouée autour des reins, portant sur leurs épaules la dépouille
d'un mort ; allongé sur une litière de fortune, le cadavre était
agité d'effroyables secousses à chaque mouvement de ses porteurs. Peu après, nous dûmes céder le passage à un autre cortège : le corps était porté de la même manière, à la seule différence qu'il était enveloppé dans une natte ; trois ou quatre
hommes et une jeune femme fermaient la marche : les deux
groupes se rendaient au cimetière du village. Poursuivant notre

ascension, nous atteignîmes bientôt une crête, et vîmes derrière nous, s'étendant en direction de Jocotan, une immense et splendide vallée ; mais le paysage était si désolé que nous nous prîmes à regretter qu'un si beau pays se trouvât en des mains si miséreuses.

A midi et demi, nous atteignîmes les berges du rio Copán. Large et impétueux, ce dernier était, en ce point de son cours, divisé en deux bras par un grand banc de sable. Nous ne parvînmes à le traverser à gué qu'au prix de grandes difficultés. Certains de nos bagages, et notamment notre couchage, prirent l'eau. Une fois sur l'autre rive, nous gravîmes une nouvelle crête, du sommet de laquelle on pouvait voir la rivière serpenter au fond de la vallée. Après avoir franchi la cime, nous aperçûmes à nouveau en contrebas le rio, qui, en dessinant une brusque courbe, épousait la base du massif. Nous parvînmes bientôt au bord d'un torrent, où une Indienne à cheveux gris et une jolie petite fille, allégories vivantes de la vieillesse et de l'enfance, lavaient des vêtements. Nous mîmes pied à terre et nous assîmes sur la berge en attendant notre muletier. J'ai oublié de préciser que ce dernier était accompagné d'un jeune garçon de treize ou quatorze ans, un brave petit bonhomme sur lequel il se déchargeait de la partie la plus ingrate de sa tâche, celle qui consistait à courir sans arrêt après les mules, et qui semblait à tout moment, à l'instar du chien du baron de Münchhausen, sur le point de s'écrouler de fatigue.

Nos relations avec ledit muletier ne s'étaient pas améliorées. Nous pensâmes même pendant un temps qu'il n'était pas étranger à nos déboires de Camotan. En tout état de cause, s'il n'avait pas été là, nous ne nous serions jamais arrêtés dans ce village. Toute la journée, il s'était montré particulièrement hargneux avec les mules. Elles-mêmes, du coup, avaient été particulièrement perverses, et elles avaient fini par se disperser dans la nature. Ce n'est qu'une heure plus tard que nous entendîmes au loin les vociférations du muletier, qui accablait ses pauvres bêtes de jurons. Nous nous remîmes en selle, et, à quatre heures, aperçûmes une hacienda sur le versant opposé de la vallée. Se dressant, solitaire, à l'orée de la forêt, elle promettait de constituer un gîte tranquille pour la nuit. Nous quittâmes le camino real et nous engageâmes dans un sentier rocailleux, envahi par les broussailles, et si abrupt que nous dûmes continuer à pied, laisser partir nos mules en avant, et nous agripper aux branches pour ne pas tomber dans la descente. Au pied de la colline, nous enfourchâmes à nouveau nos bêtes et franchîmes un ruisseau ; un petit garçon, qui jouait dans l'eau, me salua en croisant ses bras sur sa poitrine, avant de faire de même à l'adresse de Mr. Catherwood. C'était là un heureux présage. Alors que nous gravissions le flanc escarpé du coteau, j'eus le pressentiment qu'en ce lieu isolé, éloigné de l'agitation du monde des humains, nous allions goûter la douceur de l'hospitalité. Au sommet de la colline, une jeune femme avec un enfant nu dans les bras observait en souriant notre pénible ascension. Quand nous lui demandâmes si elle pouvait nous offrir la *posada* (l'hospitalité) pour la nuit, elle nous répondit en usant de la plus aimable expression du pays, avec un visage qui exprimait la bienvenue de manière encore plus chaleureuse que ses paroles : « *Como no ?* » (« Bien sûr ! »).

Le site de l'hacienda de San Antonio était littéralement enchanteur. La ferme comprenait une clairière dont la plus grande partie était occupée par un enclos à vaches et une plantation de maïs, de tabac et de bananiers de paradis ; la saignée qu'elle formait dans la forêt ménageait un vaste panorama sur les hautes montagnes environnantes. La maison était faite de pieux couverts de boue séchée. Sur le mur faisant face à la porte était accroché un drap blanc sur lequel était représenté le Sauveur sur la croix ; des offrandes votives y étaient suspendues. L'enfant nu que la mère portait dans ses bras avait pour nom Maria de los Ángeles. Pendant les préparatifs du dîner, le maître de céans arriva — un homme basané, à l'air peu engageant, avec un sombrero à larges bords et d'énormes rouflaquettes, monté sur un jeune et puissant cheval, qu'il initiait aux sentiers de la montagne. Quand il sut que nous étions des étrangers demandant l'hospitalité, il se fit plus avenant, et, comme l'avait fait sa femme, nous souhaita la bienvenue.

Malheureusement, le petit garçon du muletier était tombé malade. Son maître ne lui prêtait aucune attention : alors que le pauvre petit diable gémissait, en proie à de violentes fièvres, l'homme s'attabla avec la plus parfaite indifférence. Nous préparâmes au garçonnet un lit confortable sous la véranda, et Mr. Catherwood lui donna une de ses potions. Nous passâmes une soirée très différente de celle de la veille. Nos hôtes étaient des gens simples, mais ils avaient le cœur sur la main. C'était la première fois qu'ils se trouvaient en présence d'hommes venant d'autres pays, et ils nous assaillirent de questions, examinant notre petit matériel de voyage, en particulier nos tasses en ferblanc et nos couverts. Nous leur montrâmes nos montres et nos instruments (compas, sextant, chronomètre, thermomètre, télescope, etc.) ; sur quoi la femme, avec un grand discernement, déclara que nous devions être « très riches » et que nous avions « *muchos ideas* » (« beaucoup d'idées »). Ils nous interrogèrent sur nos épouses, et nous apprîmes que notre candide hôte en avait deux (la seconde habitait à Jocotan), et qu'il passait alternativement une semaine avec chacune. Nous lui confiâmes qu'en Angleterre il serait traduit en justice, et en Amérique du Nord emprisonné à vie pour un tel forfait, ce à quoi il nous répondit que nos deux patries étaient des « pays barbares ». Bien qu'elle estimât qu'un homme devait se contenter d'une seule épouse, sa femme nous déclara qu'il n'y avait pas de *pecado* — de « péché » — à en posséder deux. Je les entendis cependant se dire à voix basse que nous étions « *más cristianos* » (« de meilleurs chrétiens ») qu'eux-mêmes. Le mari nous aida à suspendre nos hamacs, et vers neuf heures, nous fîmes sortir les chiens et les cochons de la maison, allumâmes nos cigares, et allâmes nous coucher. En comptant les serviteurs, les femmes et les enfants, nous étions onze à dormir dans l'unique chambre. Tout autour de nous brillaient dans l'obscurité de petites boules de feu dont la lueur se faisait plus vive à chaque bouffée. L'un après l'autre, les cigares s'éteignirent, et nous nous endormîmes.

Le lendemain matin, nous nous levâmes tous en même temps. Le jeune garçon allait déjà mieux, mais nous jugeâmes qu'il n'était pas encore en état de voyager. Sa brute de maître, cependant, insista pour qu'il reprenne la route. Malgré tout ce qu'ils avaient fait pour nous, nos hôtes ne réclamèrent aucune rétribution. Ne pouvant les remercier par une somme d'argent, nous leur distribuâmes diverses babioles, mais, quand vint le moment de nous séparer, je vis avec regret l'anneau que j'avais donné à la femme étinceler au doigt de son mari. Après être remontés en selle, nous vîmes arriver le petit garçon que nous avions rencontré dans la rivière, titubant sous le poids de six ananas fraîchement coupés. Nous étions déjà en route quand la femme me rattrapa en courant pour me donner un morceau de canne à sucre.

Nous quittâmes tous l'hacienda de San Antonio avec de doux sentiments au cœur, à l'exception de notre maussade muletier, qui, selon ses propres termes, était « indigné » que nous offrions des présents à tout le monde, sauf à lui. Le jeune garçon qui l'accompagnait nous témoignait une vive reconnaissance, mais, hélas, nous lui avions donné un couteau, ce qui avait rendu son maître jaloux.

Presque aussitôt après avoir quitté la ferme, nous pénétrâmes par un sentier escarpé dans une forêt touffue, aussi dense que la jungle du mont Mico, et presque aussi boueuse. L'ascension fut éprouvante, mais le sommet était dégagé, et couvert d'un si grand nombre d'aloès que nous lui donnâmes le nom de cette jolie plante. Certains venaient juste de sortir de terre ; d'autres étaient hauts de près de dix mètres, et de gigantesques tiges mortes se balançaient dans le vent : des fleurs qui auraient orné à ravir le sein d'une élégante s'étaient épanouies puis fanées sur cette montagne désolée, hors du regard des hommes, à l'exception peut-être de quelque Indien passé par là.

En redescendant, nous perdîmes notre chemin, et errâmes pendant un certain temps dans la forêt avant de le retrouver.

Presque immédiatement, nous commençâmes l'ascension d'une seconde montagne, du sommet de laquelle nous devions en surplomber une troisième, et apercevoir au loin une grande hacienda. Notre sentier longeait le bord d'un précipice, depuis lequel nous pouvions voir, en nous penchant, loin en contrebas, le faîte de gigantesques pins. Très vite, la sente devint si accidentée, et longeait de si près le bord du gouffre, que j'exhortai Mr. Catherwood à descendre de sa monture. J'avais pour ma part pris une grande avance sur le reste du groupe, dans l'impossibilité où je me trouvais de ralentir ma mule, fort perverse ce jour-là : en proie à une grande inquiétude, je ne risquai aucun mouvement superflu et demeurai en selle. Quelque part sur cette route, mais sans qu'aucune borne ne l'ait indiquée, nous avions franchi la frontière qui sépare le Guatemala du Honduras.

A deux heures, nous atteignîmes le village de Copán — une demi-douzaine de misérables cahutes recouvertes de feuilles de maïs. Notre arrivée fit grande impression. Nous fûmes bientôt entourés et dévisagés par la population entière du hameau. Nous nous enquîmes immédiatement des ruines, mais aucun des villageois ne put nous dire où elles se trouvaient, et tous nous conseillèrent de nous rendre à l'hacienda d'un certain Don Gregorio. N'éprouvant aucun désir de nous arrêter dans un village, nous demandâmes à notre muletier de repartir sur-le-champ. Ce dernier, comme on pouvait s'y attendre, refusa d'obtempérer, prétextant que l'accord qui nous liait, prévoyait qu'il nous conduisît à « Copán », et pas au-delà. Après de longues discussions, nous parvînmes à le faire changer d'avis. Nous traversâmes un bois, franchîmes à nouveau à gué le rio Copán, et débouchâmes sur une clairière, à la lisière de laquelle se trouvait une hacienda, avec un toit de tuiles, une *cocina* et d'autres dépendances ; il s'agissait, de toute évidence, de la résidence d'un riche propriétaire. Nous fûmes accueillis par une meute de chiens, sous le regard de femmes et d'enfants qui se tenaient dans les embrasures des portes, et ne parurent pas le moins du monde surpris par notre arrivée. Il n'y avait pas un homme à la ronde, mais les femmes nous accueillirent avec amabilité, et nous déclarèrent que « Don Gregorio » reviendrait bientôt et nous conduirait jusqu'aux ruines. Le feu fut immédiatement ranimé dans la *cocina* ; des tapotements de mains indiquèrent que l'on préparait à notre intention des *tortillas*, et en une demi-heure le dîner fut prêt. Il nous fut servi sur un plateau d'argent, avec une carafe du même métal, mais sans couteaux, fourchettes ni cuillers ; un *caldo* (une soupe) nous fut offert dans des tasses. Nous nous félicitions malgré tout d'être tombés en de si bonnes mains.

Quelques instants plus tard, un jeune homme arriva à cheval, vêtu d'une chemise brodée et accompagné de plusieurs *peones* conduisant un troupeau. Un bœuf fut choisi, une corde jetée autour de ses cornes, et l'animal fut tiré contre la maison, où, à l'aide d'une autre corde enroulée autour de ses pattes, il fut renversé à terre. Ses jarrets furent liés ensemble, sa tête tirée en arrière par la première corde attachée à sa queue, et, d'un coup de machette, son artère jugulaire fut sectionnée. Les chiens se ruèrent alors sur la pauvre bête, et, avec d'horribles clappements de langue, lapèrent le sang qui coulait de la blessure. Les femmes observaient la scène sans mot dire, et une petite fille empoigna un jeune chiot et lui plongea le museau dans la mare écarlate, probablement pour lui donner dès son plus jeune âge le goût du sang. Le bœuf fut écorché, la chair fut séparée des os, et, réduit à l'état de steaks, de faux-filets et autres morceaux à rôtir, l'animal entier pendait une heure plus tard en longs lambeaux sur une corde devant la porte.

Pendant cette opération, Don Gregorio était arrivé. Il était âgé d'environ cinquante ans et arborait de larges favoris noirs et une barbe de plusieurs jours. A en juger par le comportement de toutes les personnes présentes, il était facile de voir qu'il avait tout d'un tyran domestique. Le regard qu'il nous lança avant de descendre de son cheval semblait dire : « Qui donc êtes-vous pour oser venir chez moi ? », mais, sans un mot, il entra dans la maison. Au cours de mes pérégrinations à travers le monde, mes avances en vue de lier plus avant connaissance avec les habitants des pays que je visitais avaient plus d'une fois été repoussées, mais je n'avais jamais rien éprouvé d'aussi glaçant que l'accueil que nous réserva ce « *don* ». Je lui confiai que nous étions venus dans sa région pour visiter les ruines de Copán, et bien qu'il parût penser : « Que voulez-vous que ça me fasse ? », il répondit sans plus de précisions qu'elles se trouvaient « de l'autre côté de la rivière ». Je lui demandai s'il était possible de recruter un guide ; il nous répondit de nouveau que le seul homme qui savait quelque chose à leur sujet habitait « de l'autre côté de la rivière ». Jusque-là, nous n'avions pas vraiment mesuré l'ampleur des troubles qui agitaient le pays, ni réalisé qu'un habitant pouvait risquer gros en donnant le gîte à des personnes suspectes. Comptant sur la réputation d'hospitalité dont jouissait le pays, et sur les preuves qui nous en avaient été données jusque-là, je ne vins qu'à contrecœur à la désagréable conclusion que nous n'étions pas les bienvenus — c'était le moins qu'on pût dire. Cette conclusion était sans appel. Nos têtes, visiblement, ne revenaient pas au seigneur des lieux. J'ordonnai à notre muletier de reseller les mules, mais cette canaille, que nos embarras comblaient d'aise, refusa catégoriquement de seller à nouveau ses bêtes ce jour-là. Nous en appelâmes à Don Gregorio en personne, lui proposant de l'argent en échange de mules. Finalement, dans l'espoir de se débarrasser de nous, il nous en loua deux pour nous permettre de regagner le village.

De retour à Copán, nous nous mîmes en quête du guide dont on nous avait parlé, mais, hélas, il n'était pas chez lui. Un combat de coqs animé avait alors lieu, et la mine des habitants ne nous encouragea guère à ramener nos bagages dans ce sinistre hameau (en tout état de cause, personne ne nous y invita). Nous apprîmes, pour notre malheur, que Don Gregorio était l'« homme important » de Copán ; en tout cas le plus riche — un véritable tyranneau de village —, et qu'il serait des plus fâcheux d'être en mauvais termes avec lui, voire que l'on sût au village qu'on avait été mal reçu chez lui. A contrecœur, mais avec l'espoir de produire une impression plus favorable, nous retournâmes à l'hacienda. Mr. C. descendit de cheval au pied des marches, et alla s'asseoir sous la véranda. Je mis pied à terre un peu plus loin, et, avant de m'approcher, jetai un coup d'œil sur l'assemblée. Le maître était assis sur une chaise, avec notre détestable muletier à ses côtés. Avec un sourire de dérision à demi dissimulé, il parlait d'« idoles » en me regardant. A cette heure tardive, une dizaine d'hommes (ses fils, des serviteurs et des journaliers) étaient rentrés de leur journée de travail, mais pas un seul d'entre eux ne me proposa de prendre ma mule, ou ne fit une quelconque de ces démonstrations de civilité qui accueillent toujours un hôte bienvenu. Les femmes regardaient ailleurs, comme si elles avaient été réprimandées de nous avoir reçus ; et tous les hommes, prenant exemple sur le maître, affichaient un air si insultant qu'il me prit l'envie de récupérer nos bagages sur-le-champ, et de traiter Don Gregorio de grossier personnage. Mr. Catherwood, cependant, m'en dissuada, faisant valoir que si nous nous querellions ouvertement avec lui, après tous nos ennuis, on pourrait nous empêcher de voir les ruines. Le *don* soupçonnait probablement quelque chose du caractère officiel de notre présence dans son pays ; craignant peut-être d'aller trop loin dans la goujaterie, et, ainsi, de ternir sa réputation, il m'indiqua une chaise et me pria de m'asseoir. Au prix d'un grand effort, je résolus de ravaler mon indignation, en attendant de pouvoir un jour lui donner libre cours en toute impunité. Augustin était, quant à lui, tout aussi indigné du traitement qui nous était réservé. Dans les villages que nous avions traversés, il avait parfois exagéré sa propre importance (et, du même coup, la nôtre) en évoquant devant des *peones* ébahis les drapeaux qui avaient été hissés et les coups de canon qui avaient été tirés lors de notre départ de Belize. Ce jour-là, cependant, il hissa plus de drapeaux et tira plus de salves que d'habitude, commençant avec quarante canons, pour terminer sur un véritable pilonnage d'artillerie. Mais rien n'y fit. Le maître des lieux nous avait pris en grippe, et probablement avait-il envie, lui aussi, de tirer des coups de canon, comme à Belize, mais pour nous faire décamper.

Après le dîner, nous nous préparâmes pour la nuit. Les murs de la maison du maître délimitaient deux espaces — un espace intérieur et un espace extérieur. Le *don* et sa famille occupaient le premier, et nous le second, et encore devions-nous le partager avec d'autres. Tout le long des murs étaient posés à même le sol des châlits faits de lattes de bois attachées ensemble à l'aide de lanières d'écorce, châlits sur lesquels les ouvriers du domaine étendaient une peau de bœuf crue en guise de matelas. Il y avait trois hamacs en dehors du nôtre, et je disposais de si peu de place pour le mien que mon corps décrivait une parabole inversée, mes talons étant aussi hauts que ma tête. C'était vexant et ridicule — ou, selon les termes du touriste anglais de *Fra Diavolo*, « *shocking ! positively shocking !* ».

Le lendemain matin, Don Gregorio se leva avec les mêmes dispositions. Nous ne lui prêtâmes pas attention, et fîmes notre toilette sous l'auvent avec le plus de discrétion possible, par égard pour les membres du sexe faible de la famille, qui ne cessaient d'aller et venir. Nous étions plus que jamais décidés à voir les ruines, et, fort heureusement, au début de la matinée, l'un des fils de notre aimable hôte, un jeune homme fort civil, revint du village en compagnie de José, le guide dont nous avions besoin.

Par suite d'une série de contretemps fâcheux dus à une incompatibilité d'humeur entre José et le muletier, nous ne pûmes lever le camp qu'à neuf heures. Très vite, nous quittâmes le sentier qui nous tenait lieu de route, et débouchâmes dans un grand champ consacré en partie à la culture du maïs, et qui appartenait à Don Gregorio. Après avoir parcouru une certaine distance, nous atteignîmes à l'orée de la forêt une hutte recouverte d'un toit de feuilles de maïs ; des *peones* y préparaient leur collation matinale. Nous mîmes pied à terre, et, après avoir attaché nos mules aux arbres les plus proches, pénétrâmes dans les sous-bois, précédés de José, qui ouvrit un chemin à la machette. Nous nous retrouvâmes bientôt au bord d'une rivière, et vîmes, directement à l'aplomb de l'endroit où nous nous tenions, un mur de pierre haut d'une trentaine de mètres. Des arbres s'étaient enracinés sur son faîte. Longeant la rivière, dont il épousait la direction nord-sud, le mur s'était effondré par endroits. De toutes les constructions attribuées aux populations indigènes de l'Amérique qu'il nous avait été donné de voir jusque-là, c'était indubitablement la plus achevée. Il s'agissait d'une partie de l'enceinte de Copán, une antique cité sur laquelle les ouvrages d'histoire ne jettent qu'une faible lumière [10].

90

Qu'on me permette d'ouvrir ici une parenthèse. Des volumes sans nombre ont été écrits concernant le premier peuplement de l'Amérique. Certains auteurs ont vu dans les habitants de ce continent une race particulière, sans ancêtres communs avec le reste de l'humanité. D'autres les tiennent pour les derniers descendants des habitants antédiluviens de la Terre, qui auraient survécu au Déluge à l'origine de la disparition de la plus grande partie de l'espèce humaine à l'époque de Noé, et, de ce fait, constitueraient la plus ancienne race de la planète. Les différents peuples censés descendre des fils de Noé (Juifs, Cananéens, Phéniciens, Carthaginois, Grecs et Scythes), dans l'Antiquité, les Chinois, les Scandinaves et les Gallois, en des temps plus récents, ont été crédités tour à tour du premier peuplement de l'Amérique. Selon d'autres théories, l'Ancien et le Nouveau Monde, longtemps soudés l'un à l'autre, auraient été disjoints par un violent tremblement de terre. D'autres auteurs, encore, ont fait surgir de l'océan, pour les besoins de leurs thèses, l'île fabuleuse de l'Atlantide. Enfin, pour ne pas être en reste, un Américain à l'imagination fertile est allé jusqu'à voir dans le Nouveau Continent le foyer de la civilisation humaine ; à l'en croire, l'arche de Noé elle-même se serait échouée à l'intérieur de l'actuel État de New York !

Les monuments et vestiges architecturaux laissés par les populations indigènes ne sont entrés jusqu'ici que pour une très faible part dans ces spéculations. Le Dr Robertson, dans son *Histoire de l'Amérique* [11], tient pour « *certain* » que « *l'Amérique n'a été peuplée par aucune des nations de l'ancien continent — ces nations qui ont, les premières, réalisé de si considérables progrès sur la voie de la civilisation. Les habitants du Nouveau Monde,* ajoute-t-il, *connaissaient [au moment de la Conquête] un état social si grossier qu'ils n'étaient initiés à aucun des arts qui constituent les premiers balbutiements de l'ingéniosité humaine dans sa marche vers le progrès* ». N'accordant pas le moindre crédit aux relations de Cortés et de ses compagnons, aux récits de soldats, prêtres et civils qui s'accordaient tous à rendre compte de la splendeur des édifices du Mexique, Robertson ajoute que les « *maisons où vivaient [les anciens Aztèques] étaient de simples huttes, faites de tourbe, de glaise ou de branches d'arbres, à l'instar de celles des Indiens les plus primitifs* ». Le temple de Cholula, selon lui, n'était rien d'autre qu'un « *amas de terre, sans marches ni parements de pierre, couvert d'herbes et de broussailles* ». Enfin, sur la foi de personnes ayant longtemps résidé en Nouvelle-Espagne, et qui prétendaient en avoir visité chaque partie, il soutenait qu'« *on ne trouve pas, sur toute l'étendue de ce vaste empire, un seul monument ou vestige d'édifice qui fût plus ancien que la Conquête* ». A cette époque, le doute était peut-être le plus sûr parti que pouvait adopter l'historien, mais depuis que le Dr Robertson a écrit ces lignes, un nouveau flot de lumière s'est déversé sur le monde, et le champ des antiquités américaines s'est ouvert à la curiosité des hommes.

L'ignorance, la négligence et l'indifférence des habitants de l'Amérique espagnole en cette matière ne laissent pas de surprendre. Dans notre propre pays, la découverte de *tumuli* (tertres funéraires) et de fortifications dans les vallées de l'Ohio et du Mississippi, ou encore, la mise au jour de momies dans une grotte du Kentucky, d'une inscription (censée figurer des caractères phéniciens) sur un rocher à Dighton, et de ruines d'une importante cité dans l'Arkansas et le Wisconsin, ont été à l'origine de théories insensées et extravagantes quant au premier peuplement de l'Amérique du Nord. Toutes ces trouvailles ont cependant donné à penser que des nations puissantes et nombreuses, dont l'histoire nous est entièrement inconnue, avaient occupé ces régions avant de disparaître. On trouve de semblables témoignages du passé au Texas, ainsi qu'au Mexique, où ils revêtent une forme encore plus définie.

Les premiers éclaircissements qui ont été donnés à notre époque sur ce sujet, du moins en ce qui concerne le Mexique, ont été le fait du grand Humboldt [12], qui a pu visiter ce pays en un temps où, en raison de la politique exclusive des autorités espagnoles, il était presque aussi fermé aux étrangers que peut l'être la Chine de nos jours. Aucun homme n'aurait pu mériter davantage une telle chance. A cette époque, les recherches archéologiques relatives aux monuments mexicains n'en étaient qu'à leurs balbutiements. Humboldt réussit cependant à collecter des informations et des matériaux iconographiques d'origines diverses concernant, entre autres, les ruines de Mitla (« la Vallée des Morts »), le monument de Xoxichalco (« la Colline aux Fleurs », une montagne arasée et étagée en terrasses), ou, encore, la grande pyramide ou « temple » de Cholula, qu'il visita lui-même. Les descriptions éloquentes qu'il a laissées de tous ces monuments peuvent être facilement consultées par le lecteur. Hélas, des grandes cités situées en dehors de la vallée de Mexico, enfouies au cœur des forêts, en ruine et désertées, de ces cités dont on a oublié jusqu'au nom, Humboldt n'entendit jamais parler, ou, du moins, il n'eut pas l'occasion de les visiter. Ce n'est que récemment que des informations relatives à leur existence ont atteint l'Europe et les États-Unis. Ces informations, bien que vagues et peu satisfaisantes, ont éveillé notre curiosité. Je dois cependant avouer qu'aussi bien Mr. C. que moi-même éprouvions quelque scepticisme à leur endroit : lorsque nous arrivâmes à Copán, ce fut avec l'espoir, plutôt que la certitude, d'y trouver des merveilles.

Depuis la découverte de ces cités en ruine, la thèse qui prédomine veut qu'elles aient été édifiées par une race largement antérieure à celle qui habitait le pays au moment de la conquête espagnole. En ce qui concerne Copán, les premiers historiens font mention d'une ville portant ce nom située dans la même région que les ruines qui s'offraient à notre regard. Cette ville, qui était à l'époque habitée, opposa une résistance farouche aux armes espagnoles. Certains détails semblent toutefois indiquer que la cité en question était moins puissamment fortifiée, et d'origine plus récente.

Elle était située dans l'ancienne province de Chiquimula de la Sierra, qui fut conquise par les compagnons de Pedro de Alvarado, mais aucun chroniqueur espagnol ne fournit de précisions sur les circonstances de cette conquête. En 1530, les Indiens de la province se soulevèrent et tentèrent de rejeter le joug de l'Espagne. Hernando de Chaves fut chargé de mater la rébellion. Après maintes batailles sanglantes, il établit ses quartiers devant Esquipulas, une place forte appartenant à un puissant cacique qui, après quatre jours de siège, offrit sa reddition, « *plus par respect pour la tranquillité de la population que par peur des armes espagnoles* », pour reprendre ses propres termes. Avec la capitale, la province entière se soumit à nouveau à la domination espagnole.

Le cacique de Copán, dont le nom était Copán Calel, avait attisé la révolte et activement aidé les insurgés. Ayant résolu de le punir, Hernando de Chaves marcha sur Copán, alors l'une des cités les plus importantes, les plus opulentes et les plus populeuses du royaume. Le camp du cacique, auxiliaires compris, regroupait 30 000 hommes disciplinés et aguerris, armés d'épées de bois aux tranchants en pierre, de flèches et frondes. D'un côté, précise un chroniqueur, il était protégé par les chaînes montagneuses de Chiquimula et Gracias a Dios, et, de l'autre, par un profond fossé et une palissade formée de madriers massifs (les interstices les séparant les uns des autres étaient obturés par de la terre) et garni d'embrasures et de meurtrières. Accompagné de quelques cavaliers puissamment armés, Chaves s'approcha du fossé et indiqua par signes qu'il souhaitait entamer des pourparlers. Le cacique lui décocha une flèche pour toute réponse. Une pluie de traits, de pierres et de javelots s'abattit peu après, forçant les Espagnols à se retirer. Le lendemain, Chaves lança une attaque contre le retranchement. Ses fantassins portaient d'amples pourpoints rembourrés de coton, et étaient armés d'épées et de boucliers ; quant aux cavaliers, ils étaient munis de casques et de cuirasses, et leurs chevaux étaient caparaçonnés. Les Copánèques, de leur côté, disposaient chacun d'un bouclier recouvert de peau de tapir, leur tête n'étant protégée que par une coiffe de plumes.

L'assaut dura toute la journée. Les Indiens, avec leurs flèches, leurs javelines et leurs piques aux pointes durcies au feu, tinrent tête aux Espagnols, qui durent battre en retraite.

Chaves, qui avait directement pris part à la bataille, conçut quelque inquiétude devant les difficultés de l'entreprise et les risques qu'encourait le prestige des armes espagnoles. Il apprit cependant qu'à un certain endroit le fossé qui défendait Copán était fort peu profond : dès le lendemain, il se rendit en ce lieu pour y mener une attaque. Ayant observé ses mouvements, les assiégés postèrent les plus braves des leurs derrière le retranchement. Les fantassins espagnols n'étant pas parvenus à ouvrir une brèche, la cavalerie se porta à leur secours. Les Indiens jetèrent alors toutes leurs forces dans la bataille, mais les Espagnols tinrent bon, tels des rocs, invulnérables aux lances, aux flèches et aux pierres. Ils tentèrent à plusieurs reprises d'escalader le retranchement, mais ils furent à chaque fois repoussés dans le fossé. Il y eut de nombreux morts dans les deux camps.

Les combats faisaient rage sans que l'une ou l'autre des deux armées ne semblât devoir prendre l'avantage, lorsqu'un cavalier intrépide sauta par-dessus le fossé. Son cheval donna violemment contre la palissade, qui céda sous le choc, avant de ruer, terrifié, au milieu des Indiens. S'engouffrant dans la brèche ainsi ouverte, d'autres cavaliers semèrent une telle terreur parmi les assiégés que ces derniers quittèrent leurs lignes de défense et se débandèrent. Copán Calel battit le rappel de ses forces en un lieu où il avait posté un corps de réserve, mais, incapable de résister plus longtemps, il prit la fuite, abandonnant Copán à son sort.

Tel est le récit qu'ont laissé les chroniqueurs espagnols de la prise de Copán. Appliqué à la cité dont nous contemplions le mur d'enceinte, de l'autre côté de la rivière, il nous sembla pour le moins lacunaire et sujet à caution. En effet, les massives structures de pierre qui s'offraient à nos yeux ne semblaient guère avoir appartenu à une cité dont le périmètre de défense aurait pu être abattu par la charge d'un unique cavalier [13].

La rivière ne pouvant être franchie à gué en cet endroit, nous retournâmes à nos mules, remontâmes en selle et gagnâmes une autre partie de la berge, un peu plus loin en amont. Le cours d'eau était large, et, par endroits, profond, rapide, avec un lit irrégulier et pierreux. Après que nous l'eûmes franchi, nous longeâmes la rive opposée par un sentier encombré par des broussailles, dans lesquelles José nous fraya un passage à la machette. Nous parvînmes finalement au pied du mur, où nous mîmes à nouveau pied à terre et attachâmes nos montures.

Le mur était en pierres taillées, d'un bel appareil, et dans un bon état de conservation. Nous gravîmes ensuite de grandes marches de pierre, ici parfaites, là jetées bas par des arbres dont les racines s'étaient glissées entre elles, et atteignîmes une terrasse, dont nous ne pûmes déterminer la forme, du fait de l'épaisseur de la forêt dans laquelle elle était enfouie. Notre guide continuant à ouvrir notre chemin à grands coups de machette, nous passâmes devant un grand fragment de pierre sculpté avec art et à moitié enterré, et arrivâmes à l'angle d'une structure qui, par sa forme et son apparence (pour autant que les arbres nous permettaient d'en juger), ressemblait à une pyramide à degrés. Nous écartant de la base de cette construction, et nous frayant difficilement un passage à travers la jungle épaisse, nous débouchâmes sur une colonne carrée en pierre, de plus de quatre mètres de haut sur environ un mètre de côté. Ses quatre faces étaient entièrement sculptées, de la base au sommet, en fort relief [14]. Sur la face antérieure était représenté un homme curieusement et richement vêtu ; solennel, sévère, son visage (de toute évidence, le portrait d'un personnage ayant réellement existé) semblait avoir été sculpté pour inspirer la terreur. Le dos de la colonne était d'un style tout à fait différent, ne ressemblant à rien de ce que nous avions vu auparavant. Quant aux côtés, ils étaient recouverts d'hiéroglyphes. Aux yeux de notre guide, cette colonne était une « idole ». Devant elle, à une distance d'environ un mètre, se dressait un gros bloc de pierre, sur lequel étaient également sculptés des personnages et des motifs conventionnels, bloc dans lequel notre guide voyait un « autel » [15]. Le spectacle de ce monument inattendu leva une bonne fois pour toutes, dans nos esprits, toute incertitude quant au caractère des antiquités américaines, et nous donna l'assurance que les ruines que nous contemplions présentaient non seulement un intérêt en tant que vestiges d'un peuple disparu, mais aussi en tant qu'œuvres d'art, prouvant, à l'instar des annales historiques récemment découvertes, que les hommes qui occupaient jadis le continent américain n'étaient pas de simples sauvages. Avec une curiosité peut-être encore plus vive que celle que nous avions éprouvée en nous promenant au milieu des ruines de l'Égypte, nous suivîmes notre guide. Perdant parfois son chemin, mais usant de sa machette avec un régulier et vigoureux tour de main, il nous conduisit à travers l'épaisse forêt, parmi des vestiges à moitié ensevelis, et nous fit découvrir jusqu'à quatorze monuments de même caractère et apparence. D'aucuns comportaient des motifs plus élégants ; d'autres égalaient en finesse d'exécution les plus beaux monuments des Égyptiens. L'un d'eux avait été délogé de son piédestal par d'énormes racines ; un autre était enserré de toutes parts par les branches d'un arbre, qui le soulevaient presque de terre ; un autre, encore, semblait avoir été jeté bas à dessein : il gisait sur le sol, prisonnier d'un enchevêtrement d'énormes lianes et de plantes rampantes. Une autre colonne [16], surplombant son autel, était littéralement enchâssée dans un massif d'arbres : ces derniers, qui avaient crû autour d'elle, paraissaient vouloir la protéger de leur ombre, comme s'il s'agissait d'un objet sacré ; dans le silence solennel de la forêt, on eût dit une divinité pleurant un peuple déchu. Les seuls bruits qui troublaient la quiétude de cette cité perdue étaient les cris des singes gesticulant dans les cimes des arbres, et le craquement des branches mortes cédant sous leur poids. Ils se déplaçaient au-dessus de nos têtes en de longues et rapides processions, par groupes de quarante ou cinquante, certains portant leurs petits, qu'ils serraient contre eux de leurs longs bras. Ils avançaient jusqu'à l'extrémité des rameaux, et, prenant appui sur leurs pattes de derrière ou avec leur queue enroulée, sautaient sur une branche de l'arbre suivant. Avec un bruit de rafale, ils s'enfonçaient ensuite dans les profondeurs de la forêt. C'était la première fois que nous voyions ces parodies d'humanité, et, avec les étranges monuments qui nous entouraient, nous avions le sentiment de nous trouver en présence des esprits errants d'une race éteinte, montant la garde auprès des ruines de leurs anciennes demeures.

Nous regagnâmes la base de la structure pyramidale, dont nous gravîmes les marches de pierre régulières. Ces marches étaient par endroits disjointes par des buissons et des arbustes, et, ailleurs, renversées par de grands arbres dont les racines s'étaient immiscées dans leurs fissures. Certaines, il est vrai, étaient entières. Elles étaient ornées de place en place par des sculptures représentant des rangées de têtes de mort ou des personnages. Grimpant sur le sommet en ruine de l'édifice, nous atteignîmes une terrasse envahie par la végétation. Nous la traversâmes et redescendîmes par des marches dans une zone si encombrée d'arbres que nous ne pûmes, de prime abord, déterminer sa configuration. L'ayant dégagée à la machette, nous pûmes constater qu'il s'agissait d'un espace de plan carré, garni sur ses quatre côtés de gradins presque aussi parfaits que ceux d'un amphithéâtre romain. Les gradins étaient, eux aussi, ornés de sculptures, et, sur le côté sud, environ à mi-hauteur, délogée de son emplacement initial par des racines, reposait une tête colossale, qui constituait selon toute vraisemblance le portrait d'un grand personnage. Nous gravîmes ces gradins et atteignîmes une large terrasse, qui surplombait d'une trentaine de mètres la rivière et était soutenue par le mur que nous avions vu depuis la berge opposée. Cette terrasse était entièrement envahie par la végétation ; malgré sa hauteur par rapport au sol, deux gigantesques *ceibas* (ou fromagers), aux troncs de plus de cinq mètres de circonférence, y avaient poussé : les deux arbres étendaient dans un rayon de quinze à trente mètres leurs racines à moitié déterrées, enserrant littéralement les ruines qu'ils ombrageaient de leur feuillage. Nous nous assîmes sur le rebord même du mur et nous efforçâmes en vain de pénétrer le mystère qui nous entourait. Quel peuple avait bâti cette ville ? Lorsqu'il s'aventure au milieu des ruines des cités d'Égypte, et même à Petra (pourtant oubliée des hommes pendant si longtemps), l'étranger connaît l'histoire de la civilisation dont les vestiges l'entourent. L'Amérique, soutiennent les historiens, a été peuplée par des sauvages ; mais des sauvages n'auraient jamais pu élever ces édifices ou sculpter ces pierres. Nous demandâmes aux Indiens s'ils savaient qui étaient les auteurs de ces constructions. Ils nous rétorquèrent pour toute réponse : « *Quien sabe ?* » (« Allez savoir ! »).

Ce lieu n'évoquait aucun épisode historique connu, aucune de ces réminiscences émouvantes attachées à Rome, à Athènes et à « *la grande maîtresse du monde dans la plaine d'Égypte* ».

Et, cependant, l'architecture, la sculpture et la peinture, tous les arts qui embellissent la vie, s'étaient épanouis dans cette forêt impénétrable ; la beauté, l'ambition et la gloire s'y étaient manifestées ; des orateurs, des guerriers et des souverains y avaient vécu, et personne ne se remémorait leur existence passée. Les livres, ces annales du savoir, sont silencieux à leur endroit. La cité était solitaire et abandonnée. Aucun souvenir de la race qui l'habita ne plane sur ses ruines, aucune tradition la concernant n'est transmise de père en fils, de génération en génération. La ville gisait devant nous tel un voilier désemparé errant sur l'océan, ses mâts emportés, son nom effacé, son équipage englouti par les flots, personne ne pouvant dire d'où il venait, à qui il appartenait, combien de temps avait duré son voyage, ou quelle avait été la cause de sa perdition ; l'identité de ses anciens occupants ne pouvait être devinée qu'en tentant de reconnaître quelque caractéristique dans la construction du vaisseau, à supposer que l'on puisse y parvenir un jour. L'édifice sur lequel nous étions assis était-il une citadelle dans laquelle un peuple inconnu avait fait résonner les trompettes de la guerre ? Ou un temple voué à l'adoration du dieu de la paix ? Ses premiers habitants avaient-ils vénéré ces idoles, qu'ils avaient façonnées de leurs propres mains, et leur avaient-ils offert des sacrifices sur les pierres disposées devant elles ? Tout n'était que mystère, un sombre et impénétrable mystère, et chaque particularité l'épaississait encore davantage. En Égypte, les ossatures colossales des temples gigantesques se dressent au milieu des sables et des solitudes arides du désert ; ici, une immense forêt sert d'écrin aux ruines, qu'elle dissimule à la vue des hommes, augmentant l'impression d'étrangeté qui se dégage du site, et conférant à la curiosité du visiteur une intensité confinant à la frénésie.

En fin d'après-midi, nous retournâmes à travers les sous-bois jusqu'à nos mules. Nous nous baignâmes dans les eaux claires de la rivière au pied de la muraille, puis regagnâmes l'hacienda. Notre muletier ayant parlé aux villageois de sa redoutable maladie, et des extraordinaires traitements de Mr. Catherwood, nous découvrîmes à l'hacienda un homme au visage blême, rongé par les fièvres, qui nous supplia de lui administrer des *remedios*.

Rendant visite à sa famille, une vieille femme, qui pourtant avait prévu de retourner chez elle ce jour-là, nous demanda de la guérir d'une maladie dont elle souffrait depuis vingt ans. Nous allâmes chercher notre coffret de pharmacie, ce qui, comme par enchantement, convertit également l'épouse du maître des lieux en patiente. Mr. Catherwood, dont la réputation de médecin grandissait en proportion du nombre de remèdes qu'il distribuait, dut examiner au cours de la soirée quatre ou cinq femmes, et autant d'hommes. Nous désirions beaucoup exercer nos talents sur Don Gregorio, mais ce dernier restait sur ses gardes. Les amorces de nos pistolets n'avaient pas échappé à l'attention de ses hommes. Nous leur montrâmes notre boussole et nos instruments, ce qui avait fait dire à notre amie de San Antonio que nous étions « très riches » et « avions beaucoup d'idées ». Peu à peu, nous nouâmes des relations cordiales avec l'ensemble de la maisonnée, à l'exception de son chef, qui, pour sa part, avait trouvé un allié en la personne de notre muletier. Il campait sur ses positions, trop présomptueux et trop têtu pour faire amende honorable. Nos nouveaux amis firent plus de place pour nos hamacs, et nous pûmes ainsi passer une meilleure nuit.

Le lendemain matin, nos étranges manières continuèrent à étonner les indigènes, en particulier notre habitude de nous brosser les dents, une opération à laquelle ils assistaient probablement pour la première fois. Alors que nous étions précisément occupés à nous rincer la bouche, la porte de la maison s'ouvrit, et Don Gregorio parut, détournant la tête pour éviter d'avoir à nous gratifier d'un *buenos días*. Nous décidâmes de ne pas passer une nuit de plus sous son toit (si l'on peut dire), et de transporter nos hamacs jusqu'aux ruines, et, au cas où nous ne trouverions aucun édifice pour nous abriter, de les suspendre sous un arbre. Le contrat qui me liait au muletier prévoyait une étape de trois jours à Copán, mais rien n'avait été arrêté quant à l'utilisation des mules durant cette période ; il espérait en outre que les tracasseries que nous subissions nous inciteraient à repartir sur-le-champ. Quand il apprit que nous avions l'intention de rester, il refusa catégoriquement de porter nos hamacs et jura qu'il ne passerait pas un jour de plus dans cet endroit. Nous réussîmes cependant, à force d'arguments, à le convaincre de nous louer les mules pour la journée.

Nous nous apprêtions à partir lorsqu'un nouveau venu, qui discutait depuis quelques instants avec Don Gregorio, s'avança vers nous et déclara qu'il était le propriétaire des « idoles », et que personne ne pouvait aller sur sa terre sans son autorisation. Pour étayer ses dires, il nous tendit illico ses titres de propriété. Une nouvelle difficulté surgissait. Je n'avais nullement l'intention de contester ses droits, mais je lus ses papiers aussi attentivement que si je méditais de le déposséder de son bien. Il parut soulagé quand je lui déclarai que ses documents étaient pleinement valides et que nous n'entreprendrions rien sans son accord. Heureusement, il avait une faveur à nous demander. Notre réputation de médecins avait atteint le village, et il avait besoin de *remedios* pour sa femme souffrante. Nous avions tout intérêt à ce que cet homme devienne notre ami. Après une courte discussion, il fut convenu que Mr. C. irait avec les ouvriers qu'il avait recrutés jusqu'aux ruines pour y installer notre campement, pendant que, pour ma part, je me rendrais au village et tenterais de soigner l'infortunée.

Notre nouvelle connaissance, Don José Maria Asebedo, était âgé d'environ cinquante ans ; il était de grande taille et correctement vêtu (en d'autres termes, son pantalon et sa chemise de coton étaient propres). Inoffensif, et totalement ignare, il comptait parmi les habitants les plus respectables de Copán. Il vivait dans l'une des meilleures huttes du village, une habitation faite de pieux, au toit en feuilles de maïs, et garnie d'une sorte de châssis en bois faisant office de lit et de quelques pots pour la cuisine. Une forte pluie était tombée pendant la nuit, et le sol à l'intérieur de la hutte était détrempé. Sa femme paraissait aussi âgée que lui, et souffrait fort heureusement de rhumatismes depuis plusieurs années. Je dis « heureusement » eu égard à nos talents — fort limités — de médecins et en l'honneur d'une profession que nous étions appelés à exercer de manière tout à fait accidentelle.

Je lui confiai qu'il aurait été plus facile de la traiter si elle avait souffert d'une affection plus récente, mais que, s'agissant d'une maladie plus ancienne, il lui fallait s'armer de patience, et surveiller chaque jour les effets des médicaments et ses symptômes. Dans l'immédiat, je lui conseillai d'ôter ses pieds de la flaque d'eau dans laquelle elle pataugeait, et lui promis de consulter Mr. Catherwood, qui était « un encore meilleur médecin » que moi, et de lui faire parvenir un onguent dont elle pourrait s'enduire la nuque.

Sur ces entrefaites, Don José Maria m'accompagna jusqu'aux ruines, où je retrouvai Mr. Catherwood avec ses ouvriers indiens. Derechef, nous arpentâmes le site à la recherche de quelque édifice qui pût nous servir de gîte, mais nous n'en trouvâmes aucun. Nous ne pouvions songer à suspendre nos hamacs sous les arbres : les branches étaient encore mouillées, le sol n'était qu'un bourbier, et la pluie menaçait, mais nous n'en étions pas moins déterminés à ne pas retourner chez Don Gregorio. Don Mariano m'indiqua qu'une hutte se trouvait à proximité, et il m'y conduisit. En nous approchant, nous entendîmes les cris d'une femme à l'intérieur. Franchissant le seuil, nous vîmes la malheureuse se tourner et se retourner sur son châlit en peau de bœuf, accablée par la fièvre et la douleur ; elle s'agenouilla en me voyant entrer,

Rancho à Cópan

les mains pressées contre ses tempes ; les larmes aux yeux, elle me
supplia, pour « l'amour de Dieu », de lui donner des remèdes.
Son front était brûlant, son pouls très rapide ; elle était la proie
d'un violent accès de paludisme. J'avais commencé à l'ausculter
quand son mari entra dans la hutte. C'était un Blanc d'une quarantaine d'années, pieds nus et vêtu d'un caleçon en coton pas-
sablement sale, avec un mouchoir noué autour de la tête. Son
nom était don Miguel. Je lui déclarai que nous souhaitions passer
quelques jours dans les ruines, et lui demandai s'il lui était possible de nous accueillir dans sa hutte. La femme, enchantée par
la perspective de disposer d'un vrai médecin à demeure, répondit
pour lui. Je courus chercher Mr. Catherwood, à qui j'annonçai
qu'il pouvait ajouter une patiente à sa liste, déjà longue, de
malades. Notre équipe d'ouvriers au grand complet nous escorta
jusqu'à la hutte, où nous ne fîmes transporter, dans un premier temps, que nos hamacs. L'apparition d'un deuxième médecin
— Mr. Catherwood — et la vue de mystérieux instruments de
dessin et de mesure firent tomber comme par enchantement la
fièvre de la pauvre femme.

100

La hutte était sise au bord d'une clairière, à l'intérieur du périmètre occupé jadis par la cité. Gisant pratiquement devant la porte, un fragment de pierre évidé servait d'abreuvoir au bétail. Cernée de tous côtés par la forêt, la clairière était plantée de pieds de tabac et de maïs. La hutte mesurait environ cinq mètres sur cinq. Son toit fortement incliné était recouvert de feuilles de maïs et reposait sur six poteaux fourchus. Seule une moitié de la façade-pignon était constituée par une cloison de feuilles de maïs, l'autre moitié restant ouverte à tous vents. L'arrière de la hutte était quant à lui entièrement fermé. Des épis de maïs empilés sur trois rangées y étaient adossés ; intactes d'un côté, ces réserves étaient, de l'autre, largement entamées. Dans l'angle situé à droite du seuil était installé le lit de Don Miguel et de sa femme, dissimulé derrière une peau de bœuf faisant office de paravent. Le matériel de cuisine se réduisait à une molette en pierre servant à broyer le maïs et une plaque de terre cuite (ou *comal*) utilisée pour faire cuire les *tortillas*. Enfin, sur une étagère rudimentaire, au-dessus du lit, étaient rangés deux coffrets contenant les vêtements et les maigres biens de Don Miguel et de son épouse — à l'exception des effets de Bartalo, leur fils et héritier, un grand escogriffe de vingt ans, dont le corps à demi nu semblait avoir jailli des culottes courtes qu'il portait encore ; aucune chemise ne recouvrait son ventre distendu par une affection hépatique pénible à voir ; son visage livide et son torse, enfin, étaient couverts de crasse. Il n'y avait assez de place que pour un seul hamac, et en fait le clayonnage n'était pas assez solide pour supporter le poids de deux hommes. La pile de maïs entamée était juste assez large et assez haute pour servir de lit ; il fut convenu que j'y dormirais, pendant que Mr. Catherwood suspendrait son hamac. Nous étions si heureux d'avoir échappé à l'hospitalité revêche de Don Gregorio, et nous nous trouvions si près des ruines que nous nous sentions parfaitement à l'aise dans notre nouveau gîte.

Après le repas de midi, j'enfourchai ma mule de bât, avec une seule bride pour la guider, et, accompagné d'Augustin à pied, je me rendis chez Don Gregorio pour récupérer nos bagages. Les pluies diluviennes des jours précédents avaient grossi la rivière, et Augustin dut se déshabiller pour la franchir à gué. Don Gregorio n'était pas chez lui, et notre muletier, toujours heureux de voir surgir sur notre chemin un obstacle, déclara qu'il était impossible de traverser le rio ce jour-là avec des charges. Comme d'habitude, au lieu de nous aider dans nos petites difficultés, il faisait tout pour les accroître. Il savait que si nous le congédions, nous ne pourrions obtenir de nouvelles bêtes à Copán ou dans ses environs, dans un rayon de deux journées de marche autour du village ; que nous ne pouvions compter sur personne pour accomplir cette tâche, et que le retard qui s'ensuivrait serait d'au moins une semaine. Ne sachant pas encore quel moment serait le plus propice pour notre départ, et ne souhaitant pas me retrouver sans muletier, je dus, la mort dans l'âme, prolonger son service — à un prix si exorbitant que je passai dans le pays pour posséder *mucha plata* (« beaucoup d'argent »), une réputation fort utile dans ma patrie, mais dont je me serais bien dispensé à Copán. Par-dessus le marché, ce gredin ne me faisait pas confiance et exigeait des paiements quotidiens. A l'époque, je ne m'étais pas encore familiarisé avec les pratiques du pays en matière de rétributions (toujours au comptant). De surcroît, pour les habitants de ces régions à l'économie encore primitive, vous n'êtes un bon client que lorsque vous leur donnez un « complément ». En tout état de cause, la totalité, ou une grande partie de ce que vous leur promettez, doit être versée à l'avance. Je devais effectivement de l'argent à mon muletier, et je m'en félicitais : c'était pour moi la seule garantie de sa bonne conduite. De son côté, il se torturait à l'idée que je pourrais ne pas le payer du tout.

Entre-temps, il s'était mis à pleuvoir. Après avoir réglé ce que je devais à la señora, l'avoir remerciée pour sa gentillesse et lui avoir commandé un pain pour le lendemain, après avoir emporté un parapluie et un certain sac bleu, dont j'ignorais le contenu, mais auquel Mr. Catherwood semblait particulièrement tenir, je pris le chemin du retour. Augustin me suivit avec une théière en fer-blanc et d'autres ustensiles de première nécessité. Quand j'entrai dans les bois, le parapluie heurta les branches des arbres, ce qui effraya ma mule ; j'essayai de le fermer, mais la bête détala droit devant elle : n'ayant qu'une bride, je ne pouvais l'arrêter. Me précipitant contre les branches, elle galopa à travers la forêt, plongea dans la rivière, bien entendu en dehors du gué, et ne s'arrêta que lorsqu'elle eut de l'eau jusqu'au cou. La rivière était en crue, et fort impétueuse, et il pleuvait à torrents. Des rapides grondaient un peu plus bas en aval. Dans mes efforts pour freiner ma bête, j'avais laissé tomber dans l'eau le sac bleu de Mr. Catherwood. J'essayai de le repêcher au moyen du manche de mon parapluie, et j'y serais parvenu si la mule était restée immobile, mais quand elle vit le sac flotter sous son museau, elle s'ébroua et recula brusquement. Je réussis finalement à lui faire traverser le rio. Je venais d'atteindre la rive quand j'aperçus le sac, emporté inexorablement vers les rapides, et Augustin, ses vêtements dans une main et la théière dans l'autre, courir derrière lui, avançant péniblement dans l'eau. Pensant qu'il contenait du matériel à dessin indispensable à mon ami, je m'élançai au galop dans les fourrés sur la rive, dans l'espoir de l'intercepter, mais je ne pus aller bien loin, empêtré dans un enchevêtrement de branches et de lianes. Je mis pied à terre et attachai ma mule à un arbre. Après m'être frayé un chemin pendant deux ou trois minutes jusqu'à la rivière, je distinguai les vêtements et la théière d'Augustin, mais lui-même avait disparu : entendant les rapides gronder en contrebas, je fus saisi par de terribles appréhensions. Il m'était impossible de continuer le long de la berge. Au prix d'efforts surhumains, je franchis d'un saut un bras du rio aux eaux écumantes, et pris pied sur un îlot rocailleux et recouvert de broussailles ; courant jusqu'à son extrémité, je pus voir la rivière et les rapides dans toute leur étendue, mais d'Augustin, il n'y avait toujours aucune trace. Je criai de toutes mes forces, et, à mon inexprimable soulagement, j'entendis une réponse, mais, avec le bruit des rapides, celle-ci était très faible. Augustin apparut alors dans l'eau, remontant avec difficulté le courant en s'accrochant aux branchages de la rive. Rassuré à son endroit, je me trouvai pour ma part dans une situation fort embarrassante. Revenir en arrière était impossible (la berge d'où je venais était trop haute), le rio était un véritable torrent, et, « à froid », je ne me sentais plus le courage de le franchir d'un bond. Mon cas eût été encore plus fâcheux si Augustin s'était noyé. Après s'être ouvert un chemin à travers la forêt sur la rive opposée, il redescendit au bord de la rivière, trempé jusqu'aux os, puis me tendit en travers du courant une branche d'arbre, que j'empoignai avec l'énergie du désespoir. Augustin me tira ensuite vers lui. Luttant contre les remous, je parvins malgré tout, avec l'aide de mon compagnon, à me hisser sur la berge. Pendant tout ce temps, il n'avait cessé de pleuvoir des trombes, et désormais, je ne me souvenais plus où j'avais attaché ma mule. Je mis plusieurs minutes à la retrouver, et, après avoir fait mon deuil du vieux sac, je remontai en selle. Augustin, après avoir essoré ses vêtements, les remit par simple commodité.

De retour au village, je trouvai refuge dans la hutte de Don José Maria, tandis qu'Augustin, dans un état proche de la béatitude, continuait à marcher sous la pluie. Le seul occupant de la hutte était une petite fille. Lorsque l'orage faiblit, je me remis en route. Je devais encore franchir une rivière dont les eaux étaient également très hautes et le chemin, inondé, traversait une forêt extrêmement dense. Très vite, les nuages devinrent plus noirs que jamais. Sur ma gauche couraient une série de collines dénudées (les anciennes carrières de pierre de Copán) qui renvoyèrent en écho d'effroyables roulements de tonnerre, pendant que les éclairs zébraient leurs flancs de rageuses inscriptions. Un touriste anglais voyageant aux États-Unis convient de la supériorité de notre tonnerre et de nos éclairs ; je suis particulièrement chatouilleux sur tout ce qui touche à l'honneur national, mais, en matière d'orages, je reconnais volontiers la suprématie des tropiques. La pluie se mit alors à tomber comme si des vannes avaient été ouvertes dans le ciel ; et, tandis que ma mule manquait de glisser et de tomber à chaque pas, je perdis mon chemin. Je venais de faire demi-tour quand je rencontrai une femme, pieds nus, la robe relevée au-dessus des genoux ; il s'agissait en fait de ma patiente souffrant de rhumatismes, l'épouse de Don José Maria. Après lui avoir demandé ma route, je lui confiai qu'elle ne semblait pas faire grand cas de nos prescriptions et qu'elle ne devait pas s'attendre à guérir avec notre traitement. Je continuai sur quelques centaines de mètres, pour à nouveau m'égarer. Je devais prendre sur la droite à travers la forêt. J'étais venu par un sentier où je n'avais laissé, ou remarqué, aucun repère. Des chemins à bestiaux partaient dans toutes les directions, et, sur près de deux kilomètres, je tentai plusieurs incursions dans la jungle sans trouver le bon. A plusieurs reprises, je vis les empreintes des pas d'Augustin, mais je les perdis à chaque fois très vite à cause des flaques, et elles ne firent que me dérouter encore davantage. Finalement, je n'osai plus faire un mouvement. La nuit était presque tombée ; je n'avais plus la moindre idée de la direction à prendre. Comme Mr. Henry Pelham sur le point de se noyer dans un caniveau de Paris, je ne bougeai plus d'un pouce et appelai au secours. A ma grande joie, Augustin me répondit en hurlant à travers la forêt : il était perdu depuis plus longtemps que moi, et son état était encore plus affligeant que le mien : la théière à la main, un mégot de cigare aux lèvres, il était couvert de boue de la tête aux pieds ; en bref, il faisait peine à regarder. Nous tînmes conseil, et, après avoir choisi un chemin, et marché sans cesser de crier, nous entendîmes bientôt des aboiements, et la voix de Mr. Catherwood. Inquiet de ne pas nous voir revenir, et redoutant ce qui était arrivé, il était parti à notre recherche avec Don Miguel. Ne disposant d'aucune tenue de rechange, je me déshabillai et m'enroulai dans une couverture, à la manière des Indiens d'Amérique du Nord. Pendant toute la soirée, d'épouvantables coups de tonnerre retentirent au-dessus de nos têtes, des éclairs illuminèrent les ténèbres de la forêt et l'intérieur de notre hutte, et la pluie ne cessa de tomber. Don Miguel nous avertit qu'il y avait de fortes chances pour que toute communication fût coupée pendant plusieurs jours avec la rive opposée du rio, où se trouvaient nos bagages. Malgré tout, nous passâmes une fort bonne soirée, fumant des cigarettes faites « maison » avec du tabac de Copán, le plus réputé de toute l'Amérique centrale.

La tenue vestimentaire de Don Miguel, comme la mienne ce soir-là, était réduite au strict minimum. C'était cependant un homme intelligent et instruit, sachant lire et écrire ; lettré à ses heures, il demanda à Augustin si nous n'avions pas de livres à lui prêter : le fait que ces derniers étaient en anglais ne le gênait pas — un livre, à l'entendre, était « toujours une bonne chose ». Et c'était un vrai plaisir que de l'entendre exprimer son mépris pour le comportement de Don Gregorio. Il sous-louait un terrain sur son domaine, contre une rente de quatre dollars par an, et était généralement en retard dans ses paiements. Il nous avoua qu'il n'avait pas grand-chose à nous offrir, mais nous sentîmes (ce qui était mieux qu'un lit à baldaquin) que nous étions les bienvenus chez lui. En fait, toute sa maisonnée était contente de notre présence. Sa femme espérait qu'on la guérirait de ses fièvres ; Bartalo était convaincu que nos remèdes réduiraient le ballonnement de son estomac ; quant à Don Miguel, il aimait notre compagnie. Dans ces conditions, le déchaînement des éléments à l'extérieur ne nous troublait guère.

Pendant toute la journée, je n'avais cessé de penser aux titres de propriété de Don José Maria. Le soir, quand vint l'heure de dormir, je suggérai à Mr. Catherwood une « opération » auprès de laquelle les spéculations sur les terrains des faubourgs de nos grandes villes feraient figure de jeux d'enfants : acheter Copán ! Distraire les monuments d'un peuple disparu des solitudes dans lesquelles ils étaient enfouis, les reconstruire dans le « grand emporium des temps modernes » (New York), et fonder une institution qui constituerait le noyau d'un grand musée national d'antiquités américaines ! Mais comment diable transporter ces « idoles » ? Elles se dressaient sur les berges d'une rivière se jetant dans le même océan que celui qui baigne les quais du port de New York, mais on nous avait parlé de rapides en aval... Selon Don Miguel, que j'avais interrogé à ce sujet, ces derniers étaient infranchissables. Je désespérai de trouver une solution quand une idée me vint à l'esprit : il suffisait en effet d'exposer des échantillons de nos trouvailles — plus exactement, de découper une idole en plusieurs fragments, pour faciliter son transport, et de réaliser des moulages des autres. D'autres vestiges encore plus intéressants, et plus faciles d'accès, pourraient même être découverts. M'imaginant déjà rentrant à New York sous les acclamations de mes compatriotes et recevant les remerciements des édiles de la ville, je m'enveloppai dans ma couverture et me laissai gagner par le sommeil.

6

OÙ L'AUTEUR ACHÈTE UNE VILLE

Comment commencer. — Premières explorations. — Fascination. — Une visite de l'alcalde. — Des soupçons fort contrariants. — Un visiteur bienvenu. — Une lettre du général Cascara. — Visite de la famille de Don Gregorio. — Distribution de remèdes.

Au petit matin, les nuages planaient encore au-dessus de la forêt. Ils se dissipèrent au lever du soleil. Nos ouvriers firent leur apparition, et, à neuf heures, nous quittâmes la hutte. Les branches des arbres dégouttaient de pluie, et le sol formait un véritable bourbier. Arpentant à nouveau le secteur où étaient concentrés les principaux monuments, nous fûmes effrayés par l'ampleur de la tâche qui nous attendait. Nous arrivâmes très vite à la conclusion qu'il nous serait impossible d'explorer toute l'étendue qui s'offrait à nos yeux. Nos guides ne connaissaient que ce site, mais, ayant vu des statues de l'autre côté du village, à une lieue de là, nous avions de bonnes raisons de penser qu'il existait d'autres vestiges, éparpillés dans différentes directions, complètement enfouis sous la végétation, et totalement inconnus. La jungle était si dense qu'il était presque illusoire de songer à la pénétrer. La seule manière de procéder à une exploration minutieuse aurait consisté à abattre la forêt tout entière et à brûler les arbres. Une telle entreprise était incompatible avec nos objectifs immédiats, sans compter qu'elle aurait pu être mal vue des

106

habitants des environs, et qu'elle ne pouvait être menée à bien que pendant la saison sèche. Après en avoir débattu entre nous, nous décidâmes de réaliser dans un premier temps des dessins des colonnes sculptées. Même ce travail présentait de grandes difficultés. Les motifs étaient d'une grande complexité, et si différents de tout ce que Mr. Catherwood avait vu jusque-là qu'ils lui étaient parfaitement inintelligibles. Les modelés avaient été exécutés en très haut relief, et une forte source de lumière était nécessaire pour que les personnages puissent ressortir nettement. En l'occurrence, le feuillage était si épais, et l'obscurité si profonde, qu'il était impossible de dessiner.

Après en avoir longuement discuté ensemble, nous choisîmes l'une des « idoles », et résolûmes d'abattre les arbres qui l'entouraient, afin de l'exposer aux rayons du soleil. Une nouvelle difficulté se fit alors jour : nous ne disposions d'aucune hache, et le seul outil que possédaient les Indiens était la machette (sorte de grand coutelas utilisé pour tailler le bois), dont la forme varie selon les régions d'Amérique centrale ; tenue d'une seule main, elle était fort utile pour couper broussailles et branchages, mais presque sans effet lorsqu'il s'agissait d'abattre de grands arbres. Les Indiens, comme à l'époque où les Espagnols les découvrirent, se mettaient au travail sans ardeur, s'y consacraient avec peu d'allant, et, tels des enfants, en étaient facilement distraits. L'un d'eux entaillait un arbre, puis, lorsque la fatigue le gagnait (ce qui arrivait très vite), il s'asseyait pour se reposer, et un autre le relayait. Quand un Indien travaillait, il y en avait toujours plusieurs autres pour le regarder faire. Les coups de cognée réguliers des bûcherons des Appalaches me revenaient en mémoire, et je regrettais de ne pas avoir embauché quelques-uns de ces grands gaillards pour mon expédition. Nous devions cependant ronger notre frein, regarder les Indiens taillader les troncs avec leurs machettes, et nous étions même étonnés qu'ils y réussissent si bien. Finalement, les arbres furent abattus et déblayés, et un espace put être dégagé autour du pied de la colonne, ce qui permit à Mr. Catherwood de dresser son chevalet et de se mettre au travail.

Accompagné de deux métis, Bruno et Francisco, à qui j'avais promis une récompense pour chaque nouvelle découverte, je partis de mon côté en exploration, une boussole à la main. Aucun d'eux n'avait vu les « idoles » avant le jour de notre première visite, lorsqu'ils s'étaient joints à notre colonne à seule fin de rire de *los Ingleses*, mais ils avaient très vite manifesté un tel intérêt pour nos recherches que je les avais pris à mon service. Bruno retint mon attention pour l'admiration qu'il semblait me vouer. Je découvris en fait que l'objet de sa vénération était ma redingote, un long veston de chasse doté de nombreuses poches. Il m'assura qu'il était capable de faire exactement la même, à l'exception des basques. Il était tailleur de métier, et, entre deux travaux de confection, il complétait ses revenus avec sa machette. Il avait cependant un goût inné pour l'art. Lorsque nous progressions dans la forêt, rien n'échappait à son regard ; de par sa profession, il était curieux des costumes des personnages sculptés. J'étais frappé par les premières manifestations de leur goût pour les antiquités. Francisco découvrit les pieds et les jambes d'une statue, et Bruno, une partie du corps qui leur correspondait, trouvaille qui les électrisa tous deux. Fouillant et grattant le sol avec leurs machettes, ils finirent par trouver les épaules. Ils reconstituèrent ainsi la statue tout entière, à l'exception de la tête. Malheureusement, les outils qui leur auraient permis de creuser plus profondément, et, ainsi, de retrouver le fragment manquant, nous faisaient défaut.

Il est impossible de décrire la fébrilité avec laquelle j'explorai ces ruines. Le site était totalement inconnu ; aucun ouvrage, aucun guide n'en faisait la description ; nul n'avait foulé avant nous son sol. Nous ne pouvions voir à dix mètres devant nous, et nous ne savions jamais contre quoi nous allions buter un peu plus loin. Une fois, nous nous arrêtâmes pour couper les branchages et les lianes qui dissimulaient la façade d'un monument ; nous creusâmes ensuite alentour et mîmes au jour un fragment de statue, dont un angle sculpté sortait de terre. Je me penchai pour voir, le souffle coupé par l'impatience, pendant que les Indiens s'activaient : un œil, une oreille, un pied, une main furent exhumés. Lorsque les machettes commencèrent à tinter contre la pierre ciselée, j'écartai sans ménagements les Indiens et déblayai la terre meuble avec mes propres mains. La beauté de la sculpture, le silence solennel de la forêt, troublé seulement par les courses-poursuites des singes et les jacassements des perroquets, la désolation de la cité et le mystère qui planait au-dessus d'elle, tout concourait à aviver mon excitation : jamais je n'avais éprouvé une telle sensation au milieu des ruines de l'Ancien Monde. Après plusieurs heures d'absence, je rejoignis Mr. Catherwood, et lui signalai que j'avais découvert plus de cinquante objets à reproduire.

Contrairement à ce que j'aurais pu penser, cette dernière nouvelle ne fut pas particulièrement de son goût. Il pataugeait depuis le matin dans la boue, et dessinait avec ses gants, pour se protéger les mains des piqûres de moustiques. Ainsi que nous l'avions craint, les motifs étaient si complexes et enchevêtrés, leurs sujets si entièrement nouveaux et inintelligibles, qu'il éprouvait de grandes difficultés à les copier. Il avait fait plusieurs tentatives, tant avec la *camera lúcida* [17] que sans, mais il n'avait pas obtenu de résultats satisfaisants — à ses yeux comme aux miens, pourtant moins critiques. On eût dit que l'« idole » défiait son talent. Deux singes juchés sur un arbre semblaient se moquer de lui, et je me sentais moi-même découragé et abattu. En fait, je m'étais fait à l'idée, non sans regret, que nous devions renoncer à emporter le moindre monument, et nous contenter de voir de nos propres yeux ces vestiges d'un monde englouti. Rien, au moins, ne pourrait nous priver de cette satisfaction. Nous regagnâmes notre hutte sans que notre excitation eût faibli, mais tristes et déprimés quant aux résultats de nos travaux.

Nos bagages n'avaient pas encore été transportés de l'autre côté de la rivière, mais le sac bleu dont la disparition m'avait donné tant de soucis fut retrouvé. J'avais offert un dollar de récompense, et Bartalo, l'héritier présomptif du locataire de notre hutte, avait passé la journée dans le cours d'eau, pour finalement le découvrir empêtré dans un buisson sur la berge. Ce bain impromptu ne pouvait avoir été que bénéfique au jeune garçon, et le sac, censé contenir une partie du matériel de dessin de Mr. C., livra, lorsqu'on le secoua, une paire de vieilles bottes. Etant imperméables, ces dernières valaient dans les circonstances présentes leur poids en or. Leur réapparition rendit courage à Mr. Catherwood, qui était menacé d'un accès de fièvre paludéenne ou de rhumatismes, pour s'être tenu toute la journée dans la boue. Nos hommes rentrèrent chez eux, et Francisco reçut l'ordre de se rendre chez Don Gregorio avant de venir travailler le lendemain, et d'y acheter du pain, du lait, des chandelles, du lard et quelques livres de bœuf.

Depuis la porte de notre hutte qui regardait vers l'ouest, nous assistâmes au coucher du soleil au-dessus de la forêt enténébrée. De ma vie, je n'ai vu de spectacle plus somptueux. Pendant la nuit, la pluie se remit à tomber, accompagnée de roulements de tonnerre et d'éclairs, mais l'orage fut moins violent que celui de la nuit précédente, et le ciel s'éclaircit à nouveau le lendemain matin.

Ce jour-là, Mr. Catherwood fut beaucoup plus heureux avec ses dessins. La lumière matinale dispensait un éclairage idéal, qui lui permit de résoudre certaines des difficultés qui l'avaient arrêté la veille. Il s'était également installé de manière plus confortable : il avait chaussé ses caoutchoucs et se tenait sur une bâche en toile imperméable qui servait à recouvrir nos bagages pendant nos déplacements. J'employai la matinée à sélectionner un autre monument, à couper les arbres les plus gênants et à préparer le terrain pour que Mr. Catherwood puisse y disposer son chevalet. A une heure de l'après-midi, Augustin vint nous prévenir que le déjeuner était prêt. Don Miguel cultivait un petit champ de haricots dans lequel Augustin pouvait se servir à volonté, et, avec les quatre ou cinq œufs quotidiens du village (qui nous étaient réservés), les quartiers de viande, le pain et le lait provenant de l'hacienda, nous nous en tirions fort bien. Dans le courant de l'après-midi, nous fûmes à nouveau appelés par

Augustin, porteur d'un message annonçant que l'*alcalde* était venu nous rendre visite. Comme il se faisait tard, nous cessâmes le travail et regagnâmes la hutte. Après force poignées de mains, nous offrîmes des cigares à l'*alcalde* et à ses acolytes. Nous étions d'humeur à nous montrer aimables, mais le chef du village était si imbibé d'alcool qu'il pouvait à peine parler. Accroupis par terre, ses compagnons se dandinaient sur leurs talons, posture qui, bien que différente, n'était pas sans rappeler celle des Arabes. Quelques minutes plus tard, l'*alcalde* se releva brusquement, s'inclina jusqu'à terre et sortit, suivi de tous ses hommes et de Don Miguel. Ce dernier rentra un peu plus tard, alors que nous dînions. Il était clair qu'il se faisait du souci (tout comme sa femme et Bartalo) et que, comme nous le craignions, nous étions l'objet de ses tourments.

Nous avions été tellement absorbés par nos propres affaires que nous mesurions avec peine l'effet que nous produisions sur les villageois. Non content de nous avoir chassés de sa demeure, Don Gregorio voulait maintenant nous voir disparaître de la région. Outre le fait qu'il nous détestait depuis le début, nous l'avions offensé en débauchant certains de ses ouvriers, attirés par les rétributions élevées qu'en tant qu'étrangers nous étions tenus d'offrir. Il en était venu à nous considérer comme des rivaux, et déclarait à qui voulait l'entendre que nous étions de louches personnages, prêts à troubler la paix qui régnait à Copán et à semer la guerre et la désolation dans le pays. En confirmation de ses dires, deux Indiens qui faisaient étape au village racontèrent que nous avions failli être emprisonnés au Guatemala, que nous avions été poursuivis jusqu'à la frontière du Honduras par un détachement de vingt-cinq soldats sous le commandement d'un certain Landaveri (l'officier qui nous avait arrêtés) et que, si nous avions été capturés, nous aurions été à coup sûr exécutés. L'*alcalde*, qui n'avait pas dessoûlé depuis notre arrivée, avait décidé de nous rendre visite, de rassurer ses administrés, et de prendre les mesures que la présence d'aussi dangereux individus et la sécurité de la région pouvaient imposer. Mais ce vaillant dessein fut ruiné par une circonstance des plus risibles. Nous nous étions fixé comme règle d'emmener nos armes avec nous lorsque nous nous rendions aux ruines, et lorsque nous retournâmes à la hutte pour recevoir la visite de l'*alcalde*, chacun de nous portait, comme à l'accoutumée, une panoplie de pistolets à la ceinture et un fusil à la main. Notre allure était si impressionnante que le notable perdit tout courage. Renonçant à nous circonvenir, il s'esquiva sans demander son reste. À peine avait-il atteint la forêt que ses sbires lui reprochèrent de ne pas avoir exécuté son plan. Nous l'entendîmes répondre, en haussant le ton, qu'il n'avait pas l'intention de chercher noise à des hommes armés comme nous l'étions. Ragaillardis par

110

l'idée que nous produisions un si terrible effet, nous demandâmes à Don Miguel de conseiller à l'*alcalde* et aux gens du village de se tenir à l'écart de notre chemin et de nous laisser en paix. Don Miguel nous gratifia d'un sourire contrit, mais nous n'étions pas au bout de nos peines. Il nous déclara qu'il ne doutait pas, pour sa part, de nos bonnes intentions, mais il n'en demeurait pas moins que de forts soupçons pesaient sur nous. Le pays était en pleine ébullition, et on l'avait vivement dissuadé de nous accueillir sous son toit, sous peine de s'attirer de sérieuses difficultés. Sa pauvre épouse ne pouvait dissimuler sa détresse. Sa tête était emplie de meurtres et d'assassinats, mais, bien qu'elle craignît pour sa propre sécurité, elle ne se désintéressait pas de la nôtre. Elle nous supplia de partir, car si des soldats venaient à passer dans le village, nous serions inévitablement tués.

Nous fûmes extrêmement contrariés et troublés par ces mises en garde, mais l'enjeu était trop important pour nous laisser décourager par de simples appréhensions. Nous assurâmes Don Miguel qu'aucun mal ne pouvait lui arriver, que tout n'était que malentendus et mensonges, et que nous étions au-dessus de tout soupçon. Dans le même temps, afin de le convaincre, j'ouvris ma malle et lui montrai une épaisse liasse de papiers comprenant des lettres de créance scellées me recommandant auprès des autorités du pays et des lettres d'introduction privées, en espagnol, adressées à des notabilités de Guatemala. Ces lettres me mentionnaient sous le titre d'*Encargado de Negocios de los Estados Unidos del Norte* [18]. L'une d'elles émanait de Don Antonio Aycinena, ancien colonel de l'armée de la Fédération de Centre-Amérique, banni par Morazan et en exil à New York. Adressée à son frère, le marquis Aycinena, chef du « Parti Central » (qui, dans la guerre civile qui faisait alors rage, contrôlait la région dans laquelle nous nous trouvions), elle me recommandait très chaleureusement, et exposait les raisons de ma présence dans le pays. Cette missive était particulièrement importante : eût-elle été destinée à un membre du parti adverse, elle nous aurait porté tort en confirmant les soupçons selon lesquels nous étions des *enemigos*. Notre sécurité ne tenait qu'à un fil. Aussi contrariant que cela puisse paraître, il était presque comique d'avoir à nous justifier auprès d'individus aussi pitoyables que Don Miguel, sa femme et Bartalo. Il était cependant indispensable de dissiper leurs doutes et leur anxiété, afin qu'ils nous autorisent à rester tranquillement dans leur masure. Le soulagement qu'ils éprouvèrent, et la joie manifestée par la femme lorsqu'elle découvrit que nous étions des gens tout à fait respectables (et non des ennemis, risquant à tout moment d'être arrêtés et fusillés), nous furent d'un grand réconfort.

Don Miguel nous conseilla malgré tout de nous rendre à Guatemala, ou auprès du général Cascara, et de ne revenir qu'une

111

fois munis d'un laissez-passer nous autorisant à visiter les ruines. Nous avions effectivement commis une erreur : nous aurions dû nous rendre directement à Guatemala et revenir sur nos pas avec un passeport et des lettres du gouvernement. Il reste qu'étant pressés par le temps et n'ayant pas la moindre idée de ce que nous allions trouver à Copán, nous aurions probablement renoncé à cette étape après notre passage dans la capitale. Par ailleurs, nous ignorions que le pays était à ce point coupé de tout : ses habitants sont moins habitués à voir des étrangers que les Arabes des alentours du mont Sinaï, et ils sont beaucoup plus méfiants. Le colonel Galindo [19] est le seul étranger à s'être rendu dans cette région avant nous — si l'on peut employer le terme d'« étranger » à son propos, car il servait dans l'armée de la Fédération de Centre-Amérique et avait été chargé par son gouvernement d'explorer les ruines. Notre visite a peut-être fait évoluer les sentiments de la population. En tout état de cause, elle a appris à Don Gregorio qu'on ne se débarrasse pas facilement des étrangers. Je conseillerai cependant aux voyageurs désirant visiter ces ruines en paix de se rendre au préalable à Guatemala et de solliciter du gouvernement toutes les protections en son pouvoir. Pour notre part, il était trop tard pour songer à cela, et nous n'avions pas d'autre choix que de camper sur nos positions aussi sereinement que possible. Nous n'avions pas à redouter la venue de soldats à Copán dans le but exprès de nous inquiéter. Il n'y avait pas un seul mousquet dans le village (Don Miguel nous confirma ce que nous avions observé par nous-mêmes auparavant). La nature et l'excellence de nos armes étaient désormais connues de tous. Le muletier avait fait courir le bruit que nous étions des individus violents, et que nous avions menacé de le tuer. Enfin, le courage n'était pas la qualité première de l'*alcalde*. Nous conclûmes une alliance, offensive et défensive, avec Don Miguel, son épouse et Bartalo, sur quoi nous allâmes nous coucher.

Le lendemain, nous vîmes toutes nos difficultés s'aplanir, et pûmes défier ouvertement nos calomniateurs. Alors que nos ouvriers se rassemblaient à l'extérieur de la hutte, un Indien surgit de la forêt et courut à travers le champ de maïs jusqu'au seuil de notre maison, où il demanda à parler au señor ministro. Puis, ôtant son couvre-chef, il en retira une lettre que le général Cascara lui avait ordonné de remettre en main propre à son destinataire. Elle était adressée au « *Señor Catherwood, en Camotan o donde se halle* ». Le général y exprimait ses regrets pour notre arrestation à Camotan, qu'il imputait à l'ignorance ou à une méprise de l'*alcalde* et de ses soldats. Il y avait joint un passeport spécialement destiné à Mr. Catherwood. Cette lettre ne pouvait mieux tomber, mais la promptitude avec laquelle le général Cascara l'avait fait envoyer « à Camotan, ou en quelque endroit qu'il puisse se trouver » ne m'étonna guère : je n'en attendais pas moins de la part d'un homme d'une telle rectitude et d'un tel rang. Je priai Don Miguel de la lire à haute voix, et demandai à l'Indien de transmettre nos compliments au général Cascara. J'envoyai ensuite le courrier se restaurer au village, après lui avoir remis un pourboire qui l'inciterait à coup sûr à informer tous les habitants — avec juste ce qu'il faut d'insistance et de jugement — du contenu de la lettre. Don Miguel sourit, sa femme éclata de rire, et le visage enduit de crasse de Bartalo s'éclaira l'espace d'un instant. La chance étant à nouveau de notre côté, je décidai de me rendre à cheval au village pour resserrer nos liens d'amitié avec Don José Maria, visiter nos patients, défier Don Gregorio, et constituer une équipe d'ouvriers pour nos fouilles à Copán.

Tandis que Mr. Catherwood retournait sur le site pour y poursuivre ses dessins, je gagnai le village avec Augustin, pour qu'il y raconte une fois de plus l'histoire des canons de Belize, et qu'il y achète des provisions de bouche à un juste prix. Ma première visite fut pour Don José Maria. Après avoir protesté une nouvelle fois de nos bonnes intentions, j'abordai le sujet d'un éventuel achat des ruines. Je lui confiai qu'étant donné mes fonctions officielles, je ne pouvais séjourner dans le pays aussi longtemps que je le désirais, mais que je souhaitais y revenir avec des pelles, des pioches, des échelles, des leviers et surtout des hommes, construire près du site une hutte habitable, et explorer de manière approfondie les vestiges. Il allait sans dire que je ne pouvais engager les frais correspondants avec le risque de me voir refuser l'autorisation d'agir comme je l'entendais. En bref, et pour parler clairement, je lui demandai *ex abrupto* : « Combien désirez-vous pour les ruines ? » Je pense qu'il n'aurait pas été davantage surpris si je lui avais proposé d'acheter sa vieille épouse percluse de rhumatismes, pour pratiquer sur elle des expériences médicales. L'un de nous deux, semblait-il se demander, avait perdu la raison. Le site était à tel point dépourvu de valeur que mon offre d'achat lui semblait suspecte. En examinant son titre de propriété, je découvris en fait qu'il ne possédait pas le terrain, mais qu'il le louait à un certain Don Bernardino de Aguila et que son bail ne viendrait à expiration que trois ans plus tard. Le domaine couvrait environ six mille arpents, pour lesquels il payait chaque année une rente de 80 $. Plongé dans un grand embarras, il m'assura qu'il allait réfléchir à la question avec sa femme, et qu'il me donnerait la réponse le lendemain dans sa hutte. Je rendis ensuite visite à l'*alcalde*, mais ce dernier était trop soûl pour que je puisse espérer produire la moindre impression sur lui. Je terminai ma tournée en allant visiter plusieurs de nos patients. Au lieu de me rendre chez Don

Gregorio, je lui fis tenir une lettre de Don José Maria le priant poliment de s'occuper de ses propres affaires et de nous laisser en paix. Je pris le chemin du retour et passai le reste de la journée parmi les ruines. Il plut pendant la nuit, mais le ciel se dégagea à nouveau aux premières heures du jour et nous fûmes à pied d'œuvre très tôt. Mon rôle consistait à parcourir les environs avec nos ouvriers afin de couper arbres et broussailles, creuser et fouiller, bref, préparer les monuments susceptibles d'être reproduits par Mr. Catherwood. Je dus suspendre les travaux pour recevoir, comme prévu, la visite de Don José Maria, mais ce dernier m'avoua qu'il n'avait pas encore pris sa décision. Ne souhaitant pas laisser transparaître mon impatience, je l'engageai à prendre son temps et à revenir me voir le lendemain matin.

C'est ce qu'il fit, mais je le retrouvai dans un état véritablement pitoyable. Il était fort tenté de convertir en espèces trébuchantes une propriété improductive, mais une telle transaction l'effrayait, et le fait que j'étais un étranger pouvait lui valoir des difficultés avec le gouvernement. Je dus à nouveau lui prouver mes bonnes intentions, et lui promis de le décharger de toute responsabilité en cas d'enquête des autorités, ou de renoncer à la vente. Je demandai à Don Miguel de lire mes lettres de recommandation, et de relire la lettre du général Cascara. Don José Maria ne doutait pas de ma bonne foi, mais ces documents ne l'autorisaient en rien à me vendre sa terre. Ses soupçons n'étaient pas encore totalement dissipés. En désespoir de cause, j'ouvris ma malle et revêtis ma redingote de diplomate, que garnissaient plusieurs rangées de gros boutons dorés frappés de l'aigle américain. Je couvris mon chef de mon panama, trempé par la pluie et maculé de boue. Avec un tel accoutrement, j'étais presque aussi grotesque que le roi nègre qui reçut un groupe d'officiers anglais sur la côte d'Afrique avec un bicorne et une veste militaire pour tous vêtements. Don José Maria fut fort impressionné par les boutons de ma redingote (l'étoffe était la plus belle qu'il ait vue). Quant à Don Miguel, à son épouse et à Bartalo, ils comprirent enfin pleinement qu'ils accueillaient sous leur toit un illustre personnage voyageant incognito. Le seul problème en suspens était de trouver le papier officiel sur lequel serait rédigé le contrat. Ne m'arrêtant pas à de telles vétilles, je donnai à Don Miguel la première feuille de papier que je trouvai dans nos bagages, en lui demandant de prendre en note nos instructions mutuelles, et fixai au lendemain la signature de l'acte.

Le lecteur sera peut-être curieux de savoir à quel prix se négocient les anciennes cités en Amérique centrale. Comme celle de n'importe quel autre article de commerce, leur valeur est fonction de leur quantité sur le marché, et de la demande, mais ne constituant pas des articles de première nécessité, comme le coton ou l'indigo, elles étaient maintenues à des prix très fantaisistes, et, pour tout dire, elles se vendaient à l'époque très difficilement. Copán me coûta cinquante dollars. L'évaluation du prix ne posa aucun problème. C'est moi qui proposai cette somme, et Don José Maria me prit vraisemblablement pour un fou. Je n'ose même pas imaginer ce qu'il aurait pensé de moi si j'avais offert davantage.

Nous entretenions des relations régulières avec l'hacienda par l'entremise de Francisco, qui en rapportait chaque matin une grande calebasse de lait (il devait pour ce faire parcourir près de cinq kilomètres et franchir deux fois à gué la rivière). Les femmes de l'hacienda nous avaient fait savoir qu'elles comptaient nous rendre visite, et ce matin-là, l'épouse de Don Gregorio fit son apparition, escortée de toutes les femmes de sa maisonnée, des servantes et des enfants (dont deux de ses fils). Nous les reçûmes au beau milieu des ruines, les fîmes asseoir du mieux que nous pûmes et commençâmes nos civilités en offrant des cigarettes à toute l'assemblée. Aussi incroyable que cela puisse paraître, pas une seule des personnes présentes, pas même les fils de Don Gregorio, n'avait vu les « idoles » auparavant. Les dessins de Mr. C. les intéressaient d'ailleurs davantage que les vestiges eux-mêmes. En fait, je crois que ce sont précisément ces dessins (et tout le bien que nos ouvriers avaient pu en dire au village) qui nous avaient valu l'honneur de leur visite. En son for intérieur, Mr. C. ne fut guère plus heureux de voir ces femmes que le vieux maître de l'hacienda de nous voir, car il fut obligé d'interrompre son travail, et chaque jour était précieux. Me considérant d'une certaine manière comme le propriétaire de la cité, je ne pouvais qu'en faire les honneurs à nos hôtes ; je leur fis visiter le site en empruntant les sentiers que nous avions tracés pour accéder aux monuments, leur montrant toutes les curiosités des lieux, à l'instar du cicérone du Vatican ou du palais Pitti. Je ne parvins cependant pas à les éloigner, et, au grand désespoir de Mr. C., elles revinrent toutes à lui.

Contraints de cesser tout travail, nous les invitâmes à notre hutte pour leur faire voir notre installation. Certaines d'entre elles, qui étaient nos patientes, nous rappelèrent que nous ne leur avions pas envoyé les remèdes promis. Le fait est que nous évitions de donner des remèdes quand nous le pouvions, car, entre autres raisons, nous craignions que si l'un de nos malades venait à trépasser après avoir absorbé l'une de nos potions, nous en fussions tenus pour responsables. Il reste que notre réputation était solidement établie ; de grands honneurs nous étaient dévolus, et nous devions nous montrer à la hauteur de notre rôle de médecins. Ces femmes, malgré la hargne manifestée à notre encontre par Don Gregorio, nous avaient toujours traités avec égards, et nous leur aurions volontiers exprimé notre reconnaissance d'une autre manière qu'en leur donnant des médicaments.

Nous n'eûmes cependant d'autre ressource que de les remercier en leur distribuant poudres et pilules, avec des instructions écrites. Lorsqu'elles repartirent, nous fîmes une partie du chemin avec elles et eûmes ce faisant la satisfaction de les entendre louer notre galanterie et nos attentions, nous vengeant ainsi de Don Gregorio.

7

LES IDOLES DANS LA JUNGLE

Relevé des ruines. — Leur description par Juarros et le colonel Galindo. — Leur emplacement. — Leur étendue. — Procédure du relevé. — Structures pyramidales. — Rangées de têtes de morts. — Un remarquable portrait. — Les « idoles ». — Caractère des bas-reliefs. — Étagements de terrasses. — Un portrait. — Cours. — Un curieux autel. — Panneaux de hiéroglyphes. — Une tête gigantesque. — Carrières de pierre. — De nouveaux patients. — « Idoles » et autels. — Une image enterrée. — Matériau des statues. — Les idoles étaient peintes à l'origine. — Un autel circulaire. — Antiquité de Copán.

Il ne plut pas la nuit suivante, et le lendemain, le sol étant presque sec, nous commençâmes le plan des ruines. C'était la première fois que je m'essayais à ce type de travail. Notre matériel était des plus rudimentaires. Nous disposions en tout et pour tout d'une bonne boussole d'arpenteur et du ruban gradué que Mr. C. avait utilisé pour son relevé des ruines de Thèbes et de Jérusalem. La tâche qui m'incombait était on ne peut plus scientifique : avec notre équipe d'Indiens, je devais tracer des lignes droites à travers la forêt, planter de place en place des piquets (surmontés des chapeaux de Bruno et de Francisco) de manière à marquer les stations, et mesurer les distances ainsi déterminées. Dès le second jour, nous fûmes parfaitement rodés.

Ce jour-là, Don José Maria vint nous voir comme prévu, mais pour nous signifier qu'il refusait de signer le contrat. Don Gregorio était derrière ce revirement. Il avait renoncé à entraver nos fouilles, mais l'idée de nous voir prendre racine dans la région le faisait bouillir : il avait averti Don José Maria qu'il s'attirerait de sérieux ennuis s'il continuait à entretenir des relations avec nous ; il lui avait même déclaré que le passeport du général Cascara était sans valeur, et que le général lui-même était passé dans le camp de Morazan. Il avait marqué quelques points, mais nous finîmes par lui damer le pion, et le contrat fut signé.

Après trois jours de travail fort pénible, mais des plus intéressants, nous achevâmes notre relevé, dont je ne ferai grâce d'aucun détail au lecteur. Mais avant cela, je tiens à rappeler le peu que l'on savait de ces ruines avant notre voyage.

Selon Juarros, auteur d'une *Histoire du Guatemala*, « *Francisco de Fuentes, qui rédigea les* Chroniques du Royaume de Guatemala, *rapporte qu'à son époque, i.e. en l'an 1700, le grand cirque de Copán était encore intact. Il s'agissait d'un espace circulaire entouré de pyramides de pierre hautes d'environ six mètres, et fort bien construites. Au pied de ces pyramides se tenaient des statues d'hommes et de femmes fort bien sculptées, et qui gardaient des traces de leurs couleurs d'origine ; ce qui n'était pas moins remarquable, elles portaient toutes le* costume castillan. *Au centre de cet espace, et au sommet d'une volée de marches, se dressait l'autel des sacrifices. Ce même auteur affirme qu'on pouvait admirer, à une faible distance du cirque, un portail en pierre, sur les colonnes duquel étaient figurés des hommes, eux aussi représentés avec des* vêtements espagnols (*chausses, fraise autour du cou, épée, chapeau et capeline*). *En passant la porte, on peut voir deux belles pyramides de pierre, de dimensions moyennes, auxquelles était suspendu un hamac contenant deux personnages, un de chaque sexe, vêtus à l'indienne. Cette construction ne laisse pas d'étonner, car, malgré sa grandeur, elle semble être faite d'un seul bloc. Bien qu'elle ait vraisemblablement été taillée dans une seule pierre, et que son poids soit considérable, elle peut être mise en mouvement d'une très faible impulsion de la main* [20] ».

Il n'existe aucune autre mention de ces ruines entre l'époque de Fuentes (le début du XVIIIᵉ siècle), et la visite du colonel Galindo en 1836, à laquelle j'ai déjà fait référence. Galindo les étudia à la demande du gouvernement de la Fédération de Centre-Amérique et publia les résultats de son expédition dans les bulletins de la Société Royale de Géographie de Paris et dans la *Literary Gazette* de Londres [21]. C'est *le seul* homme de ce pays qui se soit jamais intéressé aux antiquités précolombiennes. C'est lui qui fit connaître Copán à l'Europe et aux États-Unis. Galindo n'étant pas un artiste, son récit est nécessairement imparfait et peu satisfaisant, mais il n'est pas exagéré. Il reste bien en deçà de la relation empreinte de merveilleux donnée par Fuentes cent trente-cinq années auparavant : on n'y trouve notamment aucune mention du hamac de pierre mobile et des statues qu'il supportait (c'est pourtant le désir de voir ces vestiges qui nous avait pour l'essentiel incités à visiter Copán). Aucun plan, aucun dessin représentant le site n'avait jamais été publié, rien qui pût donner ne fût-ce qu'une idée de ce lieu de légendes et de merveilles où les génies qui ont inspiré le roi Salomon semblent avoir œuvré.

Copán est situé sur le territoire de l'actuel État du Honduras, dans l'une des vallées les plus fertiles de l'Amérique centrale, vallée connue encore aujourd'hui pour la qualité de son tabac. Mr. Catherwood tenta à plusieurs reprises d'en déterminer la longitude, mais l'horizon artificiel que nous avions emporté s'était faussé au cours du voyage et, tout comme notre baromètre, était devenu inutilisable. Distantes d'environ quatre cents kilomètres de l'océan Atlantique, les ruines sont sises sur la rive gauche du rio Copán, dont les eaux vont grossir celles du rio Motagua, qui se jette dans la baie du Honduras, près d'Omoa. Le rio Copán n'est pas navigable, même pour des pirogues, sauf durant une courte période pendant la saison des pluies. Des chutes interrompent son cours avant qu'il n'atteigne le Motagua. Cortés, au cours de son éprouvant voyage du Mexique au Honduras (dont on a peine aujourd'hui à se représenter les difficultés, maintenant que le pays est moins impénétrable et n'est plus infesté d'Indiens hostiles), est probablement passé à moins de deux jours de marche de la cité.

Celle-ci, comme en témoignent les édifices découverts à ce jour, s'étend sur plus de trois kilomètres le long de la rivière. Un monument isolé se dresse de l'autre côté du rio, à une distance d'environ mille cinq cents mètres, au sommet d'une montagne haute de six cents mètres. Il est impossible de dire si la cité s'étendait autrefois, au-delà de la rivière, jusqu'à ce monument. Pour ma part, je ne le crois pas. Dans la direction opposée, derrière la ville, s'étend à perte de vue une forêt inexplorée, dans laquelle il se peut que l'on découvre un jour des ruines. A l'intérieur du périmètre que nous avons reconnu, nous n'avons trouvé aucun vestige de palais ou d'habitations. Le principal groupe d'édifices que nous ayons mis au jour est celui qui jouxte la rivière : il peut à bon droit être baptisé le « Temple »[22].

Ce temple couvre un espace rectangulaire. Le mur qui fait face au rio court en ligne droite, dans la direction nord-sud, sur cent quatre-vingt-huit mètres, et sa hauteur varie entre vingt et trente mètres. Il est constitué de pierres taillées, longues de un à deux mètres et larges de cinquante centimètres. Délogées par des arbustes enracinés dans les interstices de l'appareillage, de nombreuses pierres sont tombées au bas de la muraille. Celle-ci comporte une petite ouverture à l'origine du nom qu'utilisent parfois les Indiens pour désigner ces ruines : *Las Ventanas* (« Les Fenêtres ») [23]. Les trois autres côtés consistent en des rangées de gradins et de structures pyramidales qui s'élèvent de dix à quarante mètres sur la pente. La longueur totale du périmètre à relever était de huit cent soixante mètres. Bien qu'elle puisse paraître gigantesque et extraordinaire pour un ancien monument indigène, la surface couverte par ce « Temple » — je tiens à le préciser, afin que le lecteur ne se laisse pas induire en erreur par son imagination — reste inférieure à celle occupée par la base de la grande pyramide égyptienne de Gizeh.

On trouvera ci-après le plan du site, tel qu'il a pu être dressé à la suite de notre relevé. En s'y référant, le lecteur pourra mieux comprendre la description qui suit [24].

Commençons par la droite : près de l'angle sud-ouest du périmètre (où se rejoignent le mur dominant le rio et le mur sud) se trouve un renfoncement, qui fut probablement occupé jadis par un monument colossal faisant face au cours d'eau, monument dont il ne reste aujourd'hui plus rien. Peut-être s'est-il effondré ou brisé, et ses fragments ont-ils été emportés par les crues de la saison des pluies. Un peu plus loin, se dressent les ruines de deux pyramides : la plus grande se prolonge par un mur courant le long de la berge ouest de la rivière. Il s'agit vraisemblablement d'une des principales enceintes de la cité. Enfin, il semble que la principale porte ou voie d'accès depuis l'eau s'ouvrait entre les deux pyramides.

Le mur sud est perpendiculaire à la rivière et commence par un escalier haut d'une dizaine de mètres, et dont chaque marche est haute de quarante-cinq centimètres. A l'angle sud-est s'élève une pyramide massive dont la pente mesure trente-cinq mètres [25]. Sur la droite, on reconnaît d'autres vestiges de terrasses et d'édifices pyramidaux. Là aussi devait se dresser jadis un portail, en travers d'un passage large de six mètres qui donne accès à une esplanade de quatre-vingt-deux mètres de côté, limitée sur deux flancs par d'imposantes pyramides dont la pente mesure près de quarante mètres.

Au pied de ces structures, et en différents endroits de cette esplanade, gisent de nombreux vestiges de sculptures. Au point marqué E on peut voir un monument colossal richement sculpté ; il est hélas renversé et brisé. Derrière lui, d'autres fragments de sculptures, jetées à bas de leurs emplacements par des arbres, sont éparpillés dans le plus grand chaos, de la base au sommet des gradins. Parmi eux, notre attention fut arrêtée par des alignements de têtes de morts sculptées, aux proportions gigantesques, et occupant encore leurs places originelles à mi-hauteur du versant de la pyramide. L'effet produit par cet

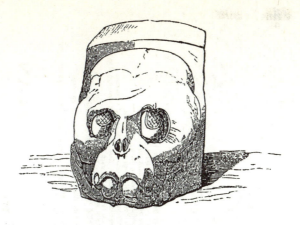

Fig. 1   Crâne de singe

ensemble est saisissant. La gravure *(Fig. 1)* représente l'un de ces crânes.

A l'époque de notre visite, nous étions convaincus qu'il s'agissait de têtes de morts. Il m'a cependant été suggéré, depuis lors, que ce dessin évoquait davantage un crâne de singe qu'une tête d'homme. En rapport avec cette remarque, je ferai ici mention d'un détail qui avait également attiré notre attention, mais auquel, sur le moment, nous ne nous étions pas spécialement arrêtés. Parmi les vestiges découverts dans ce secteur se trouvent en effet les fragments d'une statue représentant un singe géant (un babouin ?), et ressemblant aux quatre animaux monstrueux qui se tenaient jadis au pied de l'obélisque de Louxor, et qui, sous le nom de *cynocéphales,* étaient adorés à Thèbes [26]. Ce fragment était haut d'environ deux mètres. La tête manquait. Le tronc, quant à lui, reposait sur le côté de la pyramide : nous le fîmes rouler au bas des marches où il tomba au milieu d'un amas de pierres dont il fut impossible de l'extraire. Nous n'y avons pas pensé sur le moment, mais il n'est pas impossible que les crânes sculptés figuraient des têtes de singes [27], et que ces animaux étaient tenus pour des divinités et adorés comme tels par les hommes qui avaient édifié Copán.

Parmi les fragments gisant à terre, nous découvrîmes à quelques mètres de là un remarquable portrait *(Fig. 2)*. Il s'agit probablement de l'effigie d'un roi, d'un chef de tribu, ou d'un sage. La bouche est mutilée, ainsi qu'une partie de l'ornement visible au-dessus de la couronne dont la tête est ceinte. L'expression est noble et grave, et le personnage tout entier témoigne d'un grand souci de réalisme [28].

Au point marqué D se dresse l'une de ces colonnes ou « idoles » qui confèrent aux ruines de Copán leur caractère si

East

South

North

West

PLAN
OF
COPAN
Scale of English Feet.

RIVER COPAN

A Square Altar sculptured on the four sides and top.
B Statue erect.
C Statue and Altar.
D do.
E Fallen do. with many fragments on side of Pyramid.
F Colossal Head.
G Remains of sculptured figures.
H Colossal Head.
I Sepulchre and underground passage leading to the River.
J Remains of 2 circular Tower with Stairs.
K Statue and Altar, (Fallen.)
L Statue and Altar, (Erect.)
M do.   do.
N do.   do.
O do.   do. (Fallen.)
P do.   do. (Erect.)

Q Statue and Altar, (Erect.)
R do.   do.   (Fallen.)
S Statue of Female with Altar, (Erect.)
T Beautiful Fragment, partly buried.
U Court Yard, with steps on three sides.
V Entrance with remains of Shafts of Columns.
W Pyramidal Building, Steps 10 ft. wide, and 6 ft. high
X Area, overgrown with Trees.
Y YYYYY Remains of Walls.
Z ZZZZZZ Remains of Pyramidal Buildings.

The dotted line shows the boundaries of the Survey.

Indian Rubber, Mahogany, Cedar, and other large trees are dispersed over the Ruins.

Plan de Copán dressé par Stephens et Catherwood

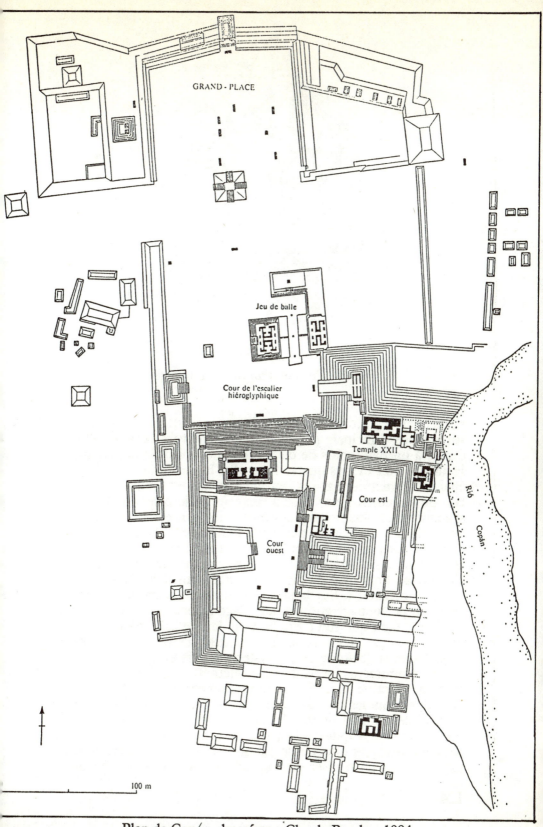

Plan de Copán dressé par Claude Baudez, 1984

Fig. 2   Portrait d'un roi ou d'un sage

particulier [29]. J'attire tout particulièrement l'attention du lecteur sur sa face principale *(Fig. 3)*. Regardant vers l'orient, elle se dresse à un peu moins de deux mètres du pied de la pyramide. Haute de trois mètres quatre-vingt-dix, large d'un mètre vingt et épaisse de quatre-vingt-dix centimètres, elle est sculptée sur chacun de ses côtés, de sa base à son faîte. Elle constitue l'un des spécimens les plus richement ornés et les plus élaborés que nous ayons découverts dans le périmètre des ruines. Elle était peinte à l'origine (des traces de couleur rouge sont encore aujourd'hui clairement visibles). A environ deux mètres cinquante devant elle, gît un gros bloc de pierre sculptée dans lequel les Indiens voient un « autel ». Sur la face principale de la statue est représenté un personnage en pied, au visage glabre, et de complexion féminine, bien que son costume semble être celui d'un homme. Sur les deux côtés sont gravés des hiéroglyphes relatant probablement l'histoire de ce mystérieux personnage.

Les monuments parlant d'eux-mêmes, je m'abstiendrai de toute description superflue. Ces monuments sont si nombreux, et si différents les uns des autres dans le détail, qu'il nous sera impossible, dans les limites de cet ouvrage, de présenter nos propres spéculations quant à leur origine et leur nature. Je me bornerai à remarquer que, dès le début de nos fouilles, notre principal souci fut de réaliser des reproductions fidèles des vestiges,

124

F. Catherwood.

Fig. 3   Idole D *(Stèle M)* *

* Les légendes de Stephens sont données en caractère romain, les appellations actuelles en italique.

F. Catherwood.

Fig. 4   Idole C *(Stèle N)*

sans embellissements. Les contours ont été tracés à la chambre claire, et les détails dessinés au crayon.

En longeant toujours la muraille, on parvient à l'endroit marqué C, devant une idole de la même taille, et à bien des égards similaire à la précédente [30]. La gravure *(Fig. 4)* représente son dos. L'effet produit par ce monument, qui émerge, solitaire, au pied de la pyramide, d'un chaos de pierres tombées des édifices environnants, est impressionnant. On peut difficilement imaginer des ornements plus riches et une sculpture plus raffinée. Cette idole était elle aussi peinte, et certaines traces de couleur rouge sont encore distinctement visibles.

Le quadrilatère évoqué plus haut est enfoui dans les arbres, entre lesquels on découvre de place en place des fragments de magnifiques sculptures, notamment du côté est. Dans l'angle nord-est de l'espace s'ouvre un étroit passage — qui débouche sur une pyramide isolée, aux lignes presque parfaites (point Z, sur le plan) ; haute de dix mètres, cette structure mesure quinze mètres de côté.

Sur la droite courent des étagements de terrasses à la disposition quelque peu confuse ; ornés de têtes de morts, ils disparaissent un peu plus loin dans la forêt ; certains crânes sont encore en place ; d'autres gisent là où la nature, ou la main de l'homme, les a fait choir [31]. Sur la gauche, le visiteur découvrira une imposante pyramide coiffée par des arbres et prolongée, vers le nord, par d'autres étagements de gradins de hauteur décroissante, sur plus de cent vingt mètres. Nous mîmes au jour peu de fragments de sculptures dans ce secteur.

L'alignement de constructions tourne ensuite à angle droit sur la gauche, puis court jusqu'à la rivière, où il rejoint l'autre extrémité du mur où nous avions commencé notre relevé. Surplombant d'une dizaine de mètres le rio, la berge avait été consolidée par un mur de maçonnerie aujourd'hui en grande partie effondré. Parmi les fragments gisant à terre de ce côté figurait le portrait représenté ci-dessous *(Fig. 5)* [32].

Fig. 5
Portrait

Nous éprouvâmes de grandes difficultés à établir le plan de la cité à cause de la végétation. Nous ne trouvâmes pas de pyramides entières — tout au plus deux ou trois étagements pyramidaux, raccordés eux-mêmes à des terrasses et autres structures du même genre. Au-delà de l'enceinte se dressaient des murs, des terrasses et des constructions pyramidales qui disparaissaient dans la forêt, ce qui nous a souvent trompé. Il est probable que tous ces édifices ne furent pas bâtis à la même époque, mais que des additions leur furent apportées et que les statues ont été érigées par différents rois, peut-être pour commémorer d'importants événements de l'histoire de la cité. Sur toute sa longueur, l'enceinte du « Temple » était garnie d'escaliers et de constructions pyramidales, probablement couronnées par des édifices ou des autels aujourd'hui en ruine. Les escaliers et les flancs des pyramides étaient tous peints, et le lecteur peut imaginer le spectacle que le site devait offrir quand la région n'était pas encore envahie par la forêt, et lorsque le grand prêtre et les officiants gravissaient les degrés jusqu'aux terrasses et aux oratoires du temple où étaient adorés les dieux.

Cette enceinte renferme deux cours rectangulaires elles-mêmes entourées de marches qui permettent d'accéder aux terrasses. Chacune d'elles est située à une douzaine de mètres au-dessus du niveau de la rivière. Les degrés entourant la plus grande des deux, et aussi la plus éloignée du rio, sont tous effondrés et forment un chaos de pierres. Sur un côté, au pied de la muraille pyramidale, se dresse le monument ou « idole » marqué B sur le plan, et dont la gravure *(Fig. 6)* représente la face antérieure [33]. Il est à peu près aussi haut que les autres, dont il se distingue toutefois par sa forme, étant plus large à son sommet qu'à sa base. Son apparence et son expression sont raffinées et agréables à l'œil, mais les sculptures sont en moindre relief ; le dessin des mains est bien exécuté, quoiqu'un peu conventionnel. Le dos et les côtés de l'« idole » sont couverts de hiéroglyphes.

Non loin de là, au point marqué A, se trouve un magnifique autel, qui constitue peut-être le monument de Copán le plus curieux et le plus propice aux spéculations [34]. Les autels, comme les idoles, sont tous taillés dans un seul et même bloc de pierre. Ils sont en général moins richement ornés, et leurs bas-reliefs paraissent davantage effacés par le temps. D'aucuns sont recouverts de mousses ; d'autres sont complètement enterrés ; d'autres, enfin, n'ont d'un autel que la forme. Tous diffèrent quant à leur exécution, et il ne fait aucun doute que certaines similitudes de motifs les rattachent aux idoles devant lesquelles ils gisent. L'autel « A » prend appui sur quatre globes taillés dans la même pierre ; il est orné de sculptures en bas-relief, et, en tant que tel, il constitue un spécimen unique à Copán, les autres autels étant

F. Catherwood.

Fig. 6   Idole B *(Stèle P)*

tous décorés de hauts-reliefs très accusés. Il mesure un mètre quatre-vingts de côté et un mètre vingt de haut [35], et son sommet est subdivisé en trente-six blocs de hiéroglyphes, qui, selon toute vraisemblance, relatent quelque événement important de l'histoire du peuple mystérieux qui occupa jadis la cité. Les contours de ces hiéroglyphes sont encore nettement visibles ; le lecteur en trouvera ci-dessous une reproduction fidèle *(Fig. 7)*.

Fig. 7   Hiéroglyphes de l'autel *(Q)*

Deux gravures *(Fig. 8 et 9)* montrent les quatre côtés de cet autel. Quatre individus figurent sur chacun d'eux. Sur la face ouest, les deux principaux personnages (des souverains ou des chefs militaires) se font face et semblent engagés dans une discussion ou une négociation. Les quatorze autres individus sont répartis en deux groupes égaux et paraissent constituer les suites

130

des deux chefs. Ces derniers sont assis en tailleur, à la manière orientale, chacun sur un glyphe qui désigne probablement leur nom et leur fonction (ou leur qualité) ; un serpent entre dans la composition de trois d'entre eux. On peut distinguer entre les deux principaux personnages un magnifique cartouche, contenant deux hiéroglyphes bien conservés, et qui rappelle fortement la méthode utilisée par les Égyptiens pour perpétuer les noms des rois ou des héros en l'honneur desquels les monuments furent érigés. Les coiffures sont remarquables par leur forme curieuse et complexe. Ces hommes portent tous des pectoraux, et l'un des deux chefs tient dans sa main gauche un instrument ressemblant à un sceptre. Chacun des autres personnages tient un objet qui ne peut être que matière à spéculations et conjectures. Il peut s'agir d'une arme, et, si tel était le cas, ce serait là le seul objet de ce type que nous ayons trouvé représenté à Copán. Dans d'autres pays, les scènes de batailles, les guerriers et les armes figurent parmi les sujets le plus souvent représentés sur les sculptures ; leur absence totale sur ce site donne à penser que les anciens occupants des lieux n'étaient pas belliqueux, mais pacifiques, et qu'ils furent facilement asservis par d'autres peuples [36].

L'autre cour jouxte la rivière. En abattant les arbres, nous découvrîmes que son entrée — un passage de dix mètres de large et cent mètres de long — s'ouvrait au nord [37]. Ce passage est bordé à l'ouest par une imposante série de gradins donnant accès à la terrasse qui domine le mur de la rivière. Au pied de cette construction gisent six pierres circulaires mesurant entre quarante-cinq et quatre-vingt-dix centimètres de diamètre — sans doute des bases de colonnes ou de monuments aujourd'hui effondrés ou enterrés. Sur le côté gauche du passage se dresse une structure pyramidale dont la pente mesure quarante mètres ; ses degrés sont eux-mêmes hauts d'un mètre quatre-vingts et larges de deux mètres soixante-dix (dimensions évoquant les degrés de la pyramide de Saqqarah, en Égypte). Son sommet, effondré, sert de support à deux immenses *ceibas*, dont les racines ont fait tomber des pierres des gradins supérieurs. L'espace ou cour sur lequel donne ce passage correspond peut-être au grand « cirque » de Fuentes, à cette différence près qu'il est rectangulaire, et non circulaire (il mesure quarante-deux mètres sur vingt-sept) et garni de gradins sur ses quatre côtés. Il s'agissait probablement du lieu le plus sacré du temple. Cet espace fut sans nul doute le théâtre de grands événements et d'imposantes cérémonies religieuses ; mais ce que furent ces cérémonies, l'identité de leurs protagonistes, et la cause de l'effroyable silence qui s'est abattu sur ce site constituent autant de mystères qui restent à percer.

131

CÔTÉ OUEST

F. Catherwood.

CÔTÉ NORD

Fig. 8   Autel A *(aujourd'hui, Autel Q)*

132

CÔTÉ SUD

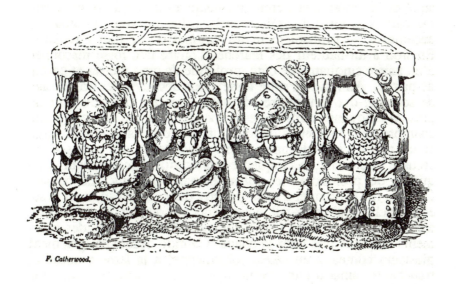

CÔTÉ EST

Fig. 9   Autel A *(aujourd'hui, Autel Q)*

Cette cour ne renferme ni idoles ni autels (qu'ils soient entiers ou brisés). Sur la gauche, la tête colossale représentée *Fig. 10* repose, isolée, sur les gradins, à peu près aux deux tiers de leur hauteur. Elle a été légèrement déplacée de sa position initiale, et une partie de sa coiffure a été brisée et précipitée à quelques mètres de là par le tronc d'un grand arbre au cours de sa croissance, comme on peut le voir sur le dessin. Haute de deux mètres environ, cette tête témoigne d'un style très maîtrisé. Comme tant d'autres, ce visage aux yeux exorbités semble avoir été conçu pour inspirer la terreur. De chaque côté, dans un rayon d'une dizaine de mètres, et légèrement en contrebas, gisent éparpillés d'autres fragments de sculptures de dimensions colossales et de belle facture, notamment deux têtes énormes retournées et en partie enterrées, sur lesquelles j'appelle l'attention des voyageurs et des artistes qui nous succéderont sur le site. Le terrain est envahi par la végétation et encombré de végétaux en décomposition ; çà et là, des fragments de sculptures étranges sortent de terre. Ils pourraient (avec, probablement, de nombreux autres vestiges complètement ensevelis) être mis au jour à la faveur de fouilles.

Sur le côté opposé, parallèle à la rivière, un escalier de quinze marches mène à une terrasse large de trois mètres soixante. Une autre volée de quinze marches conduit à une autre plate-forme large de six mètres et s'étendant jusqu'au mur qui longe le rio. De part et d'autre du milieu de l'escalier on voit des amas de décombres — probablement les vestiges d'une tour circulaire. Environ à mi-hauteur des marches s'ouvre une fosse maçonnée d'un mètre cinquante de côté, profonde de cinq mètres et garnie de pierres. Au fond de cette fosse, nous découvrîmes un passage de soixante-dix centimètres de haut, pratiqué dans un mur de plus de cinquante centimètres d'épaisseur, et qui conduit à une chambre de trois mètres de long, un mètre soixante-dix de large et un mètre vingt de haut. Dans chacune de ses parois a été creusée une niche de cinquante-trois centimètres de haut, cinquante de profondeur et soixante-treize de long. Le colonel Galindo fut le premier à avoir pénétré dans ce caveau, dont le sol et les niches, rapporte-t-il, étaient jonchés de plats et de pots de terre cuite rouge dont une cinquantaine contenaient des ossements humains pris dans la chaux. Galindo découvrit également plusieurs couteaux en *chaya* (obsidienne) à la lame pointue et tranchante, ainsi qu'une petite tête de mort sculptée dans une belle pierre verte. Avec les yeux presque clos, les mâchoires comme convulsées et l'occiput perforé symétriquement de trous, elle était parfaitement exécutée.

Immédiatement au-dessus du puits qui conduit à ce caveau s'ouvre un passage menant, sous la terrasse, jusqu'à la rivière, et à cause duquel, comme il a déjà été dit, ces ruines sont

Fig. 10   Tête colossale

135

parfois appelées par les indigènes « *Las Ventanas* » (« Les Fenêtres »). Ce passage est large de cinquante-huit centimètres à sa base et de trente centimètres dans sa partie la plus haute ; il affecte, en coupe, la forme d'une pyramide à degrés, et est juste assez grand pour permettre à un homme de ramper jusqu'à l'air libre, visage contre terre [39].

Nous ne mîmes au jour aucun vestige de palais ou d'habitations. En ce qui concerne le hamac de pierre signalé par Fuentes, et qui, en fait, nous avait en grande partie incités à visiter ces ruines, nous menâmes des recherches approfondies, mais n'en retrouvâmes pas la trace. Le colonel Galindo n'en fait pas mention. Il se peut cependant fort bien qu'il ait réellement existé, et qu'il se trouve encore quelque part sur le site, brisé et enfoui sous terre. Le *padre* de Gualan nous affirma l'avoir vu de ses yeux, et, au cours de notre enquête, nous rencontrâmes un Indien qui nous déclara avoir entendu son père raconter que *son* père, deux générations plus tôt, lui avait parlé d'un tel monument.

J'ai oublié d'évoquer les difficultés auxquelles nous fûmes confrontés en effectuant notre relevé du site, le travail harassant que constituaient l'ouverture de brèches à travers la forêt, l'ascension des pyramides en ruine, la mesure de leurs degrés — sans compter que nous manquions cruellement de matériel et de main-d'œuvre, et que nous parlions de manière très imparfaite la langue du pays. Les habitants de Copán ne pouvaient comprendre nos intentions, et pensaient que nous pratiquions une sorte de magie noire pour découvrir un trésor caché. Bruno et Francisco, nos principaux aides, étaient fort perplexes, et même les singes paraissaient gênés et déroutés. La présence de ces caricatures d'humanité contribuait pour beaucoup à entretenir la singulière impression d'étrangeté de ces lieux. Ils ne nous jouèrent aucun tour, mais arboraient un air grave et solennel, comme s'ils étaient les gardiens d'un sanctuaire inviolable. Calmes le matin, ils sortaient l'après-midi pour une promenade dans les faîtages des arbres. Il leur arrivait parfois de nous regarder fixement, comme s'ils voulaient nous demander pourquoi nous troublions le silence de ces ruines. Je n'ai pas non plus parlé de ce qui venait aggraver nos difficultés et miner notre moral — notre crainte permanente des piqûres de scorpions, de moustiques et *garrapatas* (tiques). Malgré toutes nos précautions (pantalons serrés autour des bottes à hauteur de la cheville, vestes boutonnées jusqu'à la gorge), ces dernières parvenaient à se glisser sous nos vêtements et s'enfonçaient dans notre chair. Pendant la nuit, pour couronner le tout, la hutte de Don Miguel était infestée de puces. Pour nous protéger de leurs piqûres, nous avions fabriqué avec nos draps, le troisième jour après notre arrivée, des sacs de couchage dans lesquels nous nous glissions, le soir venu. J'ajouterai, pour en terminer sur le chapitre de nos déboires, que l'hacienda manqua de farine pendant toute la durée de notre séjour. Nous nous trouvâmes en conséquence privés de pain, et notre ordinaire fut le plus souvent réduit à des *tortillas*.

Le lendemain du jour où nous achevâmes notre plan, nous marchâmes pour nous reposer de nos peines jusqu'aux anciennes carrières de pierre de Copán. Très vite, nous quittâmes le sentier qui longe la rivière et tournâmes sur la gauche. Le sol était accidenté, la forêt, des plus touffues, et, tout au long du chemin, un Indien nous fraya un étroit passage avec sa machette, coupant branchages et arbustes. Une chaîne de collines orientée est-ouest se trouve à trois kilomètres au nord de la rivière. Un torrent impétueux, que nous dûmes franchir, coule à leur pied. Le versant dont nous entreprîmes l'ascension était couvert de broussailles et d'arbres. Le sommet, dénudé, commandait un magnifique panorama sur la jungle. Les coudes du rio Copán et les clairières des haciendas de Don Gregorio et Don Miguel constituaient nos seuls repères. La cité était enfouie sous la forêt, et entièrement dissimulée à notre vue. Je me pris à imaginer la carrière peuplée d'ouvriers, et au loin, s'offrant à leur regard, la cité débarrassée de sa gangue de végétation. Là, le sculpteur à l'œuvre avait fait de ce site le théâtre de sa gloire, à l'instar des bâtisseurs de l'Acropole d'Athènes, et rêvé d'un immortel renom. L'artiste n'avait probablement jamais songé que le temps viendrait un jour où ses ouvrages seraient changés en ruines, où sa race s'éteindrait, où sa cité, désertée, ne serait plus que le séjour de reptiles, et, pour des étrangers, un objet d'étonnement et d'interrogation sur l'identité du peuple qui l'avait jadis habitée.

Le chaînon de collines courait sur une longue distance, et on avait peine à croire que des pierres — du grès tendre [40] — avaient été extraites de ses flancs en quantités suffisantes pour construire une cité. Comment ces énormes masses purent parcourir le terrain accidenté que nous avions traversé, et surtout, comment l'une d'elles avait-elle été érigée au sommet d'une montagne haute de six cents mètres. Il est impossible de s'en faire une idée. Çà et là gisaient des blocs qui avaient été équarris, puis abandonnés à cause de quelque défaut. Nous découvrîmes notamment à mi-chemin dans un ravin menant à la rivière un gigantesque bloc, beaucoup plus grand que tous ceux que nous avions vus sur le site ; probablement était-il transporté vers la ville pour y être sculpté et y servir d'ornement quand les ouvriers durent interrompre leurs travaux. A l'instar des blocs inachevés des carrières d'Assouan et du Pentélique, il atteste pour l'éternité de la fragilité des entreprises humaines.

Nous passâmes toute la journée au sommet des collines. Le spectacle de la forêt, toute proche, dans laquelle nous avions œuvré les jours précédents nous fit ressentir de **manière** plus sensible la beauté du panorama. Au sommet d'une des collines se dressait un bloc équarri. Avec un silex que nous avions trouvé dans les ruines, et qui avait probablement constitué jadis un outil de sculpteur, nous inscrivîmes nos noms sur l'une de ses faces. Cette pierre sur laquelle nos patronymes sont gravés est éloignée de tout, et peu d'hommes la verront jamais [41]. En fin d'après-midi, nous redescendîmes dans la vallée, et franchîmes la rivière à environ deux kilomètres en amont des ruines, près d'un mur jouxtant un édifice circulaire et une fosse (un ancien réservoir ?).

En rentrant de notre excursion, nous vîmes, attachés devant notre hutte, deux chevaux équipés de selles d'amazone, et entendîmes, provenant de l'intérieur, des pleurs d'enfant. Un nouveau groupe venait d'arriver — une femme d'âge respectable, accompagnée de sa fille, de son fils, et de l'épouse et de l'enfant de ce dernier. Tous souhaitaient se faire ausculter par les *médicos*. Nous avions déjà été si souvent sollicités, le nombre de nos patients s'était accru si rapidement, et nous pesions et mesurions chaque soir avec tant d'inquiétude les doses que nous prescrivions, que, sous l'empire des appréhensions dont j'ai déjà parlé, nous avions fait part de notre intention de suspendre nos consultations. Notre réputation, cependant, s'était propagée si loin que ces gens étaient venus d'au-delà de San Antonio, et avaient parcouru près de cinquante kilomètres pour se faire soigner, et il était difficile de les renvoyer chez eux sans les avoir écoutés. Mr. C. étant le *medico* en lequel les indigènes avaient le plus confiance, je prêtai à peine attention à nos visiteurs, me bornant à constater qu'ils étaient beaucoup plus respectables dans leur mise et leur apparence qu'aucun des autres patients qu'il nous avait été donné d'examiner jusque-là, à l'exception peut-être des membres de la maisonnée de Don Gregorio. Pendant la soirée, je fus intrigué par le ton châtié sur lequel la mère s'adressait à sa fille, et finis par noter chez cette dernière l'extrême délicatesse de ses traits et la finesse de ses chevilles, rehaussées par d'adorables escarpins et des bas immaculés. Un châle lui recouvrait la tête et les épaules, et lorsqu'on lui parlait, elle en relevait les bords et laissait paraître les yeux les plus doux et les plus langoureux que les miens aient rencontrés. C'était la première de nos patientes à qui je prêtais quelque intérêt, et je n'allais pas me priver, en ma qualité de médecin, du privilège de pouvoir prendre sa main dans la mienne ! Alors qu'elle pensait que nous débattions de la nature de son affection, nous conversions dans notre langue sur la beauté de son visage. Mais l'intérêt que nous lui portions était mêlé de tristesse et de mélancolie, car elle nous apparaissait comme une fleur délicate, destinée à ne s'épanouir qu'une seule saison, et, au moment même où elle déploierait toutes ses beautés, condamnée à mourir.

Le lecteur se souvient que l'intérieur de notre hutte ne comportait aucune cloison. Don Miguel et son épouse cédèrent leur lit à deux des femmes ; la maîtresse de maison coucha par terre sur une natte, avec la troisième. Mr. C. dormit dans son hamac, moi-même sur ma couche de feuilles de maïs, et Don Miguel et les jeunes gens, sous un auvent à l'extérieur.

Je consacrai deux ou trois journées supplémentaires à dégager et préparer les vestiges. Quand j'eus fini, Mr. Catherwood avait de quoi s'occuper pendant au moins un mois. Lorsque nous avions dévié de notre itinéraire pour visiter ces ruines, nous ne nous attendions pas à y trouver matière à travailler pendant plus de deux ou trois jours, et je ne me sentais pas libre de prolonger mon séjour à Copán. Je redoutais de ne jamais réussir à rejoindre le gouvernement de la Fédération de Centre-Amérique. Craignant de compromettre ma carrière politique au milieu de ces ruines, et d'attirer des reproches à mes amis politiques de Washington, je jugeai plus sûr de me lancer à la poursuite de mes introuvables interlocuteurs. Un conseil fut tenu au pied d'une des idoles, auquel Mr. C. et moi-même fûmes tous deux présents. Il fut poursuivi dans la hutte de Don Miguel. Le sujet fut examiné sous tous ses angles. Tout le bruit que l'on avait fait autour de nous dans le village avait cessé ; nous étions seuls et personne ne nous dérangeait plus ; Mr. C. tenait sous sa coupe Bruno et Francisco, Don Miguel, sa femme et Bartalo. Nous n'avions aucun désir de nous séparer, mais il fut convenu à l'unanimité que je continuerais jusqu'à Guatemala, et que Mr. Catherwood resterait à Copán pour terminer ses dessins. C'est ce qu'il fit, mais, après avoir enduré maintes privations et difficultés, il dut abandonner son poste pour cause de maladie. Il retourna ensuite une seconde fois sur les lieux et acheva ses travaux dont on lira ci-après les résultats.

A une courte distance du Temple, dans un espace entouré de murs en terrasses (et reliés jadis, sans doute, à l'édifice principal), se dressent les « idoles » qui confèrent aux ruines de Copán leur aspect si caractéristique. Si le lecteur se reporte au plan, et suit le « chemin menant à la maison de Don Miguel » (en haut, à droite), il verra où elles se trouvent. Bien que très rapprochées, on ne pouvait en apercevoir aucune de l'une à l'autre. Afin de déterminer leurs positions respectives, nous taillâmes des trouées à travers la forêt, et évaluâmes angles et distances. Je les présenterai dans l'ordre dans lequel elles apparaissent.

La première se trouve sur la gauche du chemin, au point marqué K [42]. Cette statue est renversée, et son visage mutilé. Elle mesure trois mètres soixante de haut, quatre-vingt-dix-huit centimètres sur un côté, et un mètre vingt de l'autre. L'autel est enfoui dans le sol. Nous ne donnons aucune reproduction de cet ensemble.

Soixante mètres plus loin, se dresse l'idole « S », haute de trois mètres cinquante et large d'un mètre sur chacun de ses côtés [43]. Tournée vers l'est, elle se tient sur un piédestal carré de deux mètres de côté, le tout se trouvant au centre d'une plate-forme circulaire en pierre de cinq mètres de diamètre. A deux mètres soixante-dix devant elle, un autel en partie enterré émerge du sol d'un peu plus d'un mètre ; il mesure deux mètres dix de côté et est placé diagonalement par rapport à l'idole. Sculpté en haut relief, cet autel est dans un bon état de conservation.

Les gravures suivantes représentent la face principale et le dos de la statue (Fig. 11 et 12). A en juger par son visage imberbe et par ses vêtements, nous supposons qu'il s'agit d'une femme. Les traits fortement individualisés évoquent un portrait.

Le dos offre à voir un sujet différent. La tête, au centre, est surmontée d'ornements compliqués. Le visage est mutilé. Un encadrement est exécuté avec grâce, et l'on peut voir dans le bas plusieurs hiéroglyphes [44]. L'autel, présenté de côté, ne figure que sur la seconde gravure. Il consiste en quatre têtes de grandes dimensions curieusement disposées, de telle sorte qu'on ne peut les distinguer facilement. Il ne pouvait être montré à sa place réelle sans masquer la partie inférieure de l'« idole ». En dessinant l'avant du monument, Mr. Catherwood se tint toujours entre l'autel et la statue.

A quelques mètres derrière cet ensemble se trouve le monument indiqué par la lettre T [45]. C'est l'un des plus beaux de Copán, comparable, quant à la finesse d'exécution, aux plus belles sculptures égyptiennes. De fait, il serait impossible, même avec les meilleurs outils modernes, de tailler des pierres de manière plus parfaite. Il se tient au pied d'un mur limitant un escalier, et seules sa tête et une partie de son buste sortent de terre. Le bas du corps, enterré, est probablement aussi admirablement sculpté que la partie visible. Lorsque nous la découvrîmes, cette statue était ensevelie jusqu'aux yeux. Subjugués par la beauté de la sculpture et par le caractère solennel et funèbre de sa position, nous entreprîmes de la déterrer. Après avoir au préalable ameubli le sol à la machette, nous creusâmes avec nos mains autour de l'idole. Les déblais formèrent bientôt un véritable mur qui rendit notre tâche encore plus difficile. Les Indiens maniaient leurs machettes avec si peu de soin que, craignant de les laisser travailler près de la pierre, nous décidâmes de dégager nous-mêmes la statue. Il était cependant impossible d'aller fort avant dans ce travail : la terre était en effet comme prise dans un réseau de racines qui enlaçaient et enserraient de toutes parts le monument. Il aurait fallu, pour bien faire, déblayer entièrement la terre dans un rayon de trois à quatre mètres. Ne disposant d'aucun outil adéquat, et craignant d'abîmer les sculptures, nous préférâmes laisser le monument tel quel, à charge pour nous-

F. Catherwood.

Fig. 11   Idole S *(Stèle H)*

F. Catherwood.

Fig. 12   Idole S *(Stèle H)*, dos

mêmes, ou plutôt pour quelque futur voyageur, d'achever un jour les travaux d'excavation. J'envie presque celui qui mènera à bien cette tâche, quel qu'il soit. Les arbres qui cernent la statue sont visibles sur la gravure suivante (*Fig. 13*).

Vers le sud, à près de dix-sept mètres de distance, nous découvrîmes un tas de sculptures renversées, ainsi qu'un autel, marqué R sur le plan [46]. Trente mètres plus loin se dresse la statue Q [47]; haute de trois mètres soixante et mesurant quatre-vingt-dix centimètres de côté, elle fait face à l'est, debout sur un piédestal rectangulaire de deux mètres dix sur un mètre quatre-vingt-cinq. A deux mètres cinquante devant elle se trouve un autel long d'un mètre quatre-vingts, large d'un mètre dix et haut d'un mètre vingt.

Le visage de cette « idole » est indiscutablement celui d'un homme (*Fig. 14*). La barbe, d'aspect insolite, est reliée aux moustaches et à la chevelure [48]; les oreilles sont démesurément grandes; l'expression du visage est imposante, la bouche entrouverte, et les yeux sont exorbités : l'intention du sculpteur fut vraisemblablement d'inspirer la terreur. Les pieds sont chaussés de sandales, probablement en peau de quelque animal sauvage, selon l'usage de cette époque.

Le dos de ce monument (*Fig. 15*) contraste remarquablement avec l'effroyable portrait sculpté à l'avant [49]. Tout effet grotesque et toute la rudesse qui caractérise parfois les coutumes indiennes en sont absents. Bien au contraire, cette idole se distingue par sa grâce et sa beauté. Lors de nos marches quotidiennes, nous nous arrêtions souvent pour la contempler, et plus nous l'admirions, plus elle nous fascinait. D'autres sculptures semblaient elles aussi destinées à inspirer la terreur, et, avec leurs autels à leurs pieds, donnaient parfois à penser que nous avions affaire à un peuple fanatique, bigot et superstitieux, pratiquant des sacrifices humains. Celle-ci, en revanche, produisait une impression des plus plaisantes. Elle présentait par ailleurs un intérêt supplémentaire, car il nous semblait que les hommes qui l'avaient érigée avaient consigné leur histoire dans les médaillons dont elle était ornée. On peut espérer, grâce à ces annales, pouvoir entrer un jour en communication avec cette race éteinte, et lever le voile de mystère qui recouvre la cité.

Quarante-trois mètres plus loin, en direction du sud-est, se trouve l'idole marquée P [50]. Elle se tient au pied d'un mur en gradins haut d'une dizaine de mètres; beaucoup plus élevé à l'origine, ce dernier est aujourd'hui en partie détruit. La statue fait face au nord. Elle est haute de trois mètres cinquante-trois, large de quatre-vingt-dix centimètres, et son piédestal mesure deux mètres cinquante de côté. Devant elle, à une distance de trois mètres cinquante, un autel colossal, de belle facture, gît à ses pieds. Cet autel était jadis peint en rouge (comme l'indiquent

Fig. 13   Idole T *(Stèle I)*

F. Catherwood.

Fig. 14   Idole Q *(Stèle F)*

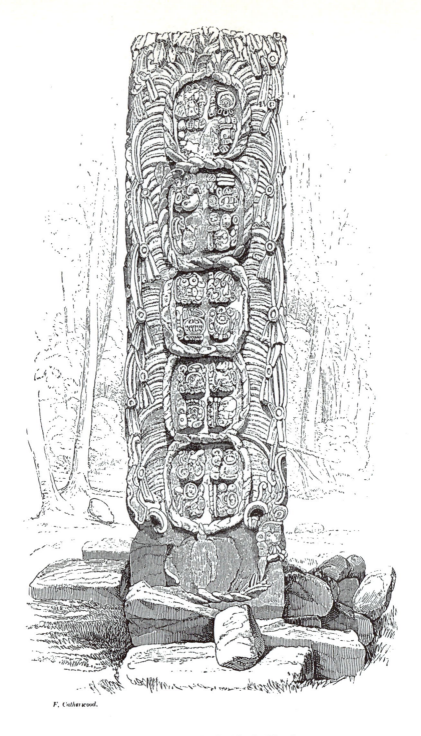

F. Cathrwood.

Fig. 15   Idole Q *(Stèle F)*, dos

les — rares — traces de peinture encore visibles), et ses reliefs sont usés par le temps. Les deux gravures *(Fig. 16 et 17)* représentent respectivement sa face antérieure et son dos. La première paraît présenter le portrait d'un roi ou d'un héros, peut-être transformé après sa mort en divinité. On peut deviner qu'il s'agit d'un portrait à certaines marques d'individualité dans les traits, caractéristique également observable sur la plupart des autres statues. Quant à son sexe, la barbe ne laisse subsister aucun mystère à ce sujet, comme sur les monuments de la vallée du Nil ; le personnage, il est vrai, porte également une moustache, que l'on ne retrouve dans aucun portrait égyptien [51].

Le dos de cette idole représente lui aussi un sujet entièrement différent ; il est divisé en blocs comprenant chacun deux personnages bizarrement appariés, difformes, pourvus dans certains cas de têtes hideuses, alors que les autres ont une conformation naturelle. Leurs ornements, leurs diadèmes et leurs vêtements offrent un grand intérêt, mais il est impossible de discerner ce que font ces personnages [52]. Cette statue a tant souffert des ravages du temps et des intempéries qu'il n'a pas toujours été facile d'en reconnaître les motifs ; en outre, la lumière était en toute circonstance très mauvaise, perçant de façon irrégulière à travers les branches.

Les pierres dans lesquelles ces autels et statues ont été taillés proviennent des carrières de grès tendre auxquelles il a déjà été fait référence [53]. Dans ces carrières, nous avons observé que de nombreux blocs étaient émaillés de cailloux de silex dur, et que ces derniers avaient été extraits et rejetés par les ouvriers. Le dos de ce monument en avait contenu deux. Entre le deuxième et le troisième bloc, un silex a été extirpé, et la sculpture est abîmée à cet endroit ; en revanche, un autre, dans l'avant-dernière rangée à partir du bas, a été laissé en place. De ces observations, on inférera que le sculpteur ne disposait d'aucun outil permettant de travailler une pierre aussi dure, et que, par conséquent, il ne connaissait pas le fer. Nous avions, bien sûr, mené une enquête particulièrement poussée sur cette question, mais sans résultat : nous ne trouvâmes pas le moindre fragment de fer ou d'un quelconque autre métal, de même que nous n'entendîmes jamais dire que l'on en eût trouvé un jour sur ce site. Don Miguel possédait une collection de silex taillés en forme de pointes de flèches, silex qui — croyait-il, et on pouvait se fier à son jugement — constituait les outils employés par les sculpteurs. Ces pièces étaient en effet assez dures pour rayer la pierre. Peut-être des hommes habitués à les utiliser s'en étaient-ils servis pour sculpter en haut relief tous ces ornements, mais ces silex eux-mêmes semblaient avoir été taillés à l'aide d'outils en métal [54].

F. Catherwood.

Fig. 16   Idole P *(Stèle D)*

148

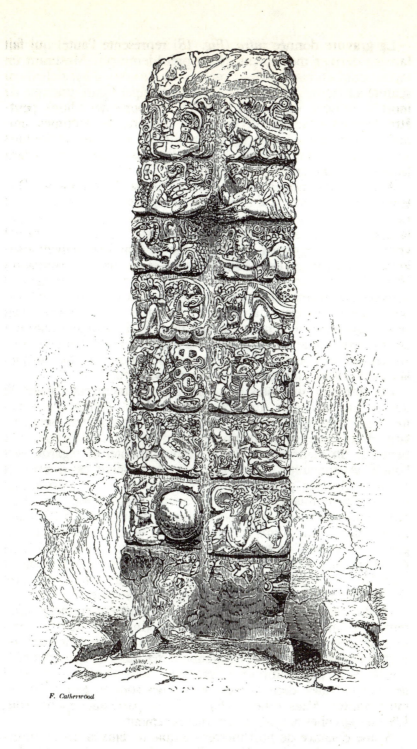

F. Catherwood

Fig. 17   Idole P *(Stèle D)*, dos

La gravure donnée *infra (Fig. 18)* représente l'autel qui fait face au dernier monument décrit précédemment. Mesurant un mètre vingt de haut et deux mètres dix de côté, il est richement sculpté sur toutes ses faces. Le côté principal figure une tête de mort [55]. Sa table, également sculptée, comporte des sillons, peut-être destinés à faciliter l'écoulement du sang des victimes, animales ou humaines, offertes en sacrifice. Les arbres reproduits sur la gravure donnent une idée de l'épaisseur de la forêt dans laquelle ces monuments sont enfouis.

A trente-cinq mètres plus au nord, se dresse le monument « O », lequel, hélas, est renversé et brisé [56]. En matière de sculpture, il n'a rien à envier au monument à demi enterré décrit plus haut, et, par la finesse de son exécution, il est lui aussi l'égal des plus beaux vestiges de l'art égyptien. La partie abattue était littéralement assujettie au sol par un écheveau de lianes et de plantes grimpantes *(Fig. 19)*. Avant de pouvoir la dessiner, il nous fallut la dégager de sa gangue de végétation, et arracher les racines qui s'étaient immiscées dans les fissures. La peinture, cette fois, quasi intacte, avait cependant préservé la pierre, ce qui nous fit doublement regretter de voir cette statue brisée. L'autel est presque entièrement enterré ; en creusant tout autour, nous pûmes constater que sa table, jusque-là à peine visible, représentait le dos d'une tortue.

Les gravures suivantes *(Fig. 20, 21, 22)* montrent l'avant, le dos et l'un des côtés du monument « N » [57], éloigné de seulement six mètres du précédent. Haut de trois mètres soixante, large d'un mètre vingt sur un côté et d'un mètre de l'autre, il se tient sur un piédestal de deux mètres de côté, et regarde vers l'ouest. Aucun autel n'est visible (probablement est-il brisé et enterré). Sa face principale semble représenter un personnage réel — vraisemblablement un roi ou un héros déifié. Les deux ornements au-dessus de sa tête évoquent des trompes d'éléphant, un animal inconnu dans ce pays. La tête de crocodile n'est éloignée que de deux mètres de ce monument, mais elle semble ne présenter aucun rapport avec lui. Cette tête émerge d'un mètre vingt du sol ; elle figure sur cette planche pour donner une idée des nombreux fragments découverts parmi les ruines [58].

Le dos représente une fois de plus un sujet entièrement différent de celui sculpté à l'avant [59]. On distingue en haut un personnage assis en tailleur, disparaissant sous une énorme coiffure, et trois des compartiments contiennent des blocs de hiéroglyphes.

Afin de ne pas multiplier les gravures, nous n'avons pas montré de vues latérales, dans la mesure où elles sont en général moins intéressantes. Mais celle-ci *(Fig. 22)* est particulièrement belle. Les hiéroglyphes ressortent très distinctement.

A une distance de huit mètres cinquante dans la même direction se trouve la statue « M » [60]. Renversée et reposant sur le dos, cette dernière est recouverte sur presque toute sa longueur par un

Fig. 18   Idole *(Stèle D)* et autel

F Catherwood.

Fig. 19   Idole O *(Stèle C)*

F. Catherwood.

Fig. 20   Idole N *(Stèle B)*

F. Catherwood,

Fig. 21   Idole N *(Stèle B)*, dos

154

F. Catherwood.

Fig. 22   Idole N *(Stèle B)*, vue latérale

tronc d'arbre qui ne laisse visibles que sa forme générale, ainsi que ses pieds et deux sandales finement sculptées. La gravure ci-dessous *(Fig. 23)* en donne une reproduction.

Fig. 23   Idole M *(Stèle 4)*, pieds

Sur le haut de l'autel circulaire qui fait face à cette statue, apparaissent deux sillons [61]. Il est haut de quatre-vingt-dix centimètres et son diamètre est d'un mètre soixante-quinze *(Fig. 24)*.

Fig. 24   Autel *(autel de la Stèle 4)*

Les trois gravures ci-après *(Fig. 25, 26, 27)* figurent le devant, le dos et l'un des deux côtés du monument « L », distant de vingt-deux mètres du précédent, en direction du nord [62]. Regardant vers l'ouest, il mesure trois mètre soixante de haut, quatre-vingt-dix centimètres de large et quatre-vingts centimètres de côté. La surface de son piédestal mesure un mètre quatre-vingts de côté. Devant lui, à une distance de trois mètres trente, se dresse un autel très dégradé et presque enfoui dans le sol.

La face antérieure représente un personnage. Le dos est entièrement recouvert de hiéroglyphes, chaque bloc contenant deux hiéroglyphes, une formule que nous devions par la suite observer occasionnellement à Palenque. Les côtés ne sont ornés chacun que d'une seule rangée de glyphes, disposés de la même façon, deux par deux. Ces blocs relatent probablement la vie du roi ou du héros en question, et les circonstances ou hauts faits qui firent sa gloire.

J'ai donné dans les pages qui précèdent, des gravures de tous les monuments les plus intéressants de Copán, et, je le répète, il s'agit de reproductions fidèles et précises. Je me suis à dessein abstenu de tout commentaire. Si le lecteur peut en retirer ne serait-ce qu'une faible part de l'intérêt que nous avons pris à contempler ces statues, il sera récompensé pour tout ce qui lui aura semblé de peu de profit dans ces pages.

Je ne me risquerai pas à donner une idée de l'effet moral produit par les monuments eux-mêmes, perdus dans les profondeurs d'une forêt tropicale, silencieux et solennels, si étranges par leurs formes, si richement ornés, si finement sculptés, et si différents des ouvrages de tous les autres peuples. Leur raison d'être, leur fonction, leur histoire nous sont entièrement inconnues : les hiéroglyphes dont ils sont couverts en fournissent peut-être la clef, mais ils nous sont parfaitement inintelligibles. Notre imagination fut souvent mise à mal devant le spectacle de ces ruines. L'impression qui s'en dégage est celle d'une solennité profonde. Un esprit imaginatif pourrait se laisser aisément corrompre par des sentiments superstitieux. Ayant toujours, lors de nos conversations avec les Indiens, donné à ces statues le nom d'« idoles », nous en étions venus à les considérer comme telles — des rois et des héros déifiés, devenus des objets d'adoration et de culte. Nous ne relevâmes sur aucun des monuments ou fragments sculptés la moindre description de sacrifice, humain ou autre, mais il ne faisait aucun doute que les grandes pierres sculptées situées au pied de chaque « idole » servaient d'autel sacrificiel. La forme sculptée la plus fréquemment rencontrée était une tête de mort, parfois en tant qu'ornement principal, parfois seulement à titre d'accessoire. Ajoutant une note lugubre au mystère des lieux, des rangées entières de crânes, on l'a vu,

F. Catherwood.

Fig. 25   Idole L (*Stèle A*)

F. Catherwood.

Fig. 26   Idole L *(Stèle A)*, dos

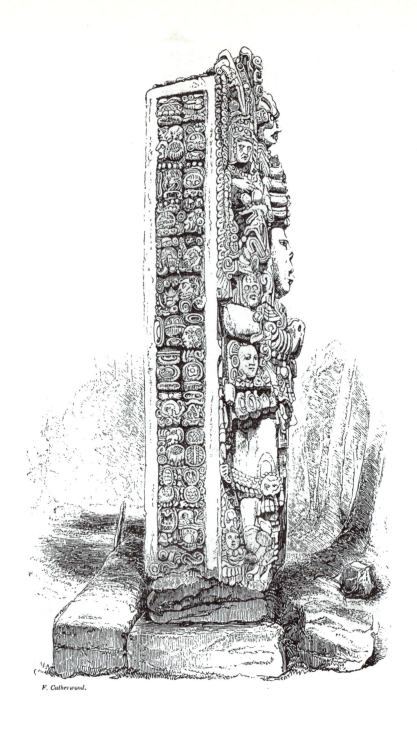

Fig. 27   Idole L *(Stèle A)*, vue latérale

reposaient sur les gradins de l'enceinte de la ville ; rappelant sans cesse aux vivants la proximité du trépas et de la tombe, ces têtes semblaient suggérer que nous avions affaire à une ville sainte — la Mecque ou la Jérusalem d'un peuple inconnu.

Quant à l'âge de cette cité perdue, je ne me livrerai pour l'instant à aucune conjecture. On pourrait en tenter une estimation en mesurant l'épaisseur des accumulations de terre et la hauteur des arbres gigantesques coiffant le faîte des vestiges, mais une telle évaluation serait incertaine et peu satisfaisante. De même, je n'avancerai pas d'hypothèse quant à l'identité du peuple qui l'a construite, et à l'époque ou aux causes de son abandon et de sa ruine. Sa population fut-elle décimée par l'épée, par la famine, ou par quelque pestilence ? Nul ne le sait. Les arbres qui forment son linceul se sont peut-être fortifiés du sang de ses habitants massacrés ; ces derniers ont peut-être péri, terrassés par la faim ; peut-être encore, quelque fléau, tel le choléra, a-t-il jonché ses rues de cadavres, et chassé pour toujours de leurs demeures les hommes affaiblis qui lui auraient survécu ? D'authentiques témoignages nous enseignent que d'autres cités, à des époques tant antérieures que postérieures à la découverte de ce pays par les Espagnols, furent frappées par de telles calamités. La seule chose dont je suis convaincu est que l'histoire de cette ville est gravée sur ses monuments. Nul Champollion ne s'est encore essayé à déchiffrer leurs inscriptions. Qui parviendra à les lire ?

> *Chaos de ruines ! Qui percera le néant ?*
> *Qui, sur les fragments indistincts, jettera une faible lumière*
> *Et dira « ici* fut *ou ici* est », *là où tout n'est que mystère ?* [63]

En conclusion, je ferai simplement remarquer que s'il s'agit de la cité qui, selon un chroniqueur espagnol, fut conquise par Hernando de Chaves (ce dont je doute fortement), ses monuments, ses terrasses, ses structures pyramidales, ses portiques, ses murailles et ses statues étaient à l'époque intacts, et tous étaient peints. Les soldats espagnols durent les contempler avec stupéfaction et émerveillement. Il semble cependant étrange qu'une armée d'Européens y ait pénétré sans avoir ensuite fait connaître ses splendeurs par le truchement des rapports officiels de ses généraux ou des relations enjolivées de ses soldats. A tout le moins, aucune armée européenne ne pourrait de nos jours découvrir une telle ville sans qu'un tel résultat s'ensuive. Mais le silence des Espagnols est peut-être dû au fait que les hommes qui ont conquis l'Amérique étaient des aventuriers illettrés et ignorants, avides d'or, et aveugles à toute autre chose. Ou bien, si des rapports furent rédigés, le gouvernement espagnol, mû par la politique du secret qu'il a observée jusqu'aux tout derniers jours de sa souveraineté, fit disparaître tout ce qui pouvait attirer l'attention de nations rivales sur ses possessions américaines.

TROISIÈME PARTIE

GUATEMALA

8

ESQUIPULAS, CITÉ SAINTE

Séparation. — Une aventure. — Le rio Copán. — Don Clementino. —
Un mariage. — Un dîner. — Au bal. — L'achat
d'une mule. — La sierra. — Vue du sommet. — Esquipulas. — Le
curé. — Un accueil cordial. — L'église d'Esquipulas. — Le mont
Quezaltepeque. — Où j'échappe de peu au danger. — San Jacinto. —
Accueil du padre. — Une fête de village. — Une embuscade. —
Le rio Motagua. — Santa Rosalia. — Une veillée mortuaire.

Ayant décidé que, étant donné les circonstances, il était
préférable de nous séparer, nous mîmes à exécution sans tarder
notre résolution. J'eus le plus grand mal à parvenir à un
arrangement avec mon muletier, mais finalement nous conclûmes une trêve. Les mules furent chargées, et, à deux heures,
j'enfourchai ma monture. Mr. C. m'accompagna jusqu'à la lisière
de la forêt, où je lui dis au revoir et l'abandonnai à des difficultés
pires que tout ce que nous avions pu imaginer. Je traversai le
village, franchis la rivière, et, laissant le muletier sur la berge, fis
un détour par l'hacienda de Don Gregorio. Je devais cependant
être privé de la petite satisfaction que je m'étais promis de
m'accorder au moment de mon départ en lui manifestant toute
mon indignation et mon mépris — ce dont je dus m'abstenir, eu
égard au fait que Mr. Catherwood restait dans le voisinage de ses
terres et risquait de faire les frais d'une vengeance. Aujourd'hui,

165

à l'heure où j'écris, ma main est retenue par le souvenir que lorsque Mr. C., en grande détresse, rançonné par son serviteur et miné par les fièvres, trouva refuge chez Don Gregorio, ce dernier le reçut aussi aimablement que pouvaient l'autoriser ses manières peu amènes. Mon seul réconfort fut de remettre à ce rustre prétentieux deux dollars pour prix des œufs, du lait et de la viande qu'il nous avait fournis de si bon cœur (grand seigneur, je ne m'abaissai pas à lui réclamer ma monnaie). J'appris par la suite que j'étais grandement monté dans son estime, et, plus généralement, dans celle de tous les habitants des environs, en ayant eu la délicatesse de ne pas partir sans m'acquitter de mes dettes *.

Ma bonne entente avec le muletier fut de courte durée. Au moment de prendre congé l'un de l'autre, Mr. C. et moi-même nous étions répartis notre réserve d'assiettes et de couverts, et Augustin avait placé la part qui me revenait dans la corbeille qui avait contenu jusque-là l'ensemble de notre batterie de cuisine. Désormais mal assujettis, couteaux et fourchettes produisirent en s'entrechoquant un tel fracas que ma mule en fut littéralement terrorisée. La pauvre bête détala à une telle vitesse qu'elle nous passa presque sur le corps, avant de se jeter tête la première dans un fourré. Une effroyable confusion s'ensuivit, et j'échappai aussi vite que je pus aux injures et aux vociférations du muletier.

En fin d'après-midi, du sommet d'une petite éminence, j'aperçus au loin un grand champ bordé d'une enceinte en pierre et de barrières, et un enclos à bestiaux. On eût dit une ferme de la campagne anglaise. Nous franchîmes un portail, et traversâmes un beau parc jusqu'à une grande hacienda de plain-pied. C'était la demeure de Don Clementino, lequel d'après ce qu'il m'avait été dit, était un cousin de Don Gregorio. C'était peut-être le seul propriétaire de la région qu'il fallait éviter, mais mon muletier avait précisément décidé de faire étape chez lui. La maison était en fait habitée par toute une famille. Agé de vingt et un ans, Don Clementino vivait avec sa mère, veuve de son état, et ses nombreux frères et sœurs ; l'aînée de ces dernières était une jolie jeune fille aux cheveux blonds de seize ou dix-sept ans. Sous l'auvent, se tenait un groupe de jeunes gens en habits de fête ; et cinq ou six mules, équipées de selles toutes aussi pittoresques les unes que les autres, étaient attachées aux piliers de la véranda.

* Lors de ma deuxième visite, trouvant le rancho de Don Miguel désert, je me rendis à celui de Don Gregorio. Le maître des lieux s'était rendu entre-temps à Esquipulas, et avait eu confirmation, de la bouche du curé, du caractère officiel de notre mission. Je dois dire, à son crédit, qu'il me reçut aimablement, et demanda à plusieurs reprises des nouvelles de Mr. Stephens. Le reste de la famille se montra aussi hospitalière qu'auparavant. (*Note de F. Catherwood.*)

Esquipulas

F. Catherwood.

Don Clementino était attifé d'un pantalon et d'un veston blancs, galonnés et brodés, et d'un chapeau haut de forme orné d'une grosse cocarde et de bandes rouges et jaunes sous son rebord. Il se donnait des airs importants et était aussi suffisant que peut l'être un jeune homme propulsé depuis peu à la tête d'un domaine et d'une famille. Il me demanda, sur un ton plutôt condescendant, si j'avais terminé ma visite aux « idoles », puis, sans attendre ma réponse, si je savais réparer un accordéon, si je savais jouer de la guitare, si je pouvais lui vendre la paire de pistolets qui avait fait l'admiration de toute la maisonnée de Don Gregorio, et, d'une manière générale, si je n'avais rien à lui vendre. Avec ce jeune *gentleman*, j'aurais été mieux accueilli si j'avais été un colporteur qu'ambassadeur de n'importe quelle cour d'Europe (il est vrai que je ne voyageais pas sur un pied très imposant). Constatant que je n'avais rien à marchander, il empoigna une guitare, esquissa quelques pas de danse sur l'air qu'il joua, et alla s'asseoir sur le sol en terre battue de la véranda pour jouer aux cartes.

A l'intérieur, les préparatifs en vue de la noce qui devait se dérouler chez un voisin à deux lieues de la propriété allaient bon train. Juste avant la tombée de la nuit, les jeunes gens de la maison apparurent, vêtus pour le trajet. Ils partirent tous à dos de mule, et, pour la première fois, j'admirai sans réserve la manière dont les habitants montent leurs bêtes. Mon admiration fut surtout éveillée par la sœur de Don Clementino, et l'heureux jeune galant qui l'accompagnait. Tous deux chevauchaient la même mule, sur la même selle. Elle était assise en amazone devant lui, et il lui entourait la taille de son bras droit. Au début, la mule se montrant rétive, le jeune homme, pour aider sa cavalière à se maintenir en selle, l'attira tout contre lui. Son oreille invitait les murmures. Et lorsqu'elle tourna son visage vers lui, ses lèvres touchèrent presque les siennes. J'aurais donné tous les honneurs de la diplomatie pour être à sa place !

Don Clementino était trop vaniteux pour nous quitter sans se faire remarquer. Monté sur une belle mule nantie d'un caparaçon aux couleurs vives, il glissa une grande épée à poignée d'osier dans une des courroies de la selle, fixa à ses bottes une paire d'énormes éperons, et, après avoir enfourché sa monture, remonta son poncho autour de sa taille afin que la garde de l'épée puisse être admirée de tous. Éperonnant sa bête à grands coups de talon, il lui fit monter les marches de la véranda, traversa cette dernière, et redescendit de l'autre côté, avant de me demander si je voulais la lui acheter. Je lui répondis par la négative. A ma grande satisfaction, il entreprit de rattraper les autres, et me laissa seul avec sa mère, une respectable vieille *doña* à cheveux gris, qui rassembla tous les enfants indiens et les serviteurs pour les vêpres. Je suis navré de le confesser, mais j'avais complètement oublié que nous étions un dimanche. Je me tins dans l'embrasure de la porte, et les regardai tous avec intérêt s'agenouiller devant l'image de la Vierge. Une vieille mule au museau gris monta à son tour les marches de la véranda, et, s'arrêtant à côté de moi, passa sa tête dans la porte. Quelques instants plus tard, la bête entra pour de bon dans la pièce, contempla un moment le portrait de la Vierge Marie, et, sans déranger personne, ressortit.

Peu après, je fus appelé pour le dîner, qui se composait de haricots, d'œufs frits et de *tortillas*. Les premiers furent servis dans de grands plats en argent, et les dernières furent disposées en pile devant moi. Il n'y avait ni assiettes, ni fourchettes, ni couteaux, ni cuillers. Les doigts ont été conçus avant les fourchettes, mais de mauvaises habitudes rendent ces dernières, jusqu'à un certain point, nécessaires. Si la volaille, le mouton, le bœuf, et toutes les viandes en général, ne glissent pas des doigts, on ne peut en dire autant des haricots et des œufs. Je ne décrirai pas la manière dont je me tirai d'affaire, mais, à en juger par les civilités que nous échangeâmes à la fin du repas, la vieille dame semble n'avoir rien deviné de l'embarras dans lequel j'avais été plongé.

Le lendemain matin, nous passâmes devant l'hacienda où avait lieu la fête. Les danses n'étaient pas encore terminées, et l'envie me prit de revoir une dernière fois la jeune sœur aux cheveux blonds de Don Clementino. N'ayant pas trouvé de meilleure excuse, je décidai de le faire appeler et de « parler mule » avec lui. L'entrée et la salle de réception étaient remplies de jeunes filles, toutes vêtues de blanc ; les roses qui paraient leur chevelure étaient déjà fanées, et leurs yeux avaient un peu perdu de leur éclat après une nuit de dissipation. Comme si elle soupçonnait l'objet de ma venue, la sœur de Don Clementino, pudique et farouche, disparut dans l'assemblée pour échapper à mes regards. Son frère, la guitare à la main, nous fraya un passage parmi les convives. Je n'avais pas le moindre désir de lui acheter sa mule, mais je ne pouvais me dédire : je lui fis une offre, qu'à ma grande surprise, et, en même temps, à mon grand regret, il accepta sur-le-champ. Mais la vertu est toujours récompensée, et la mule en question se révéla un animal des plus fidèles.

Monté sur ma nouvelle acquisition, j'entrepris l'ascension de la grande Sierra dont la cime constitue la ligne de partage des eaux entre les océans Atlantique et Pacifique. Bien que le chemin fût accidenté et éprouvant, nous atteignîmes le sommet en deux heures. Le paysage était très certainement sauvage et grandiose, mais les trombes d'eau qui étaient tombées une bonne partie de la journée m'empêchaient d'en goûter toute la beauté. Obligé de patauger dans de véritables bourbiers, j'aurais donné tout l'or du monde pour avoir sous mes pas une bonne route macadamisée.

Mr. Catherwood, qui franchit quelques semaines plus tard la chaîne par beau temps, m'a affirmé que la vue du sommet, des deux côtés, est la plus magnifique qu'il ait vue dans tout le pays. Pendant la descente, les nuages se dissipèrent, et je pus embrasser du regard une plaine quasi illimitée, qui partait du pied de la Sierra. Dans le lointain, j'aperçus, se dressant solitaire dans cette étendue sauvage, la gigantesque église d'Esquipulas, telle l'église du Saint-Sépulcre à Jérusalem, ou la Kaaba de La Mecque, le plus sacré des temples. La longue descente jusqu'au bas de la montagne réservait de magnifiques panoramas. La plaine me rappela les vastes solitudes de l'Asie Mineure, mais elle était peut-être encore plus belle, d'immenses montagnes la cernant de toutes parts. Trois heures durant, l'église fut notre guide. Au fur et à mesure que nous nous en approchâmes, elle se détacha de plus en plus nettement sur les montagnes, dont les crêtes disparaissaient dans les nuages.

En fin d'après-midi, nous entrâmes dans la ville, et nous dirigeâmes vers le monastère. J'étais quelque peu nerveux, et présentai mon passeport en guise de lettre d'introduction ; mais pouvais-je douter de l'hospitalité d'un *padre* catholique ? La manière dont nous avait reçus Don Gregorio me fit ressentir plus profondément l'accueil que me réserva le curé d'Esquipulas. Seuls ceux qui ont souffert du manque d'hospitalité peuvent en apprécier la valeur ; s'il est une chose qu'un voyageur ne peut oublier, c'est d'être accueilli comme un ami en terre étrangère.

Toute la maisonnée du curé accourut pour nous aider. Quelques minutes plus tard, nos mules mâchonnaient du maïs dans la cour, pendant qu'on m'installait dans le fauteuil d'honneur du monastère. C'était de loin le bâtiment le plus grand et le mieux construit de l'endroit. Les murs étaient épais de plus d'un mètre ; un grand portique s'ouvrait en façade, et l'entrée s'effectuait par un hall spacieux, servant de dortoir aux serviteurs et donnant sur une arrière-cour. A gauche se trouvait la *sala*, ou grande salle de réception, avec de hautes fenêtres et de profonds renfoncements. Adossé à l'un des murs, un long canapé en bois, avec un haut dossier et des accoudoirs, faisait face à une énorme table en acajou. Le tout était dominé par un tableau représentant Notre Sauveur. Contre le même mur étaient alignés de grands fauteuils datant de la Conquête ; leur dossier et leur siège étaient recouverts de cuir et garnis de clous en laiton.

Le curé était un jeune homme de moins de trente ans, de complexion délicate, et son visage rayonnait d'intelligence et de finesse de pensée et de cœur. Il portait une longue soutane noire, très ajustée, avec un col de couleur bleue, et un rosaire auquel pendait une croix. Son nom était *Jesus* Maria Guttierrez. C'était la première fois que je rencontrais un être humain portant ce nom, et même aujourd'hui j'y vois une sorte de profanation.

Rompant la monotonie de sa vie de reclus, l'un de ses anciens camarades d'école, un colonel hondurien du nom de San Martin, lui rendait alors visite. Blessé lors de la dernière bataille contre Morazan, le colonel séjournait au monastère pour se rétablir et reprendre des forces. Son cas montrait à quel point le pays était troublé. Son père était du même parti que lui ; en revanche, son frère avait combattu dans le camp adverse lors de la bataille où il avait été blessé.

J'obtins de mon hôte et de son ami des informations fort inquiétantes concernant mon trajet jusqu'à Guatemala. Les troupes de Carrera s'étaient repliées de la frontière du San Salvador, et avaient occupé tous les villages qui jalonnaient la route de la capitale. Elles se composaient pour l'essentiel d'Indiens ignorants, intempérants et fanatiques, qui ne pouvaient comprendre le caractère officiel de ma mission, et seraient bien incapables de lire mon passeport ; dans l'état de trouble dans lequel se trouvait plongé le pays, je risquais fort, en ma qualité d'étranger, d'être pris pour un espion. Ces hommes avaient déjà commis d'épouvantables atrocités, et il n'y avait pas un seul curé sur toute la route de qui me faire entendre. En tentant d'emprunter cet itinéraire, j'avais toutes chances d'être rançonné, voire assassiné. Je n'avais nulle envie de faire traîner en longueur mon voyage, mais il eût été fou de poursuivre ma route comme si de rien n'était (en tout état de cause, mon muletier n'aurait jamais accepté de me suivre). Ces constatations faites, je dus envisager de retourner à Chiquimula et de reprendre la route que j'avais quittée. Le curé promit de m'indiquer le chemin. Je remis mon sort entre ses mains, et, à une heure tardive de la soirée, je me retirai pour dormir avec l'étrange sentiment d'être le bienvenu en ces lieux.

Réveillé par les cloches de matines, j'accompagnai le curé à la messe. L'église utilisée pour les offices de tous les jours faisait directement face au monastère ; sa nef, aussi sombre que vaste, était pavée de grandes briques ou tuiles carrées. Des femmes indiennes étaient agenouillées en rang autour de l'autel, les pieds nus, mais la tête coiffée d'une mantille blanche. Quelques hommes se tenaient debout derrière elles, ou adossés contre les murs.

Nous rentrâmes pour le petit déjeuner, puis partîmes visiter la seule curiosité de la région — la grande église du pèlerinage d'Esquipulas, le « Lieu Saint » de l'Amérique centrale. Chaque année, le 15 janvier, des pèlerins s'y rendent en foule, certains venant même du Mexique ou du Pérou. Nombre d'entre eux effectuent un voyage qui présente au moins autant de difficultés que le pèlerinage de La Mecque. Comme en Orient, le commerce est autorisé pendant la durée des cérémonies. Lorsque les routes sont sûres et que le pays n'est pas ravagé par la guerre, jusqu'à quatre-vingt mille hommes et femmes peuvent se rassembler au pied des montagnes pour commercer et rendre hommage à « Notre Seigneur d'Esquipulas ».

Peuplée d'environ mille cinq cents Indiens, la ville ne comporte qu'une seule rue, longue de près d'un kilomètre et demi et bordée de chaque côté par des maisons de boue séchée. La plupart de ces dernières étaient fermées, n'étant occupées qu'au moment de la fête. Tout au bout de cette artère, sur un terre-plein, se dresse la grande église. A mi-chemin, nous franchîmes un pont qui enjambe un petit cours d'eau allant grossir le rio Lempa. C'était la première rivière que je rencontrais dont les eaux se jetaient dans le Pacifique : j'en fus fort ému. Après avoir gravi une majestueuse volée de marches au pied de l'église, nous atteignîmes une vaste plate-forme large de cinquante mètres. La vue que commandait cette esplanade sur la grande plaine et les hautes montagnes qui l'entourent était des plus magnifiques ; et le spectacle de l'église, qui se dresse, dans une solitude grandiose, au beau milieu de cette contrée sauvage et désolée, constituait un véritable enchantement. La façade était richement ornée de reliefs en stuc et de statues de saints plus grandes que nature ; à chaque angle de l'édifice se dressait un haut clocher ; le dôme, enfin, était surmonté d'une flèche élevant haut dans les airs la couronne du roi d'Espagne. Ce pouvoir qui avait jadis ravi la plus grande partie du continent américain à ses propriétaires légitimes, et l'avait administrée d'une main de fer trois siècles durant, n'y possédait plus désormais un seul arpent de terre et n'y trouvait plus aucun sujet de gloire.

Nous pénétrâmes à l'intérieur de l'église par un immense porche embelli de sculptures. A l'intérieur, nous pûmes admirer la nef avec ses deux bas-côtés, séparés l'un de l'autre par des rangées de colonnes de plus de trois mètres de côté, et le gigantesque dôme sur lequel veillait une armée d'anges aux ailes déployées. Aux murs étaient accrochés des tableaux, certains exécutés par des artistes du Guatemala, d'autres apportés d'Espagne. Des niches sur les côtés des travées extérieures contenaient des statues, dont certaines étaient admirablement exécutées. La chaire était ornée de feuilles d'or, l'autel était enclos derrière une balustrade en fer forgé et en argent, et deux anges encadraient les marches qui y donnaient accès. Devant l'autel, dans une châsse richement ouvragée, était logée une image du Sauveur sur la Croix, « Notre Seigneur d'Esquipulas », à qui l'église est consacrée — image réputée pour ses pouvoirs miraculeux dans une bonne partie de l'Amérique. Chaque année, des milliers de fidèles gravissent les marches de ce temple à genoux, ou une lourde croix sur le dos. Il leur est interdit de toucher l'image sacrée, mais ils retournent chez eux avec un ruban sur lequel sont inscrits les mots « *Dulce nombre de Jesus* ».

172

Nous regagnâmes le monastère. Alors que je devisais avec le colonel San Martin, le curé entra, et, fermant la porte, me demanda si j'étais sûr de la loyauté de mon serviteur. Le visage d'Augustin, il est vrai, constituait une piètre lettre de recommandation. Je confiai au curé tout ce que je savais de lui, et lui fis part de sa conduite à Camotan, mais il me conseilla malgré tout de me tenir sur mes gardes. Peu après, Augustin, qui semblait soupçonner qu'il n'avait pas fait très bonne impression sur notre hôte, me demanda un dollar pour aller se confesser. Mon ami le curé n'était pas libéré de tous les préjugés de l'éducation ; et bien qu'il ne pût sur-le-champ revenir sur l'opinion qu'il avait si vivement exprimée, il déclara qu'Augustin lui semblait honnête.

Au cours de la journée, j'eus le loisir d'étudier ce que je devais par la suite observer dans l'ensemble de l'Amérique centrale : la vie de labeur et de responsabilité dévolue au curé d'un village indien, et l'ardeur avec laquelle il se consacre à ses ouailles. En dehors des obligations de sa fonction (offices quotidiens, visites aux malades, funérailles), mon inappréciable hôte était considéré par chaque Indien du village comme un conseiller, un ami et un père. La porte du monastère restait toujours ouverte, et les Indiens avaient constamment recours à lui : l'homme qui s'était querellé avec son voisin ; la femme maltraitée par son mari ; le père dont le fils avait été enrôlé de force dans l'armée ; la jeune fille délaissée par son amoureux. Tous ceux qui étaient dans le trouble et l'affliction venaient chercher auprès de lui conseils et réconfort, et personne ne repartait sans avoir été rasséréné par ses paroles. En outre, le curé était le véritable administrateur de la ville, le bras droit de l'*alcalde* (c'est à lui qu'on avait demandé si je devais être considéré comme un individu dangereux). Mais l'accomplissement de ces multiples devoirs, et la fébrilité et les dangers de l'époque avaient fini par user le père Guttierrez. Quatre ans s'étaient écoulés depuis qu'il avait quitté la capitale et qu'il avait pris en charge cette cure. Pendant tout ce temps, il avait mené une vie de peine, d'anxiété et de périls, privé de tous les plaisirs de la fréquentation du monde qui donnent au travail tout son prix — adoré des Indiens, mais sans une seule âme avec qui il pût partager ses pensées et ses sentiments. Un jour, les soldats de Morazan avaient investi la ville, et pendant six mois, il avait dû rester caché dans une grotte, en pleine montagne, ravitaillé par les Indiens. Récemment, la situation dans le pays avait empiré, et les nuages de la guerre civile étaient plus sombres que jamais. Il s'en désolait, bien que, selon ses propres termes, il n'eût plus beaucoup de temps devant lui pour le faire. Le ton général de ses pensées et de sa conversation était si noble et si pur qu'on eût dit une oasis au milieu d'un désert de sable. Nous étions assis dans l'embrasure d'une grande fenêtre ; à l'intérieur, la pièce était déjà plongée dans l'obscurité. Il ramassa un pistolet sur le rebord de la fenêtre, et, tout en l'examinant, me déclara que la croix était sa seule protection. Puis il mit sa main dans la mienne, et me demanda de tâter son pouls. Il était lent et faible, comme si chaque battement eût été le dernier, mais il me dit qu'il en avait toujours été ainsi. Se levant soudain, il m'annonça que c'était l'heure de ses dévotions privées, et se retira dans sa chambre. J'eus l'impression d'avoir vu un ange en rêve.

Tenant à atteindre le plus tôt possible Guatemala, je ne pus profiter longtemps de l'hospitalité du curé. J'avais l'intention de donner congé à mon muletier, mais, dans l'impossibilité de le remplacer immédiatement, et ne voulant pas perdre un jour de plus, je fus obligé de le garder. D'ordinaire, les voyageurs quittent Esquipulas l'après-midi, et parcourent quatre lieues jusqu'à l'étape intermédiaire. Cependant, ayant sept mules pour seulement quatre charges, je décidai de faire ces quatre lieues et le trajet du lendemain en un seul jour. Je me mis en route à la première heure. Au moment des adieux, le prêtre et le soldat se tinrent côte à côte, offrant simultanément l'image de l'humilité chrétienne et de l'orgueil humain. Tous deux me recommandèrent à Dieu.

Nous traversâmes la plaine. Les montagnes d'Esquipulas semblaient avoir gagné en splendeur. Une demi-heure plus tard, nous commençâmes l'ascension du mont Quezaltepeque, recouvert d'une épaisse forêt, et qui, à l'instar du mont Mico, ne pouvait être franchi que par un sentier étroit et boueux, jalonné de fondrières. De lourds nuages noirs le couronnaient, et il se mit bientôt à pleuvoir des trombes d'eau, mais le ciel se dégagea avant que nous ayons atteint le sommet. Alors, le soleil brilla de nouveau. La plaine d'Esquipulas, avec, au loin, la grande Sierra couverte de pins, et de lourds nuages, qui, poussés par le vent, semblaient se donner la chasse sur ses contreforts, formèrent l'un des spectacles les plus grandioses qu'il m'ait été donné de voir. Et de la cime où nous nous tenions, la grande église s'offrait encore, en guise d'adieu, à la vue du pèlerin. Mais l'éclaircie fut de courte durée, et à nouveau, la pluie se mit à tomber. Pendant un moment, je pris un certain plaisir à voir mon muletier trempé jusqu'aux os et à l'entendre pester, mais, dans un accès de charité inexplicable, je lui recouvris les épaules de ma grande pelisse en peau d'ours. Le soleil brillait par intervalles, et nous aperçûmes, loin en contrebas, le village de Quezaltepeque. La descente était très abrupte, les bourbiers et les tranchées, inhabituellement profonds, et les nuages qui restaient accrochés à la montagne, caractéristiques de ma malchance en matière de météorologie. Mr. Catherwood, qui emprunta la même route trois semaines plus tard, apprit du *padre* du lieu que certains habitants de la région avaient conçu le projet de me détrousser et de m'assassiner, supposant que je voyageais avec une importante somme d'argent. Ce louable projet avorta, et ce à cause de la décision que j'avais prise de franchir la montagne le matin, au lieu de l'après-midi, comme le font habituellement les voyageurs.

Nous traversâmes Quezaltepeque sans mettre pied à terre. Les pèlerins d'Esquipulas retournant à Guatemala ont coutume de voyager pendant l'après-midi jusqu'à cet endroit, et d'y dormir. Il n'était cependant que onze heures, le temps était clair et ensoleillé comme par un jour de septembre dans mon pays. Au-delà du village, nous franchîmes un beau torrent, où des femmes lavaient du linge. Peu après, nous recommençâmes à gravir une pente, et parvînmes, au sommet de la montagne, au bord d'un profond ravin. Nous descendîmes au fond du précipice par un étroit sentier directement suspendu au-dessus du vide : par endroits, le chemin longeait une étroite corniche ; en d'autres, il était taillé dans la roche. De l'autre côté du ravin se dressait un autre à-pic. Le défilé, profond et étroit, était d'une beauté sauvage. Au fond de ce goulet, un torrent se frayait un chemin à travers un chaos rocheux, et sur une certaine distance, le sentier se confondait avec le lit du cours d'eau. Par un chemin abrupt et difficile, nous escaladâmes l'autre versant du canyon, et franchîmes une nouvelle crête. De l'autre côté de cette dernière, nous vîmes une masse verticale de roche calcaire noircie par le soleil, et éclairée par intermittence par des taches de lumière. Nous descendîmes au fond de ce ravin, puis, après être remontés sur le même versant, au milieu de paysages indescriptibles, nous aperçûmes au débouché du défilé une petite ferme, juchée sur un éperon rocheux. De là, on pouvait, d'un côté, embrasser du regard l'effroyable canyon dans toute sa profondeur, et, de l'autre, contempler une paisible vallée.

A cinq heures, nous arrivâmes au village de San Jacinto, dont le curé de Quezaltepeque avait également la charge (il s'y trouvait précisément au moment de notre passage). Nous nous dirigeâmes vers sa maison, pour lui montrer la lettre du curé d'Esquipulas. Mon muletier, sans même décharger les mules, se laissa choir sur le plancher de la véranda, avant de me couvrir d'injures pour mes « interminables marches » qui finiraient par l'« achever ». Je répliquai sur le même ton, et, avant d'avoir eu le temps de revenir de sa surprise, le *padre* apparut, intrigué par nos clameurs.

Il en fallait plus pour effaroucher notre hôte. Ce serviteur de Dieu mesurait en effet plus d'un mètre quatre-vingt-dix et avait une carrure de bûcheron. Son ventre formait une extraordinaire protubérance qui devait être constamment soutenue par quelque étai pour ne pas tomber. Il était vêtu en tout et pour tout d'un pantalon et d'une chemise, dont les boutonnières semblaient n'avoir qu'une fonction décorative, mais il avait le cœur aussi grand que ses biceps, et aussi ouvert que sa mise. Lorsque je lui appris que j'avais quitté Esquipulas le matin même, il déclara que je devais rester à Quezaltepeque pendant au moins une semaine pour reprendre mes forces. En tout état de cause, il était « hors de question » que je reparte le lendemain. Je tenais pour ma part à me remettre en route le plus tôt possible, mais mon abominable muletier dépassa la mesure en tombant malade, en proie à une forte fièvre.

Sur ma pressante requête, le *padre* entreprit de me procurer des mules pour le lendemain. Pendant la soirée, nous reçûmes la visite de toute une flopée de villageois. L'homme qui était le plus susceptible de m'aider déclara qu' « il était dangereux de voyager par les temps qui couraient ». Il avait entendu dire que « deux Anglais » avaient été arrêtés au Honduras, qu'ils s'étaient enfuis, mais que leurs muletiers et serviteurs « avaient été assassinés ». J'aurais peut-être pu jeter quelque lumière sur ce dramatique incident, mais je jugeai finalement préférable de ne pas chercher à en savoir davantage sur des individus aussi suspects. Notre enquête n'ayant donné aucun résultat, le *padre* se dit navré de ne pouvoir me rendre service, mais il finit par déclarer qu'un homme de mon rang et de mon importance (je lui avais montré mon passeport, et Augustin avait déjà raconté à tout le monde l'histoire des canons de Belize) devait disposer de toutes les facilités, et qu'il me fournirait ses propres mules. Il ordonna à un homme de se rendre avant l'aube à son hacienda et d'en ramener plusieurs bêtes, après quoi, épuisé par des efforts aussi inhabituels, il allongea son corps de géant dans un hamac et s'endormit en se balançant.

Notre ami avait deux serviteurs : l'un était sourd-muet, l'autre simple d'esprit. Le premier, très vif et encore tout jeune, était doué d'une extraordinaire force physique et distrayait le *padre* avec ses gesticulations, ses contes et ses tours de prestidigitation (il manipulait notamment avec beaucoup d'adresse un cadenas à secret). Il y avait quelque chose de fascinant dans la douceur avec laquelle le prêtre jouait avec lui, et dans l'application que le jeune serviteur mettait à divertir son géant de maître. Par moments, le jeune homme était saisi d'une telle excitation qu'on eût dit qu'il allait exploser dans ses efforts pour exprimer ses pensées, mais tout finissait par un faible son qui déchirait le cœur, et semblait l'assujettir plus étroitement encore au bon *padre*. Le second (l'idiot du village) changeait sans cesse la combinaison du cadenas, mais l'ingéniosité de son camarade ne pouvait jamais être prise en défaut. Le pauvre simplet le regardait faire avec une admiration béate. Le *padre* lui promettait de lui donner un demi-dollar s'il parvenait à l'ouvrir, avant de rire, avec le sourd-muet, de ses pitoyables tentatives. Le *padre* terminait en louant avec chaleur les mérites respectifs de chacun, panégyrique que le sourd-muet paraissait comprendre, et dont il le remerciait, mais que celui qui avait des oreilles ne semblait pas entendre.

Le *padre* tint absolument à me prêter son propre châlit, lequel était — une fois n'est pas coutume — d'une propreté parfaite, et muni d'une moustiquaire. Je n'avais pas connu de meilleur lit depuis notre départ de Belize. Le lendemain matin, j'étais encore couché quand mon hôte apparut avec un flacon de cognac dans la main. Peu après, ce fut l'heure du chocolat, qui nous fut offert avec un petit pain au sucre. Constatant qu'il me serait impossible de partir ce jour-là, je devins une victime consentante de l'hospitalité du prêtre. A neuf heures, nous prîmes un véritable petit déjeuner ; à midi, on me servit des fruits ; à deux heures, un déjeuner complet ; à cinq heures, à nouveau du chocolat avec un petit pain ; et, à huit heures, un dîner, avec, entre ces différentes collations, des invites constantes à boire du cognac — boisson que le *padre*, la main posée sur la partie proéminente de son corps dont il a déjà été fait mention, m'affirmait être « bonne pour l'estomac ».

Il était en tout le contraire du curé d'Esquipulas, à l'exception de la gentillesse qui leur était commune. Je me pris à soupçonner que mon muletier n'était pas aussi malade qu'il le prétendait, mais le fait qu'il n'ait pas cherché à profiter des bontés du *padre* me convainquit qu'il n'était pas au mieux de sa forme. Je lui donnai quelques remèdes, mais, craignant probablement que je ne l'empoisonne, il refusa de les prendre.

Dans l'après-midi, je fis une longue promenade jusqu'à la rivière. En revenant, je rencontrai un groupe de femmes vêtues de blanc, la tête recouverte d'un châle rouge. J'ai vu dans ma vie assez de femmes de toutes les couleurs imaginables pour me débarrasser de certains préjugés, mais je garde une certaine prédilection — que l'on jugera peut-être vieux jeu — pour les peaux blanches. En l'occurrence, je remarquai que les femmes d'Amérique centrale les plus blanches étaient toujours les plus jolies, point de vue que le *padre* ne partageait pas entièrement. Sous l'auvent d'une maison abandonnée, une vieille femme enseignait le catéchisme à une douzaine de petites Indiennes. Ces dernières étaient vêtues de plaids rouges, noués autour de leur taille, et un fichu blanc leur recouvrait les épaules. D'autres groupes s'affairaient en différents endroits du village, préparant la fête de quelque saint. Dans la soirée, alors que j'étais assis en compagnie du *padre* (lequel avait revêtu pour l'occasion sa longue soutane noire), une procession approcha, sous la conduite du doyen du village, un vieil homme barbu à cheveux blancs, escorté d'un boiteux et de deux ou trois pauvres hères qui raclaient du violon. Avant d'atteindre la maison, les villageois tirèrent cinq ou six fusées, puis s'avancèrent et vinrent trouver le *padre,* dont ils baisèrent la main. Les femmes entrèrent à l'intérieur, portant des paquets enveloppés dans des serviettes d'un blanc immaculé. Entrant à mon tour pour prendre mon chocolat, je découvris sur la table des piles de gâteaux et de confiseries. Puis tous se rendirent à l'église pour les prières vespérales. Je ne pus m'empêcher de penser (et ma conviction devint, par la suite, encore plus forte à chaque étape de mon voyage) qu'un village disposant d'un *padre* est un village béni.

Pendant la journée, le sourd-muet avait tenté à plusieurs reprises de me faire comprendre qu'il souhaitait m'accompagner. Le soir venu, le *padre* décida de lui faire plaisir en l'autorisant à se rendre avec nous à Guatemala. Le lendemain à l'aube, le monastère se réveilla en émoi. Le bon *padre* n'avait pas l'habitude de mettre sur pied une expédition à destination de la capitale. Beaucoup de choses manquaient en dehors des mules, et le village entier fut mis à contribution. Pendant tout ce remue-ménage, un soldat entra dans le village ; il était seul, mais son arrivée fit craindre qu'il fût l'éclaireur de toute une troupe venant établir ses quartiers dans la localité. Le *padre* lui révéla qui j'étais, et que je devais être traité avec tous les égards dus à ma fonction. Finalement, tout fut prêt. Toute une foule de gens tirés de leur lit par le *padre* se pressait devant sa porte ; deux d'entre eux étaient venus avec leur violon. Notre ami avait particulièrement veillé à ce que nous ne manquions point de provisions de bouche — chocolat, pain, saucisses, volailles, auxquels il ajouta une boîte de gâteaux et de bonbons. Pour couronner le tout, son serviteur sourd-muet sortit de la maison en tenant à bout de bras, au-dessus de sa tête, un quartier entier de bœuf, seulement dépouillé de sa peau et les côtes fendues, qu'il étendit comme une bâche sur l'une des charges, avant de l'assujettir à l'aide d'un filet. Le *padre* me souhaita bon voyage, et prit congé du sourd-muet, auquel il prodigua les marques d'une véritable affection. A neuf heures, au son des violons, et dans un équipage qui aurait étonné mes amis new-yorkais, je repartis pour la capitale. Un faible gémissement venant de la véranda rappela à mon souvenir mon muletier. Je descendis de ma monture, et, sachant que je ne le reverrais plus, échangeai avec lui quelques mots aimables. Son visage basané portait les stigmates de la fièvre. Cet homme m'avait parfois contrarié au-delà de ce qui est supportable, mais, malgré toute la rancune que je lui vouais, je n'aurais pu souhaiter le voir dans un pire état. Le jeune garçon qui l'accompagnait était assis à ses côtés, apparemment attendri par la maladie de son maître, et indifférent à mon départ.

Pour la première fois depuis longtemps, nous progressâmes en terrain plat. Le pays était riche. La cassonade, le sucre blanc et l'indigo s'y négociaient pour une poignée de centimes. J'avançais tranquillement, quand quatre soldats bondirent sur la route et me barrèrent le chemin. Ils m'avaient tendu une embuscade et leur soudaine apparition était digne des bandits de grand chemin. Ne pouvant lire mon passeport, ils décidèrent de me conduire à Chiquimula ; ma route passait légèrement à l'écart de cette ville. Fort heureusement, alors que j'avançais sous bonne escorte, le soldat que j'avais vu à San Jacinto nous rattrapa, rassura mes anges gardiens et leur demanda de me relâcher.

Un peu plus loin, je reconnus la route que nous avions empruntée pour nous rendre à Copán. Trois semaines s'étaient à peine écoulées, mais cela me semblait une éternité. Nous passâmes devant la vieille église de Chiquimula, et, gravissant le sentier en lacet par lequel nous étions descendus à l'aller, franchîmes la montagne et atteignîmes la plaine de Zacapa et le rio Motagua, que je saluai comme une vieille connaissance. Le jour déclinait, et je ne voyais pas la moindre habitation alentour. Quelques instants avant la tombée de la nuit, sur le sommet d'une petite éminence sur ma droite, j'aperçus un petit garçon ; après l'avoir hélé, je lui demandai de nous conduire jusqu'au prochain village — en l'occurrence Santa Rosalia, joliment situé sur une pointe formée par un coude de la rivière. Le village consistait en quelques misérables huttes. Une foule était rassemblée devant l'une d'elles. Personne ne nous ayant prêté attention, nous poursuivîmes notre chemin jusqu'à une masure à la sortie du hameau. La seule chose que nous désirions était du *zacate* (fourrage) pour nos mules, les vivres fournis par le *padre* nous suffisant largement. Mon compagnon coupa quelques côtelettes dans le flanc du bœuf et prépara le repas.

Alors que nous dînions, nous entendîmes des lamentations qui semblaient provenir de la maison devant laquelle les villageois étaient attroupés. Après la tombée de la nuit, je partis en reconnaissance, et découvris qu'on y veillait un mort. A l'intérieur se tenaient plusieurs femmes ; l'une d'elles se tordait les mains, et les premiers mots que je pus distinguer furent : « Ô Seigneur d'Esquipulas, pourquoi me l'avez-vous enlevé ? » Ses pleurs furent interrompus par des bruits de sabots, et un homme dont je ne pus voir le visage dans l'obscurité s'approcha de la hutte. Sans mettre pied à terre, il annonça d'une voix rauque que le prêtre demandait six dollars pour enterrer la dépouille du défunt. L'un des hommes présents s'écria : « Honte ! Honte ! », et d'autres déclarèrent qu'on irait l'ensevelir dans le *campo* — les champs. Le cavalier, de la même voix éraillée, rétorqua que le prêtre devait recevoir son dû, que le corps fût enseveli dans la montagne ou jeté à la rivière. Les protestations redoublèrent, mais la veuve, entre deux sanglots, déclara que l'argent devait être versé, avant de renouveler ses exclamations : « Mon seul secours, ma consolation, ma tête, mon cœur ! Toi qui étais si fort, toi qui pouvais soulever une balle d'indigo ! Tu m'as dit que tu partais acheter du bétail. Je t'ai dit : "Oui, et rapporte-moi aussi de beaux tissus et des bijoux !" ». Ces paroles, et la détresse poignante de celle qui les prononçait, me rappelèrent une scène semblable dont j'avais été le témoin sur les bords du Nil. L'un des amis de la veuve m'invita à entrer. Le corps gisait à même le sol, enveloppé dans un drap de coton blanc qui ne laissait paraître que la tête. C'était celui d'un jeune homme, de guère plus de vingt-deux ans, de grande taille, avec une moustache naissante au-dessus de la lèvre supérieure, et qui, un mois plus tôt, était si fort qu'il pouvait « soulever une balle d'indigo ». Il était rentré de la ville avec une forte fièvre, et était mort en moins d'une semaine. Un bandage était noué sous son menton, de façon à maintenir sa mâchoire, ses poignets étaient croisés et attachés sur sa poitrine, et ses doigts effilés tenaient un petit crucifix fait d'enveloppes de maïs tressées. De part et d'autre de sa tête brûlait une chandelle, et des fourmis, qui infestaient la maison, grouillaient sur son visage. La veuve ne remarqua pas ma présence, mais la mère et les deux jeunes sœurs du mort me demandèrent « si j'avais des *remedios* », et si j'aurais pu le soigner, fussé-je arrivé à temps.

Je laissai la famille à son désespoir et me retirai. L'homme qui m'avait prié d'entrer m'attendait à la porte et m'invita à m'asseoir avec ses amis. Il m'interrogea sur mon pays, me demanda où il se trouvait, et si les mœurs de ses habitants étaient semblables aux leurs. Et très vite, n'étaient les lamentations de la veuve, on aurait pu oublier qu'à quelques mètres de là reposait le corps d'un ami emporté par la mort.

Je demeurai en leur compagnie pendant une bonne heure, puis regagnai ma hutte. La véranda était occupée par une dizaine de cochons, et l'intérieur était une véritable porcherie, pleine de mouches et d'enfants. La femme, un cigarillo aux lèvres, et de la voix la plus dure que j'aie jamais entendue, appela les enfants qui étaient encore dehors et les coucha à même le sol, entassés dans un recoin de son taudis. Mes hommes dormaient déjà à l'extérieur. Empruntant une peau de bœuf, je l'étendis par terre à l'autre bout de la maison. Je recouvris ce matelas de fortune de mon *pellón* (tapis de selle), et m'allongeai. Dire que la nuit précédente j'avais douillettement dormi sous une moustiquaire ! Oh, *padre* de San Jacinto, si vous aviez su à quoi un homme « de mon rang et de mon importance » était ainsi réduit ! La femme ne put trouver le sommeil. Elle sortit une dizaine de fois pour fumer un cigarillo, ou chasser les cochons de la hutte. Après avoir été tenu en éveil toute la nuit par sa voix de mégère et les cris qui provenaient de la maison du mort, c'est avec une joie indicible que j'entendis le lendemain matin, le chant du coq annoncer l'aurore.

9

GUATEMALA

Chimalpa. — Le cabildo. — Une beuverie. —Guastatoya. — Une chasse aux brigands. — Les abords de Guatemala. — Paysages enchanteurs. — Les volcans d'Agua et Fuego. — Premier aperçu de la ville. — Notre entrée dans la ville. — Premières impressions. — La légation américaine. — Les partis en présence. — L'assassinat du vice-président Flores. — La situation politique au Guatemala. — En fâcheuse posture. — L'Assemblée Constituante. — Les soldats maîtres de la rue.

Au point du jour, j'allai me baigner dans le Motagua. De son côté, mon compagnon sourd-muet prépara le chocolat, et la dépouille du jeune homme fut transportée jusqu'au lieu de son repos éternel. Avant de partir, je retournai une dernière fois à la maison du défunt, fis mes adieux à tous ses proches qui l'avaient veillé, et poursuivis mon voyage. A nouveau, nous eûmes sur notre droite le rio Motagua et les monts de la Vera Paz. La route était plane ; il faisait excessivement chaud et nous souffrions de la soif. A midi, nous nous arrêtâmes pendant deux heures au village de Fisioli. En fin d'après-midi, nous atteignîmes un plateau couvert d'arbres donnant des fleurs qui ressemblaient à celles des pommiers, et de figuiers de Barbarie (ou *tunas*) dont certaines branches étaient hautes de près de cinq mètres.

181

Chimalpa, notre étape de la journée, était un village tout en longueur, dont l'unique rue conduisait à une grande église, mais celle-ci n'avait plus de *padre*. Je m'arrêtai devant le *cabildo*. Servant en temps normal d'hôtel de ville, il constitue également une sorte de caravansérail ou gîte d'étape pour les voyageurs, legs lointain des Arabes aux Espagnols, introduit par ces derniers dans leurs anciennes possessions américaines. Il s'agit le plus souvent d'une grande bâtisse, donnant sur la *plaza*, aux murs crépis et blanchis à la chaux. A une extrémité du bâtiment, l'*alcalde* tenait une sorte de tribunal ; la prison occupait l'autre. Entre les deux s'étendait une pièce de dix mètres sur cinq, aux murs nus, et dépourvue de tout mobilier. Nous y déposâmes nos bagages, y suspendîmes nos hamacs, et l'*alcalde* m'y fit servir un dîner. Entendant des roulements de tambour et des accords de violon, je marchai jusqu'à la maison d'où la musique semblait provenir — pour découvrir qu'on y célébrait un mariage : elle était remplie de jeunes gens qui fumaient, paresseusement étendus dans des hamacs, dansaient ou buvaient de l'*aguardiente*. La nuit précédente, j'avais assisté à une veillée mortuaire. Cette fois, il s'agissait d'une véritable beuverie. Un vaurien qui se tenait sur le pas de la porte sembla vouloir me chercher noise. Sans demander mon reste, je rentrai tranquillement au *cabildo,* fermai ma porte et me réfugiai dans mon hamac.

Le lendemain, nous partîmes de bon matin, ce qui nous permit d'atteindre dès quatre heures la ville de Guastatoya, qui dominait à perte de vue des champs de maïs. Nous fîmes étape chez le frère de Doña Bartola, notre hôtesse de Gualan, de qui je me recommandai.

Un copieux dîner composé d'œufs, de *frijoles,* de chocolat et de *tortillas* m'attendait. Je venais de m'allonger dans mon hamac, après avoir retiré mes bottes, quand l'*alcalde* entra avec un sabre sous le bras, suivi par mon hôte et plusieurs personnes, pour m'informer qu'une bande de brigands me recherchait, qu'il avait lancé des hommes à leurs trousses, et qu'il souhaitait m'emprunter mes armes et mes serviteurs. Je ne vis aucun inconvénient à me séparer de ces derniers, car je savais qu'ils retrouveraient tout seuls leur chemin ; en revanche, je jugeai plus sage de garder par-devers moi mon pistolet et mon fusil et de participer moi-même à la chasse à l'homme. Suivi de mon jeune sourd-muet, qui, le visage empourpré, avait dégainé sa machette, je partis en expédition.

Il faisait nuit noire, et, sortant d'une pièce éclairée, je ne pus, pendant quelques instants, rien distinguer de ce qui m'entourait. Trébuchant à chaque pas, ayant peine à suivre mes compagnons, je réussis tout de même à traverser la *plaza* et à sortir de la ville. Par le chemin qui menait à la montagne, nous nous approchâmes d'une hutte solitaire, à l'intérieur de laquelle brûlait un feu de bois. C'était là que les brigands étaient censés se cacher, ignorant que nous les poursuivions et ne soupçonnant même pas notre présence. Après un bref échange de vues, nous convînmes de nous séparer, une partie du groupe devant entrer par la porte principale, et l'autre par celle de derrière. L'*alcalde,* qui n'entendait faire aucun quartier, se chargeait d'abattre sur-le-champ les malandrins. Avançant sur la pointe des pieds vers la masure, nous nous ruâmes tous en même temps à l'intérieur, et capturâmes une vieille femme qui, assise à même le sol, était en train de ranimer le feu. Elle n'était pas surprise de notre visite, et, avec un rire narquois, nous annonça que « les oiseaux s'étaient envolés ». Au même moment, nous entendîmes au-dehors une décharge de mousquet — le signal convenu avec les hommes laissés en faction à l'extérieur. Nous nous précipitâmes dehors ; une autre détonation nous fit presser encore davantage le pas, et très vite, nous nous retrouvâmes au pied d'une pente fort escarpée. L'*alcalde,* qui avait vu une silhouette escalader le flanc de la montagne, m'arracha des mains mon fusil, et tira en direction du fuyard aussi calmement que s'il s'était agi d'une bécasse. Dans le feu de l'action, notre groupe se dispersa, et je me retrouvai bientôt seul avec Augustin et mon sourd-muet.

Continuant à aller de l'avant, mais sans hâte particulière, me retournant de temps à autre pour regarder les lumières du village qui brillaient au loin, avec une montagne inconnue devant moi, et par une nuit d'encre, je commençai à songer que j'en avais peut-être fait assez, d'autant plus que personne, jusqu'à présent, ne m'avait attaqué. Bien que cette poursuite nocturne ait été officiellement entreprise pour mon bien, je n'avais guère envie de passer ma nuit à aider les villageois à se débarrasser de leurs brigands. En outre, je me pris à penser que si les lascars poursuivis par l'*alcalde* réussissaient à lui fausser compagnie et à revenir sur leurs pas, mon couvre-chef et ma tenue blanche risquaient d'attirer leurs regards, et qu'il serait pour moi fort fâcheux de me trouver nez à nez avec eux dans un endroit aussi désert. Afin de me donner le temps de réfléchir au meilleur parti à adopter, je redescendis dans la vallée. Je ne m'étais pas encore complètement décidé quand j'atteignis la *plaza.*

J'y fis halte, et, quelques minutes plus tard, un homme passa. Il m'informa qu'il avait croisé deux des brigands sur la grand-route et qu'ils lui avaient dit qu'ils m'attraperaient le lendemain matin. Ils s'imaginaient que j'étais un aide de camp de Carrera, de retour de Belize avec une importante somme d'argent pour payer la troupe. Environ une heure plus tard, l'*alcalde* et son *posse comitatus* furent de retour. Je n'avais nul désir d'être rançonné par erreur, et, craignant que les voleurs ne partent en avant pour me tendre une embuscade, je demandai à l'*alcalde* de me fournir deux hommes pour me frayer la route et en surveiller les abords.

Je commençai au demeurant à ne plus supporter le pays et son agitation permanente.

Le lever du jour ayant dissipé la mélancolie que la nuit avait fait peser sur mon esprit, je repartis de bon matin et oubliai très vite toute appréhension. Après avoir failli m'égarer et avoir perdu Augustin et mon muletier au détour d'un défilé, je m'arrêtai le soir à l'hacienda d'un mulâtre, à une — longue — journée de Guatemala. Mes hommes me rejoignirent tard dans la soirée (deux de leurs mules leur avaient donné du fil à retordre) [...]

Le lendemain à l'aube, après avoir confié mes bagages au muletier (initiative qui, soit dit en passant, était fort imprudente) et n'avoir pris avec moi qu'une tenue de rechange, je me mis en route avec Augustin. Presque immédiatement, nous commençâmes à gravir une montagne aux flancs abrupts et rocailleux, découvrant à chaque pas un panorama sauvage et magnifique. Parvenus au sommet, nous vîmes, très loin en contrebas et au creux d'un cirque de montagnes, le village d'El Puente, lieu de passage de toutes les caravanes de mules qui se dirigent vers Guatemala. Nous descendîmes dans la vallée et franchîmes un pont — une arche de pierre enjambant un ravin au fond duquel grondait une cataracte : en cet endroit, nous étions complètement encerclés par des cimes d'une beauté sauvage et grandiose, et qui me rappelaient certains des plus beaux massifs de la Suisse. Une autre montagne restait à franchir [...] Nous en fîmes l'ascension et longeâmes sur une bonne distance sa crête qui surplombait d'environ mille cinq cents mètres une immense vallée et nous descendîmes progressivement jusqu'à un plateau aux terres fertiles. Nous atteignîmes bientôt un grand portail marquant l'entrée d'un vaste domaine qui avait tout l'aspect d'un parc anglais — de faibles ondulations de terrain parsemées d'arbres. Au milieu de ce paysage enchanteur se trouvait l'hacienda de San José, une longue bâtisse en pierre, de plain-pied, avec une galerie en façade. C'était l'un de ces sites qui, au moment où il s'y attend le moins, touche la sensibilité du voyageur, rappelle à sa mémoire de doux souvenirs, et lui donnent le désir de s'y attarder indéfiniment [...]

Deux lieues nous séparaient encore de la capitale. Tenant absolument à apercevoir la ville avant le coucher du soleil, je forçai mon allure, laissant derrière moi Augustin avec son cheval, qui donnait des signes de fatigue. En fin d'après-midi, alors que je gravissais une petite éminence, deux immenses volcans se dressèrent devant moi, semblant dominer la terre de leur mépris et toucher le ciel. Il s'agissait des deux volcans d'Agua et de Fuego, d'« Eau » et de « Feu » ; distants de soixante-dix kilomètres, et hauts de près de quatre mille cinq cents mètres, ils offraient un spectacle d'une beauté sublime. Quelques instants plus tard, apparurent dans le lointain la grande plaine de Guatemala,

184

entourée de toutes parts de montagnes, et, en son milieu, la ville elle-même — simple point perdu dans la vaste étendue. Bientôt, cependant, nous pûmes distinguer ses églises et ses monastères, et ses innombrables tourelles, coupoles et clochers. Pas un bruit ne troublait l'air, une paix absolue semblait régner sur la capitale. Je mis pied à terre et attachai ma mule. Le soleil éclairait encore les toits et les dômes de la ville, produisant des reflets si éblouissants que je ne pouvais les regarder qu'en clignant des yeux. Peu après, son orbe toucha le sommet du volcan d'Agua, avant de disparaître lentement derrière lui, embrasant le ciel de toutes les nuances du rouge. Un nuage couleur d'or sembla escalader le versant de la montagne pour finalement s'immobiliser sur sa cime. J'étais encore là à contempler le panorama, subjugué par la débauche de tons qui coloraient l'azur, quand les derniers feux du couchant s'évanouirent.

Augustin réapparut avec sa pauvre rossinante clopinant derrière lui, un pistolet à la main. Il avait appris en chemin que des soldats de Carrera s'étaient soulevés, et que de nombreux soudards n'obéissaient plus à aucune autorité et hantaient les faubourgs de la ville. Lui-même était d'humeur à tirer sur la première personne qui se risquerait à l'aborder. Je lui fis rengainer son pistolet, et nous remontâmes tous deux en selle. Un immense ravin nous séparait encore de la ville. Il faisait fort sombre quand nous en atteignîmes le fond, et nous y fûmes presque piétinés par une caravane de mules qui se dirigeait vers la capitale. Après avoir gravi le versant opposé, nous franchîmes l'enceinte extérieure de la ville et traversâmes un quartier de huttes misérables. Autour des grands feux qui brûlaient devant leurs portes étaient rassemblés des Indiens ivres et des soldats errants, qui tiraient en l'air pour se distraire. Augustin voulut éperonner sa monture pour lui faire presser le pas, mais le pauvre cheval n'en avait plus la force. Nous dûmes même finir le trajet à pied. Nous ne savions pas encore où nous arrêter. Il n'y avait pas d'hôtel à Guatemala. « A quoi servirait un hôtel ? Qui vient jamais à Guatemala ? » fut la réponse que fit un habitant à nos questions. J'avais sur moi plusieurs lettres d'introduction, dont une était adressée à Mr. Hall, le vice-consul britannique. Sans hésiter, je décidai de me rendre directement chez lui.

Nous demandâmes à un Indien loqueteux de nous mener chez notre hôte. Par une longue rue droite, nous traversâmes sous sa conduite la vieille ville. Ma mule, qui de sa vie n'avait jamais vu que des paysages bucoliques, semblait étonnée par le spectacle de tant de maisons. Elle se refusa à enjamber les larges caniveaux qui, de place en place, recueillaient les eaux au milieu des rues. En l'éperonnant pour lui faire franchir l'un d'eux, elle effectua un bond dont je ne la croyais pas capable au terme d'une si rude journée de voyage, mais elle rompit son harnais et je dus descendre de selle et la mener par la bride. Quant à la pauvre bête d'Augustin, elle était désormais incapable de porter qui que ce soit, et son maître dut continuer à pied, en fouettant la mienne pour la faire avancer plus vite. Aucun diplomate a-t-il jamais fait son entrée dans une capitale sur un pied aussi modeste ? Notre stupide Indien ne savait pas où demeurait Mr. Hall. Il n'y avait pratiquement personne dans les rues à qui demander notre chemin, et je fus encore une heure à tirer ma mule et à maugréer contre notre guide avant de trouver la maison. Je frappai plusieurs fois à la porte sans recevoir de réponse. Finalement, un jeune homme ouvrit le volet d'une fenêtre à balcon et m'annonça que Mr. Hall n'était pas chez lui. Je n'en crus pas un mot. Je donnai mon nom, et le serviteur disparut de la fenêtre. Quelques minutes plus tard, la porte d'entrée fut déverrouillée, et Mr. Hall m'accueillit en personne. Il n'avait pas ouvert plus tôt, m'expliqua-t-il, pour la simple raison que les soldats de Carrera, attendant depuis trop longtemps leur solde, s'étaient mutinés le matin même, et menaçaient de mettre la ville à sac. Carrera avait tenté de calmer leur colère par tous les moyens, et avait emprunté cinquante dollars au voisin de Mr. Hall, un marchand français, mais l'inquiétude des habitants était à son comble. Quand mon hôte entendit frapper à sa porte, il crut que les soldats commençaient à mettre leurs menaces à exécution. Mr. Hall avait ramené son drapeau, car lors de leur dernière entrée dans la ville les soldats l'avaient pris pour cible, croyant qu'il s'agissait d'une *bandera de guerra*. C'étaient en majorité des Indiens originaires des villages les plus reculés ; ils étaient aussi ignorants qu'insolents : quelques jours plus tôt, nous raconta Mr. Hall, son chapeau avait été jeté bas par une sentinelle, car il ne l'avait pas soulevé en passant devant le poste de garde. Pour cet affront, notre hôte anglais avait porté plainte auprès du gouvernement *. La ville entière vivait dans un état de crainte permanente. Personne ne s'aventurait dehors après la tombée de la nuit, et Mr. Hall se demandait par quel prodige j'avais pu errer si longtemps dans les rues sans avoir été attaqué. Tout cela était fort déplaisant, mais j'étais tout de même heureux d'avoir atteint Guatemala. Pour la première fois depuis mon arrivée dans le pays, je dormirais dans un bon lit et dans des draps propres. Deux mois seulement s'étaient écoulés depuis mon embarquement à New York, et un mois depuis mon arrivée dans le pays, mais j'avais l'impression d'être parti depuis au moins un an.

La profondeur de mon sommeil, la nuit qui suivit, reste encore gravée dans ma mémoire, et l'air qui emplit mes poumons le lendemain matin fut le plus revigorant et le plus pur que j'aie

---

* Il est à noter au crédit de Carrera que le soldat fautif reçut deux cents coups de fouet (*Note de Stephens*).

jamais respiré. Sise au cœur des *Tierras templadas* (régions tempérées), sur un plateau situé à mille cinq cents mètres au-dessus du niveau de la mer, Guatemala jouit d'un perpétuel printemps ; elle me rappelle, par son aspect général, les plus belles villes de l'Italie. Ses rues, tracées au cordeau, se croisent à angle droit. Conçues pour résister aux secousses des tremblements de terre, les maisons n'ont qu'un seul étage, mais elles sont très spacieuses, avec de grandes portes et fenêtres, protégées par des balcons de fer forgé. Au centre de la ville se trouve la Plaza, un quadrilatère de cent cinquante mètres de côté, pavé de pierres, et bordé d'arcades sur trois côtés. Sur l'un d'eux se dressent l'ancien palais du vice-roi et le siège de l'*Audiencia* [64] ; sur le second, le *cabildo* et d'autres bâtiments administratifs ; sur le troisième, l'hôtel des douanes et le palais du ci-devant marquis d'Aycinena ; enfin, la cathédrale, un bel édifice du meilleur style de l'architecture moderne, avec d'un côté le palais de l'archevêque, et de l'autre le Collège des Infants, occupe le quatrième côté. Au centre de la place se trouve une grande fontaine, d'exécution imposante ; des conduites longues d'environ deux lieues l'alimentent en eau depuis la montagne. La Plaza sert par ailleurs de marché. Les églises et les monastères voisins sont en harmonie avec la beauté de cette grand-place, et leur magnificence devrait attirer les touristes qui visitent chaque année l'Italie ou la vieille Espagne.

La ville a été fondée en 1776, une année mémorable dans nos propres annales, mais pour des raisons différentes [65] : en ce temps, nos ancêtres ne se souciaient guère de ce qui se passait chez leurs voisins. Distante de quarante kilomètres, l'ancienne capitale, ébranlée et détruite par les tremblements de terre, avait, à cette date, été abandonnée par ses habitants au profit de la nouvelle ville, bâtie au creux de la riche vallée de Las Vacas, dans un style architectural à la mesure de l'importance d'une capitainerie générale d'Espagne. J'ai rarement découvert une ville avec autant de plaisir, et la seule chose qui m'attrista pendant mes deux heures d'errance à travers ses rues fut le spectacle des soldats loqueteux et arrogants de Carrera. Dans n'importe quelle ville d'Europe ou des États-Unis, pensai-je de prime abord, les citoyens, au lieu de se soumettre à la loi de tels barbares, se seraient soulevés *en masse,* et les auraient impitoyablement pourchassés à travers tout le pays.

Dans la matinée, je pris possession de la maison qui avait été occupée jadis par Mr. De Witt, le précédent chargé d'affaires des États-Unis. Si j'avais été favorablement impressionné par l'aspect extérieur des maisons, leur intérieur me charma tout autant. On entrait par une grande porte, à double battant, qui donnait, par un passage pavé en damier, sur un beau patio, ou cour intérieure, pavée elle aussi de dalles noires et blanches. Une large galerie, au sol en brique rouge et abondamment fleurie, courait tout autour. Sur la rue, au-delà de l'antichambre qui jouxtait l'entrée, une *sala*, ou salon, donnait accès à la salle à manger, ou *comedor*, et, de là, à plusieurs chambres en enfilade. Toutes ces pièces comportaient, côté cour, des portes et des fenêtres s'ouvrant sur la galerie. Encadré par une cuisine et une écurie, le corps de bâtiment faisant face à l'entrée était occupé par les domestiques. Toutes les maisons de Guatemala sont construites selon ce même plan. Il en existe de plus grandes (comme celle de la famille Aycinena, par exemple, qui couvre une surface de plus de trois mille cinq cents mètres carrés), mais la mienne était une merveille de beauté et de confort.

A deux heures, mes bagages y furent déposés et je pus prendre mes quartiers dans ma nouvelle demeure. La *sala* était meublée d'une grande bibliothèque contenant des rangées de livres à reliure jaune, qui me firent penser — non sans un léger pincement au cœur — à mon ancien cabinet d'avocat à New York. En tout état de cause, les archives de la légation présentaient un aspect fort imposant.

Ma première tâche consistait à recruter des hommes de confiance susceptibles de rejoindre et d'escorter Mr. Catherwood. Ceci fait, il m'incomberait de rechercher le gouvernement auprès duquel j'étais accrédité.

Depuis l'époque de la Conquête, le Guatemala avait joui de la plus parfaite tranquillité en sa qualité de colonie de l'Espagne. Les Indiens obéissaient paisiblement à l'autorité des Blancs, et tous se soumettaient à la loi divine de l'Église romaine. Au début du présent siècle, quelques rayons de lumière encore diffuse pénétrèrent jusqu'au cœur du continent américain, et en 1823 le « royauÇe de Guatemala », comme il était alors appelé, proclama son indépendance ; après une union de courte durée avec le Mexique, il devint une république fédérale, sous le nom des « États-Unis de Centre-Amérique ». Selon les termes de l'accord portant création du nouvel État, la confédération regroupait cinq pays membres : le Guatemala, le Salvador, le Honduras, le Nicaragua et le Costa Rica. Le Chiapas fut invité à y entrer, s'il le souhaitait, mais il ne donna jamais suite à cette proposition. Le Quezaltenango, un district du Guatemala, forma ultérieurement un sixième État indépendant également connu sous le nom de « Los Altos ».

Le monstrueux esprit de faction, qui empoisonne la vie politique de cette région, naquit dès l'Indépendance : une ligne de démarcation infrangible a très tôt séparé les partis « aristocratique » et « démocratique ». Les noms que ces derniers portent en Amérique centrale semèrent d'abord la confusion dans mon esprit, le premier était appelé le parti « Central » ou « Servile », et le second, le parti « Fédéral », ou « Libéral », ou encore, « Démocratique ». Le lecteur américain éprouvera peut-être quelques difficultés à comprendre que dans n'importe quel pays, dans un sens strictement politique, les termes « Fédéral » et « Démocratique » puissent signifier la même chose. Pour éviter toute confusion dans la suite de mon récit, j'appellerai le parti aristocratique le parti « Central », et le parti démocratique, le parti « Libéral ». Alors que le premier, comme notre propre parti Fédéral, œuvre au renforcement et à la centralisation des pouvoirs du gouvernement général, le second est partisan de la souveraineté des différents États. Le parti Central rassemble la poignée de familles dirigeantes, qui, ayant joui de certains privilèges en matière de négoce sous l'ancien gouvernement espagnol, font de longue date office d'aristocratie ; soutenues par les prêtres et les moines, et jouant des sentiments religieux de la population, ces familles exercent une véritable mainmise sur la région. Le parti Libéral, quant à lui, regroupe des intellectuels et des hommes d'action, qui ont rejeté le joug de l'Église romaine, et, dans l'enthousiasme de l'émancipation, ont tout de suite arraché le manteau noir de la superstition, jeté, tel un drap mortuaire, sur le génie du peuple. Les Centralistes veulent préserver les usages du système colonial, et s'opposent à toute atteinte directe ou indirecte aux privilèges de l'Église et à leurs propres intérêts et préjugés. Les Libéraux, ardents en politique, et nourrissant d'ambitieux projets de réformes, visent à un changement instantané des coutumes et des opinions au sein du peuple ; à leurs yeux, chaque instant qui ne sert pas à l'édification d'une nouvelle théorie ou à l'abolition d'un ancien abus est du temps perdu. Les Centralistes oublient que la civilisation est une divinité jalouse, qui ne souffre pas d'être réservée à une minorité, et qui a besoin d'évoluer. Les Libéraux, pour leur part, oublient que la civilisation requiert une harmonie d'intelligence, de coutumes et de lois. A ces progressistes, qui brandissent l'exemple des États-Unis d'Amérique et de leurs libres institutions, les Centralistes répondent qu'avec une population ignorante et hétérogène, disséminée sur un vaste territoire, sans facilités de communication, il serait déraisonnable de prendre notre pays comme modèle. Lors de la troisième session du Congrès, les deux partis entrèrent en conflit ouvert, et les députés du Salvador (depuis toujours, l'État le plus libéral de la confédération) quittèrent la salle.

Flores, le vice-président de l'État du Guatemala, un Libéral, s'était rendu odieux aux prêtres et aux moines en levant un impôt sur le monastère de Quezaltenango. Alors qu'il visitait cette localité, les frères de l'établissement religieux excitèrent la populace contre lui, en le présentant comme un « ennemi de la religion ». Une foule se rassembla devant sa maison, aux cris de « Mort à l'hérétique ! ». Flores chercha alors refuge dans l'église, mais, au moment où il franchissait le porche, plusieurs femmes en furie s'emparèrent de lui, lui arrachèrent sa canne, l'en rouèrent de coups, et le tirèrent par les cheveux. Il parvint momentanément à s'échapper et courut se réfugier dans la chaire. Les cloches sonnant à toute volée, toute la racaille de la ville se retrouva sur la *plaza*. Quelques soldats tentèrent de défendre l'entrée de l'église, mais ils furent assaillis à coups de pierres et de gourdin. Et la foule, brisant toute résistance, pénétra de force dans la maison de Dieu, dont la voûte résonna de ses cris « Mort à l'hérétique ! ». Se ruant vers la chaire, certains essayèrent de la desceller, d'autres de l'escalader ; d'autres, encore, frappèrent l'infortuné vice-président avec des couteaux attachés à l'extrémité de longues perches. Un jeune vaurien, un pied sur les moulures de la chaire et l'autre suspendu en l'air, se pencha par-dessus la balustrade et attrapa le pauvre homme par les cheveux. Le curé, qui se tenait à côté de Flores dans la chaire, effrayé par la tempête qu'il avait contribué à soulever, implora le Saint des Saints, et supplia la foule d'épargner l'envoyé du gouvernement, promettant qu'il quitterait la ville sur-le-champ. Le malheureux Flores, à genoux, promit de partir dès qu'il le pourrait, mais les moines continuaient à exciter la foule, dont la frénésie devint telle qu'après s'être agenouillée devant l'image du Sauveur, en s'exclamant : « Nous T'adorons, ô Seigneur, nous Te vénérons », elle se releva comme un seul homme et cria : « Mais pour Ton honneur et pour laver ce blasphème, cet hérétique doit mourir ! » Ces fanatiques traînèrent le malheureux à travers la nef jusqu'au cloître, où les femmes, telles des furies déchaînées, le battirent à mort à coups de poing, de bâton et de pierres. Mis à nu par ses assassins, son corps, mutilé et inspirant l'horreur, fut exposé aux insultes de la populace, dépecé, et ses membres furent dispersés à travers la ville ; exigeant la tête des Libéraux, la foule hurlait : « *Viva la Religión, y muerán los heregos del Congreso !* » (« Vive la Religion et à bas les hérétiques du Congrès ! »). A la même époque, une vague de fanatisme religieux balaya le pays, et le parti Libéral fut écrasé au Guatemala.

Le Salvador, depuis le début à la tête du combat pour les principes libéraux, fut prompt dans ses représailles, et le 16 mars 1827, son armée parut aux portes du Guatemala, menaçant de détruire la capitale, mais le fanatisme religieux l'emporta : les prêtres se répandirent à travers les rues, exhortant le peuple à courir aux armes ; quant aux moines, ils prirent la tête de bataillons de femmes, qui, le couteau à la main, jurèrent la mort de tous ceux qui tenteraient de porter atteinte à leur religion. Et les Salvadoriens furent vaincus et repoussés. Pendant deux ans, les deux camps furent en guerre ouverte. En 1829, les troupes du Salvador conduites par le général Morazan (le nouveau chef du parti Libéral) marchèrent à nouveau sur Guatemala, et, après trois jours de combat, y firent une entrée triomphale. Tous les chefs du « parti Central » — les Aycinena, les Pavon et les

Peñol — furent exilés ou fuirent ; les monastères furent fermés, les moines embarqués de force sur des navires, et l'archevêque, anticipant sur son bannissement, ou craignant peut-être un sort plus funeste, trouva son salut dans la fuite.

En 1831, Morazan fut élu président de la République ; il devait être réélu à l'expiration de son mandat ; ainsi, pendant huit ans, le parti Libéral gouverna sans partage la Fédération de « Centre-Amérique ». Pendant les dernières années de la présidence de Morazan, toutefois, un grand mécontentement se fit jour, notamment en raison des « emprunts forcés » et autres exactions perpétrées pour le compte du gouvernement, ou, selon l'expression des Centralistes, « pour satisfaire la rapacité de quelques fonctionnaires dépravés et sans scrupules ». Le parti de l'Église guettait l'heure de sa revanche, et les exilés réfugiés aux États-Unis, au Mexique ou aux frontières, n'ayant jamais perdu l'espoir de regagner leur patrie, étaient restés en relation avec les opposants de l'intérieur et attisaient les mécontentements. Certains d'entre eux, vivant dans la misère à l'étranger, se risquèrent à rentrer ; personne ne les en ayant empêchés, d'autres suivirent bientôt leur exemple. C'est à cette époque qu'eut lieu la rébellion de Carrera, qui fut au début davantage redouté des Centralistes que des Libéraux, mais qui soudain — à leur plus grand étonnement — plaça virtuellement les premiers à la tête du gouvernement.

Au mois de mai avant mon arrivée, les mandats du président, des sénateurs et des députés avaient expiré, et aucune élection n'avait encore eu lieu pour pourvoir à leur remplacement. Le vice-président, qui, lui, n'avait pas terminé son mandat, était le seul représentant légal du gouvernement fédéral. Alors que les États du Guatemala, Honduras, Nicaragua et Costa Rica avaient proclamé leur indépendance et quitté la Fédération, le Salvador et le Quezaltenango continuaient à soutenir l'ancien gouvernement. Morazan, en qualité de commandant en chef des forces fédérales, avait envahi le Honduras et défait les bandes armées de Ferrera, l'autre rebelle, ce qui avait donné au parti Libéral le contrôle effectif de trois États.

« Trois contre trois » : tel était l'équilibre des forces en Amérique centrale en 1839. Mais où était passé « mon » gouvernement ? Le dernier Congrès, avant sa dissolution, avait préconisé cette panacée à tous les maux politiques — l'amendement de la constitution. L'Angleterre et la France étaient représentées par des consuls généraux auprès des autorités centre-américaines. Aucun de ces deux pays n'avait signé de traité avec elles. L'Angleterre ne pouvait en produire aucun — à l'exception peut-être de la convention par laquelle Morazan avait renoncé à toute revendication sur l'île de Roatan, dans le golfe du Honduras, et sur Belize. Le gouvernement américain était le seul qui ait jamais conclu un accord en bonne et due forme avec l'ancienne Fédération, bien qu'il n'ait été représenté, jusqu'au départ de Mr. De Witt, que par un chargé d'affaires. Le consul anglais avait publié un communiqué dans lequel il déniait toute existence au gouvernement fédéral, et son homologue français n'était en bons termes avec aucun des deux camps. Mon arrivée, et l'attitude que j'allais adopter, alimentèrent les conversations dans le petit monde politique guatémaltèque.

La vie politique au Guatemala est dépourvue de nuance. Les deux partis en présence ont en effet l'art de créer l'unanimité — en chassant du pays tous ceux qui ne sont pas du même avis qu'eux. S'il se trouvait encore des Libéraux dans la capitale lors de mon passage, je n'ai pas eu l'heur de les rencontrer, ou peut-être n'osaient-ils ouvrir la bouche. Le parti Central, depuis à peine six mois au pouvoir, et encore surpris de s'y trouver, balançait entre l'arrogance et la peur. Les anciennes familles (dont les membres les plus en vue avaient été exilés ou politiquement ostracisés), et, avec elles, le clergé, furent transportés de joie par le renversement du parti Libéral et le retour à ce qu'ils considéraient comme leur droit naturel à gouverner le pays. Les Centralistes envisageaient de rappeler l'archevêque et les moines exilés, de restaurer les privilèges de l'Église, de rouvrir les couvents, de redonner vie à diverses institutions monastiques, et de faire du Guatemala ce qu'il avait toujours été : le joyau de l'Amérique espagnole.

L'une de mes premières visites de cérémonie me conduisit chez le señor Paz, le chef de l'État. Je lui fus présenté par Mr. Henry Savage, qui avait jadis rempli les fonctions de consul des États-Unis à Guatemala, et était alors le seul résident américain dans la capitale (je lui suis très obligé pour les attentions qu'il ne cessa de me prodiguer). L'État du Guatemala, ne reconnaissant plus l'autorité du gouvernement fédéral, était alors régi par un corps temporaire nommé Assemblée constituante. Lors de la dernière entrée de Carrera dans la ville, au mois de mars avant mon arrivée, Salazar, le chef de l'État, avait pris la fuite. Carrera, à dos de cheval, était allé frapper à la porte du señor Rivera Paz avant le lever du jour, et, selon son bon plaisir, l'avait installé aux plus hautes fonctions du pays. C'était un heureux choix pour le peuple du Guatemala. Âgé d'environ trente-huit ans, le nouveau chef de l'État avait tout d'un gentilhomme, tant par son allure que par ses manières. Dans toutes les situations difficiles qu'il devait affronter par la suite, il ferait montre d'un jugement et d'une prudence peu communs.

On me fit savoir qu'il serait agréable au gouvernement du Guatemala que je présente mes lettres de créance au chef de cet État, puis aux chefs des autres États voisins, et que ces États traiteraient séparément des questions pour lesquelles j'étais accrédité auprès du gouvernement de la « Fédération de Centre-Amérique ». L'objet de cette requête était d'obtenir de ma part un désaveu du pouvoir qui constituait, ou prétendait encore constituer, le gouvernement fédéral. Cette « suggestion » était bien entendu absurde, mais elle témoignait de l'emprise de l'esprit de parti sur des hommes qu'on aurait pu croire de prime abord plus avisés. Le señor Rivera Paz m'exprima son regret que je visitasse son pays dans une période aussi malheureuse, m'assura des dispositions amicales de son gouvernement, et me confia qu'il ferait tout ce qui était en son pouvoir pour m'être utile.

Dans la soirée, j'assistai en compagnie de Mr. Hall à l'ultime session de l'Assemblée constituante. Elle se tenait dans la grande salle de l'ancien Palais du Congrès, qui était faiblement éclairée, et dont les murs étaient ornés de portraits d'Espagnols s'étant illustrés dans l'histoire du pays. Le président de l'Assemblée siégeait sur une haute estrade, dans un grand fauteuil, face aux députés et sous les armes de la République, dont le fond, consistant en trois volcans, symbolisait à merveille la situation explosive du pays. Sur la trentaine de députés présents, près de la moitié étaient des prêtres, reconnaissables, dans la demi-pénombre, à leurs soutanes et leurs chapeaux noirs. J'avais l'impression d'être ramené plusieurs siècles en arrière, aux temps les plus sombres du Moyen Âge, et d'assister aux délibérations d'un tribunal de l'Inquisition.

L'objet des débats était une motion visant à rétablir l'ancienne loi sur les dîmes, lesquelles avaient été abolies par le parti Libéral. La loi fut votée à l'unanimité, mais il y eut une brève discussion autour d'un amendement proposant l'affectation d'une faible partie de ces redevances à l'entretien des hospices pour les pauvres. Les prêtres y prirent part, dans un sens libéral. Un membre laïc de l'Assemblée, arborant d'imposantes rouflaquettes noires, s'y opposa violemment, arguant que l'Église « se dressait telle une lumière dans l'obscurité ». Quant au marquis d'Aycinena, prêtre et chef du parti Central, il déclara que « ce qui est collecté pour Dieu doit aller à Dieu seul ». Abordant la question de la mise en application de la loi, un député soutint que l'on ne devait pas utiliser la force, avant d'ajouter, dans un bel élan d'éloquence, que l'on pouvait se fier aux sentiments religieux du peuple, et que le plus pauvre des Indiens ne se déroberait pas à cet impôt et contribuerait de son obole. L'Assemblée, cependant, décida que ladite loi devait être mise en vigueur dans le cadre des « *leyes antiguas de los españoles* », les anciennes lois des Espagnols, dont la sévérité avait été l'une des principales causes de révolution dans toutes les possessions de la couronne de Madrid en Amérique. Il y avait quelque chose d'effroyable dans cette législation rétrograde. J'avais peine à croire qu'au dix-neuvième siècle des hommes doués de sens, dans un pays dans lequel les principes de liberté luttaient sans relâche pour conquérir droit de cité, osaient replacer leur peuple sous un joug qui, même au Moyen Âge, était trop odieux pour être supporté. Le ton des débats était digne, mais calme et dénué de passion, en raison de l'absence totale d'opposition. Cette assemblée prétendait représenter le peuple. Les députés s'apprêtaient à se séparer, le pays vivait un moment crucial de son histoire, et pourtant Mr. Hall et moi-même, avec quatre hommes et trois jeunes garçons, étions les seuls auditeurs de cette ultime session.

Comme il n'était guère prudent de se trouver dans la rue après huit heures du soir, la séance fut levée, et les députés se donnèrent rendez-vous le lendemain matin dans l'ancienne Bibliothèque, un lieu chargé d'histoire, qui contenait une précieuse collection de vieux livres et manuscrits espagnols d'une grande rareté, et dans laquelle on avait récemment découvert les deux volumes manquants de Fuentes, et dont je me promettais de grandes satisfactions. La table autour de laquelle avaient pris place les « représentants du peuple » était garnie d'une profusion de fleurs et de fruits. Ces messieurs ne burent que très peu de vin, ne portèrent aucun toast, et leurs discussions ne furent empreintes d'aucune gaieté Tous les députés présents avaient moins de quarante ans ; ils étaient tous plus ou moins cousins, de telle sorte qu'on avait le sentiment d'assister à une réunion de famille. Plus de la moitié d'entre eux revenaient d'exil, et, dans l'éventualité où Morazan reprendrait le pouvoir, tous devraient à nouveau quitter le pays.

Je ne me trouvais que depuis trois jours à Guatemala, et déjà, je commençais à m'y ennuyer terriblement. Les nuages qui planaient sur l'horizon politique pesaient comme une chape de plomb sur les esprits des habitants, et j'étais obligé, le soir venu, de me calfeutrer chez moi, dans la plus complète solitude. Du fait de l'insécurité qui menaçait chacun de mes déplacements, et afin d'éviter d'avoir à me soucier de mon ravitaillement pendant les quelques semaines de mon séjour, je déjeunais et dînais chez la propriétaire de la légation — une charmante jeune veuve — qui habitait une des maisons d'en face. Le premier soir, je pris congé de mon hôtesse à neuf heures. Je traversai la rue pour rentrer chez moi lorsqu'un sonore « *Quien vive ?* » (« Qui va là ? ») retentit au bout de la rue. Dans l'obscurité, je ne pouvais voir la sentinelle, et j'ignorais le mot de passe. Heureusement, et pour tout dire, curieusement, l'homme répéta sa sommation deux ou trois fois, mais si fort que les intonations de sa voix me transpercèrent comme une balle de mousquet. Il est probable qu'une véritable balle aurait suivi peu de temps après si la vieille servante de ma logeuse ne s'était précipitée au-dehors, une lanterne à la main, en criant la formule salvatrice « *Patria libre !* ».

Bien que silencieux, je n'étais pas resté immobile au milieu de la rue et avais réussi à me réfugier sous la voûte de ma porte cochère. Une fois tout danger écarté, je remerciai la vieille femme, et me glissai dans l'entrebâillement de ma porte, que je verrouillai derrière moi à double tour. Depuis son entrée dans Guatemala, Carrera avait posté des sentinelles à chaque coin de rue pour « préserver la paix de la ville » — qui était fort calme avant son arrivée, et que ses sbires, depuis lors, maintenaient dans un état de perpétuelle inquiétude. Ces sentinelles étaient des Indiens incultes, indisciplinés et insolents, adorant faire usage de leurs mousquets. Ils avaient reçu l'ordre de crier « *Quien vive ?* », « *Qué gente ?* » (« Qui êtes-vous ? »), « *Qué Regimento ?* », puis de tirer. L'un de ces tristes énergumènes avait récemment appliqué ses ordres à la lettre : après avoir débité à toute vitesse ses trois questions sans attendre les réponses, il avait fait feu et tué une pauvre femme. Les réponses étaient « *Patria Libre* », « *Paisano* » (« Compatriote ») et « *Paz* » (« Paix »).

Pendant toute la durée de mon séjour à Guatemala, je fus constamment importuné par les soudards de Carrera. Les rues n'étaient pas éclairées, et lorsque j'entendais, d'un pâté de maisons à l'autre, une voix féroce m'interpeller, sans pouvoir distinguer la sentinelle, j'imaginais toujours qu'un homme me tenait en joue avec son mousquet, prêt à tirer dans l'obscurité. Je me sentais particulièrement vulnérable du fait de mon accent étranger, mais je n'ai jamais rencontré quiconque, natif de la ville ou visiteur de passage, qui n'ait été gagné par la nervosité en passant à portée de la voix d'une sentinelle, ou qui n'ait préféré faire un long détour pour l'éviter.

10

LE VOILE NOIR

Correspondance diplomatique. — Dévotion et fanatisme. — Fête de la Conception. — Le voile noir. — L'adieu au monde. — Feux d'artifice. — Procession en l'honneur de la Vierge. — Toros de fuego. — *La soldatesque de Carrera.*

Le lendemain, j'allai passer la journée avec Mr. Savage à Naranjo, une petite hacienda de la famille Aycinena, située au pied des volcans d'Agua et de Fuego. A l'époque de l'âge d'or de l'ère coloniale, les Aycinena se rendaient à Naranjo dans un énorme carrosse couvert de ciselures et de dorures, dans le style des Grands d'Espagne, carrosse que l'on peut admirer aujourd'hui dans la cour de la demeure familiale, en souvenir de jours révolus [...].

Nous regagnâmes Guatemala à la tombée de la nuit, pour apprendre, à notre grande satisfaction, que les soldats avaient été cantonnés dans leurs casernes. La nouvelle de mon arrestation et de mon emprisonnement avait atteint Guatemala avant moi, avec un luxe de détails et d'exagérations. J'appris que le gouvernement avait l'intention de m'adresser un message à ce sujet. Quelques jours plus tard, en effet, je reçus une lettre du secrétaire d'Etat, qui me faisait part des regrets du président de la République concernant cet incident navrant, et m'informait que le gouvernement avait pris toutes les mesures qu'il estimait « appropriées »

196

en la circonstance. Comme cette formule me semblait des plus imprécises, que je n'étais pas disposé à laisser mes geôliers impunis, que, pour tout dire, j'entretenais des doutes sur la réalité desdites mesures, et, enfin, que je jugeais nécessaire, pour la sécurité des Américains qui voyageaient, ou voyageraient après moi dans ce pays, de ne pas tolérer que de tels outrages fussent traités à la légère, j'adressai une note au secrétaire d'État, lui demandant expressément si l'officier et l'*alcalde* responsables avaient été sanctionnés, et s'ils l'avaient été, de quelle manière. A cela il me fut répondu qu'étant donné les circonstances dans lesquelles le pays se trouvait placé, en raison de l'« extraordinaire révolution populaire » dont il était le théâtre, et du fait de la méfiance qui prévalait dans les villages frontaliers, les autorités locales étaient plus soupçonneuses que d'ordinaire en matière de passeports, et que l'outrage (« *el atropellamiento* ») que j'avais subi avait pour origine les ordres d'un officier (« *un oficial militar* ») ayant cru voir en nous des « ennemis ». Dès qu'il avait été informé de l'affaire, le général Cascara avait relevé l'officier de son commandement. C'est du moins ce qui me fut dit.

Dans des messages ultérieurs, en effet, le secrétaire et le chef de l'État m'avouèrent leur incapacité à entreprendre quoi que ce soit : le gouvernement central n'exerçait en fait qu'un pouvoir fictif dans les campagnes. Je mentionne ce fait pour illustrer l'extrême faiblesse de la nouvelle administration, et l'état de déliquescence générale du pays. Cet échange de lettres, fort inquiétant, me montra la difficulté et le danger que présentait la poursuite de mon voyage selon mon plan initial.

Dès mon arrivée à Guatemala, j'avais été frappé par l'extraordinaire ferveur religieuse qui règne dans la ville. Chaque maison avait sa statue de la Vierge, du Sauveur ou de quelque saint tutélaire, et sur la porte étaient placardés des billets sur lesquels étaient recopiées des prières : « Ô Vierge, conçue sans péché, priez pour nous, pour que nous puissions avoir recours à Vous », « Ave Maria, pleine de grâce, et que le Saint Esprit nous protège », « Doux nom de Jésus, sois avec nous, amen »...

La Fête de la Conception fut célébrée le premier dimanche qui suivit mon arrivée. Elle se déroulait toujours dans la plus stricte observance des rites de l'Église catholique. Elle revêtait cette année-là une importance particulière, car elle coïncidait avec la prise de voile d'une novice du couvent de la Conception. Au lever du jour, les cloches des églises de la ville sonnèrent à toute volée, des coups de canon furent tirés sur la Plaza et des fusées mises à feu aux coins des rues. A neuf heures, la population se dirigea en foule vers l'église du couvent. Devant le porche, et en travers des rues, des arceaux décorés de plantes vertes et de fleurs avaient été érigés. Les marches de la maison de Dieu étaient jonchées de feuillages et, sur le parvis, des hommes allumaient des pétards. L'église était l'une des plus belles de Guatemala, riche en ornements d'or et d'argent, en tableaux et en statues de saints ; elle était entièrement décorée de guirlandes et de fleurs. Le père Aycinena, vice-président du gouvernement et membre le plus influent de l'Assemblée constituante, était le prédicateur du jour, et sa renommée expliquait la très forte affluence. La chaire se dressait sur un côté de l'église, et l'assistance y attendait avec impatience le sermon. La foule étant relativement moins dense de l'autre côté de l'église, je m'y déplaçai et pris place sur les marches d'un autel, directement en face des grilles du couvent. La fin du sermon fut saluée par une décharge de pétards et de fusées sur le parvis, et la fumée produite par les explosions envahit progressivement la nef. Bientôt, l'odeur de la poudre fut plus forte que celle de l'encens. Le sol était parsemé de feuilles de pin, et couvert de femmes agenouillées, avec des mantilles noires relevées sur le haut de leur tête et nouées sous le menton. Je n'ai jamais vu de plus beau spectacle que ces rangées de femmes à genoux, aux visages purs et illuminés par la foi [...].

Les feux d'artifice furent suivis d'une longue cérémonie à l'autel, puis il y eut un mouvement général vers l'autre côté de l'église — celui où je me tenais [...]. Avançant sur un tapis de fleurs, au son d'une musique indienne, entre deux nonnes vêtues de noir, la novice en robe blanche était apparue derrière la grille, un cierge dans la main droite et une guirlande de roses sur la tête. Elle s'agenouilla en chantant à voix basse, et deux autres sœurs vêtues de blanc répandirent des pétales de fleurs sur sa chevelure et à ses pieds, avant de la conduire lentement vers le fond d'une chapelle attenante à la grille. Peu après, des flûtes et des tambours retentirent au fond de l'église, un passage fut ouvert à travers la foule, et un cortège avança, composé des principaux membres de la hiérarchie ecclésiastique de la capitale ; vêtus de leurs plus somptueuses robes, ils étaient conduits par le vénérable vicaire général, un octogénaire aux cheveux blancs chancelant au bord de la tombe, qui était aussi remarquable pour la piété de sa vie que pour la noblesse de son allure. Un bedeau portait sur un magnifique plateau une couronne en or et un sceptre constellé de joyaux. La procession se dirigea vers une petite porte située à droite de la grille, et les deux nonnes en noir et la novice apparurent dans son embrasure. Le vicaire général échangea avec elle quelques mots, par lesquels, à ce que je crus comprendre, il s'assurait qu'elle renonçait volontairement au monde. Ceci fait, le vicaire retira la guirlande de roses et le voile blanc dont elle était coiffée, posa sur sa tête la couronne et lui tendit le sceptre. Les musiciens attaquèrent un air triomphal, et quelques instants plus tard, elle réapparut derrière la grille, habillée cette fois d'une robe étincelant de bijoux. Les sœurs l'embrassèrent et, à nouveau, jetèrent des roses sur elle. Il y avait quelque chose d'effrayant dans le spectacle de cette jeune femme comblée des splendeurs et des plaisirs du monde au moment même où elle s'apprêtait à leur dire adieu pour toujours. A nouveau, elle alla se prosterner devant l'autel. Quand elle se releva, les joyaux, les pierres précieuses et les somptueux ornements dont elle était parée lui furent ôtés. Elle retourna auprès du vicaire général, qui lui reprit la couronne et le sceptre, et posa sur sa tête un voile noir. Elle alla se placer devant la grille. Le pas ultime et fatal n'avait pas encore été franchi : le voile noir restait relevé sur son front. A nouveau, les nonnes se pressèrent autour d'elle, et la dévorèrent de baisers.

Je ne savais rien de son passé. Je n'avais appris que la veille au soir que la cérémonie devait avoir lieu, et je m'étais fait à l'idée que la postulante était vieille et laide. Mais elle ne l'était pas, de même qu'elle ne semblait en rien rongée par la tristesse ou présenter l'image d'une âme brisée par quelque chagrin. Il ne s'agissait pas non plus d'une beauté farouche, ni d'une catholique fanatique sacrifiant sa vie à Dieu. Elle était âgée d'à peine vingt-trois ans, et elle offrait l'un de ces visages qui, sans enflammer les hommes par leur beauté, témoignent d'une nature promise à l'accomplissement des devoirs qui incombent à une fille, une épouse, et une mère. Elle semblait pleinement consciente de l'importance de sa décision, et de la solennité des vœux qu'elle allait prononcer. Aucun remords ne paraissait l'animer. Et cependant, qui peut deviner ce dont le for d'un être humain est le siège ?

Elle retourna auprès du vicaire général, qui recouvrit son visage du voile noir. Immédiatement, des flots de musique emplirent la nef, invitant l'assemblée à se réjouir qu'une enfant de Dieu donnée au monde pour en partager les fardeaux ait décidé de s'en retirer [...].

Une procession en l'honneur de la Vierge avait lieu l'après-midi. Bien que Guatemala respirât l'ennui, et, par les temps qui couraient, n'offrît aucun motif de gaieté, les processions religieuses se déroulaient comme à l'ordinaire. Il aurait vraiment fallu que le pays fût à l'agonie pour qu'elles n'eussent pas lieu. Toutes les rues étaient jonchées de feuilles de pin et ornées d'arcs de fleurs. Les fenêtres à balcon étaient décorées de rideaux de soie écarlate et de bannières aux motifs les plus extravagants. A chaque carrefour on avait dressé un autel, sous des charmilles de plantes vertes aussi hautes que les maisons et rehaussées de tableaux et d'ornements provenant des églises ; le tout était recouvert de fleurs. Riche, comme l'ensemble de l'Amérique centrale, en productions naturelles, la vallée de Guatemala est réputée pour la beauté et la variété de ses fleurs ; en l'espace d'une journée, les champs avaient été dépouillés de leur parure pour embellir la ville. J'ai assisté en Europe à des fêtes imposantes et fastueuses, mais je n'ai jamais rien vu qui fût à la fois aussi simple et aussi beau. Ma promenade à travers les rues avant la procession fut la plus intéressante partie de la journée. Tous les habitants, dans leurs plus beaux atours, étaient là ; les hommes se tenaient aux coins des rues, et les femmes, en mantilles noires, étaient assises en longues rangées sur les côtés. Les drapeaux aux fenêtres, la verdure répandue par les rues, la profusion de fleurs, les perspectives dessinées par les arcs, et la simplicité de manières qui permettait aux *doñas* de la haute société de se mêler librement à la foule, formaient un tableau qui, encore maintenant, atténue l'impression de profond ennui que Guatemala a laissé dans mon souvenir.

La procession pour laquelle ces préparatifs avaient été entrepris était conduite par un vieil Indien, ratatiné comme une pomme, d'une saleté repoussante, vêtu de haillons et titubant sous le poids d'une énorme grosse caisse, qu'il portait sur son dos et qui semblait dater de l'époque de la Conquête. Il était suivi d'un petit garçon âgé d'une dizaine d'années, portant un chapeau haut de forme, le haut de ses bottes au-dessus des genoux, un sabre à la main, et le visage dissimulé sous un masque représentant un Africain aux traits grimaçants. Il venait en tête d'une trentaine d'individus, fort justement appelés « les diables », portant tous des masques aussi grotesques que hideux et d'invraisemblables costumes. Les principaux personnages de ce premier cortège étaient deux travestis, avec des chapeaux européens à larges bords, des redingotes à haut col, des ceintures croisées sur la poitrine et de grandes bottes ; chacun d'eux grattait des accords sur une vieille guitare en esquissant des pas de valse ou de fandango. Par quel prodige ces « diables », qui, bien sûr, faisaient beaucoup rire la foule, prenaient-ils part à une procession religieuse ? Je ne puis le dire [...].

Derrière les statues de Judith et de la Vierge de la Conception, portées sur des charrettes à bras par des Indiens, venaient les prêtres, dans leurs fastueuses robes ; l'un d'eux, abrité sous un dais de soie, brandissait l'Hostie, sur le passage de laquelle tous s'agenouillaient. En queue, marchait une bande de diables encore plus affreux que ceux qui ouvraient la procession — cinq cents soldats de Carrera, sales et dépenaillés ; en plus de l'aspect peu engageant qui leur est habituel, le fanatisme se lisait sur leurs visages. Leurs officiers portaient les uniformes les plus fantaisistes. Nombre d'entr'eux étaient affligés de blessures par balles mal pansées, et un citoyen qui se tenait à mes côtés me désigna parmi eux plusieurs criminels notoires, auteurs de divers forfaits pour lesquels, dans tout pays ayant un gouvernement digne de ce nom, ils eussent été pendus. La ville marchait, et leur arrivée sur la place fut saluée par un tir de fusées. Quelques minutes plus tard, la première série de feux d'artifice fut tirée depuis la balustrade de l'église ; les statues qui ornaient le toit de cette dernière furent illuminées par la lumière éblouissante des panaches de feu des projectiles, et, bien qu'elle n'ait pas été expressément construite à cette fin, l'église s'intégrait fort bien dans le spectacle.

L'attraction suivante — une attraction nationale et immuable, le *Toro de Fuego,* aussi prisée que les « diables » par la foule — se déroula sur la place même. Il s'agit d'une armature de carton-pâte affectant la forme d'un taureau, et hérissée de feux d'artifice, dans laquelle un homme glisse sa tête et ses épaules avant de se précipiter dans la foule en répandant des torrents d'étincelles. Je me tenais avec un groupe de dames et de membres de l'Assemblée constituante ; ces derniers parlaient d'une invasion des troupes de Quezaltenango, et d'une sortie de Carrera pour les repousser. Lorsque le *toro* se dirigea vers nous, nous battîmes en retraite jusqu'à nous trouver acculés contre un mur : les dames poussèrent de hauts cris, et nous, les hommes, tournâmes courageusement le dos au danger et baissâmes nos têtes, que nous protégeâmes de nos mains du déluge de feu. Tous avaient pleinement conscience du danger, mais telle était la coutume. Je n'avais jamais vu autant de bonne humeur et de gaieté dans les rues de Guatemala, et la fin de la fête m'emplit de tristesse.

En regagnant nos demeures respectives, nous passâmes devant un poste de garde, où un groupe de soldats gisaient à terre allongés de tout leur long, de telle sorte que les passants devaient les enjamber, ou faire un long détour pour poursuivre leur chemin. Peut-être trois ou quatre mille personnes, en grande partie des dames, durent ainsi faire demi-tour. Toutes ressentaient vivement l'insolence de ces individus, et il ne fait guère de doute que certains d'entre nous les auraient volontiers fait déguerpir à coups de bottes. Cependant, bien que les hommes en âge de se battre fussent en nombre suffisant pour chasser la soldatesque de la ville, personne n'osa proférer la moindre plainte. Bien plus, les habitants ne semblaient guère prêter attention aux soudards. Sous les arcades de la Plaza, un autre soldat était étendu sur le dos, en travers du passage, avec son mousquet à côté de lui, et murmurait à chaque personne qui passait : « Marche-moi dessus si tu l'oses, et tu verras ! », et nous prîmes tous bien soin de ne pas lui marcher dessus. Je rentrai à la légation, pour passer le reste de la soirée dans la solitude ; et il était triste de songer qu'avec tous les atouts que la nature et l'histoire lui avaient octroyés, le Guatemala se trouvât plongé dans une si misérable situation.

11

DANS LES GRIFFES DE CARRERA

Le vicaire général. — Les nouvelles à Guatemala. — Une dernière visite au couvent de la Conception. — Mes adieux à la religieuse. — Carrera. — Sa vie. — Le choléra. — Insurrections. — Carrera prend la tête des insurgés. — Son entrée dans Guatemala. — Prise de la ville. — Le triomphe de Carrera. — Arrivée de Morazan. — Hostilités. — Carrera pourchassé. — Sa défaite. — Il reprend le dessus. — Entrevue avec Carrera. — Le personnage.

Je passai les trois ou quatre jours suivants à recevoir ou rendre des visites, et à me renseigner sur l'état social et politique du pays. L'un de mes visiteurs les plus intéressants fut le vénérable vicaire général, chef de l'Église guatémaltèque depuis le départ en exil de l'archevêque ; une bulle du pape venait d'ailleurs de le nommer évêque. Par la suite, quand je partis pour Palenque, il me remit une lettre de recommandation à l'attention de tous les prêtres relevant de son diocèse.

Pendant la journée, j'employais assez agréablement mon temps ; mes soirées, durant lesquelles j'étais obligé de me cloîtrer chez moi, étaient en revanche longues et solitaires. Ma maison était située si près de la *Plaza* que je pouvais entendre les sommation des sentinelles, et, de temps à autre, un tir de mousquet. Ces tirs, dans le silence de la nuit, étaient toujours terrifiants. Dans les premiers temps, je n'en connaissais pas la cause, mais je finis par apprendre que des vaches et des mules erraient la nuit à travers la ville, et que les pauvres bêtes, dont les soldats entendaient les mouvements de loin, et qui par définition ne pouvaient répondre aux sommations, étaient abattues sans cérémonie.

Un seul journal paraissait à Guatemala, un hebdomadaire qui se bornait à publier les décrets du gouvernement et à tenir la chronique de ses moindres décisions. Les événements dont la ville était le théâtre n'étaient connus que par le bouche à oreille. Le matin, chacun demandait à son voisin quelles étaient les nouvelles. Un jour, c'était une vieille femme sourde qui, n'ayant pas entendu les sentinelles, avait été abattue. Le lendemain, on apprenait qu'Asturias, vieux et riche gentilhomme, avait été poignardé. Un autre matin, la rumeur circulait que trente-trois sœurs du couvent de Santa Teresa avaient été empoisonnées. Ce dramatique incident fut le sujet de toutes les conversations pendant plusieurs jours, jusqu'à ce que les nonnes eussent toutes recouvré la santé, et qu'il fût établi qu'elles avaient en fait été victimes d'une intoxication alimentaire.

Le lendemain, je me rendis au couvent de la Conception pour y saluer une religieuse, ou plus exactement *la* religieuse, celle qui avait pris le voile le dimanche précédent. La pièce qui jouxtait le parloir était remplie de monde. La nouvelle sœur se tenait dans l'embrasure de la porte, avec sa couronne sur la tête, et une poupée dans les bras. C'était la dernière fois que ses amies pouvaient voir son visage, mais cette puérile exhibition de la poupée refroidit la compassion que l'on pouvait éprouver à son endroit. Certaines personnes, parmi celles qui étaient venues lui dire adieu, ne parvenaient pas à comprendre comment une aussi jeune femme pouvait abandonner un monde qui ne lui offrait que de brillantes et belles perspectives ; d'autres, qui n'attendaient plus rien de la vie, tenaient son entrée dans les ordres pour le fruit de la sagesse. Chacun l'étreignait et se retirait aussitôt pour laisser la place à d'autres. A ses côtés se tenait une nonne vêtue de noir, avec un voile si épais qu'on ne pouvait distinguer un seul trait de son visage, lequel, à ce qui me fut dit, rayonnait d'une extraordinaire beauté. Que n'aurais-je donné pour l'entrevoir ne fût-ce qu'un instant... Enfin mon tour vint. J'avais jusque-là eu peu d'occasions de serrer contre ma poitrine une jeune religieuse. A vrai dire, c'était la première fois que je tentais ce genre d'expérience, mais tout se passa de manière très naturelle, comme si j'avais une grande habitude de la chose ; mon bras droit entoura son cou, le sien le mien ; je posai ma tête sur son épaule, et réciproquement... « Les fruits défendus sont toujours les plus convoités... » La grille se referma, et personne ne reverra jamais plus le visage de la jeune nonne.

L'après-midi, Carrera fut de retour dans la ville. Fort désireux de le rencontrer, je réussis à obtenir une audience pour le lendemain. Réveillé de bonne heure, je revêtis mon habit de diplomate, celui qui, avec sa profusion de boutons, avait produit un si bel effet à Copán. Il avait malheureusement mal supporté le voyage, et était dans un piteux état.

Carrera habitait une petite maison dans une rue écartée de la ville. Des sentinelles se tenaient devant sa porte, ainsi qu'une dizaine de ses gardes du corps, qui prenaient le soleil. Affublés de vareuses rouges et de bonnets écossais, ces derniers avaient une certaine allure. Sous la galerie en façade étaient disposés en bon ordre des mousquets parfaitement astiqués. Nous pénétrâmes dans une petite pièce et vîmes Carrera ; il était assis à sa table, occupé à faire des comptes.

Depuis mon arrivée dans le pays, ce nom, synonyme de terreur, avait résonné dans mes oreilles. Mr. Montgomery que j'ai déjà cité, et qui a voyagé en Amérique centrale, environ un an avant moi, écrivit : « Une insurrection, dit-on, a éclaté parmi les Indiens, et, sous la conduite d'un homme nommé Carrera, aurait ravagé le pays et provoqué toutes sortes d'excès. Le long de la côte, et dans certains départements, la tranquillité publique n'a pas été troublée, mais, dans les campagnes de l'intérieur, le voyageur court de grands dangers, et chaque avenue de la capitale est infestée de bandes de brigands, qui se montrent sans pitié pour leurs victimes, surtout s'il s'agit d'étrangers. » Concluant sur la situation du pays au moment de son départ, il ajoute : « Il est cependant probable qu'à l'instant où j'écris, les mesures prises par le général Morazan pour mater l'insurrection ont porté leurs fruits, et qu'il a été mis fin à la carrière de ce dangereux rebelle. » Non seulement il n'a pas été mis fin à la carrière de ce « rebelle », mais l'homme « nommé Carrera » est aujourd'hui le maître absolu du Guatemala. Et, si je ne me trompe, il est appelé, de tous les personnages politiques nés dans les convulsions de l'Amérique espagnole, à connaître l'ascension la plus fulgurante [67].

Carrera est né dans un des quartiers pauvres de Guatemala. Ses amis, pour lui complaire, le considèrent comme un mulâtre. Quant à moi, et pour la même raison, je le tiens pour un Indien, des deux sangs le second étant à mes yeux le meilleur. En 1829, il était encore tambour dans un régiment du colonel Aycinena. Quand le parti Libéral (ou Démocratique) accéda au pouvoir, et lorsque le général Morazan entra dans la ville, Carrera brisa son tambour et se retira dans le village de Mastaquintla. Il y embrassa la carrière de gardien de cochons, et, pendant plusieurs années, exerça cette noble occupation, probablement aussi dépourvu d'ambition politique que les porcs dont il avait la charge. Les excès des partis politiques, les exactions perpétrées au nom du gouvernement, les réquisitions de biens de l'Église et diverses autres innovations, dont l'introduction du code

Livingston (instituant des jurys dans les tribunaux, et faisant du mariage un contrat civil), suscitèrent de graves mécontentements à travers tout le pays. La dernière mesure constitua une véritable insulte pour le clergé, qui exerçait une influence illimitée sur les esprits des Indiens. En 1837, le choléra, qui jusque-là avait épargné cette partie du continent américain, fit sa terrible apparition. Outre qu'il y sema la mort, il devait constituer la cause immédiate des troubles politiques. Farouchement hostiles au parti Libéral, les prêtres firent croire aux Indiens que des « étrangers » avaient empoisonné les sources. Galvez, le chef de l'État de l'époque, dépêcha des remèdes dans tous les villages, mais administrés en dépit du bon sens, ces derniers eurent parfois de fatales conséquences, et les prêtres, à nouveau, démontrèrent aux Indiens que le gouvernement voulait empoisonner et détruire leur race. Dans tout le pays, les Indiens entrèrent en ébullition. A Mostaquintla, ils se soulevèrent en masse, avec Carrera à leur tête, en criant « *Viva la religión y muerte a los estranjeros !* ». Les hostilités furent ouvertes par le meurtre des juges nommés dans le cadre de l'application du code Livingston. Galvez dépêcha une délégation de parlementaires, avec des détachements de cavalerie et un drapeau blanc, pour recevoir les plaintes de la population, mais, alors qu'ils conféraient avec les insurgés, ses émissaires furent cernés, et, pour la plupart, taillés en pièces par la foule. Le nombre de rebelles dépassa bientôt le millier. Galvez envoya contre eux six cents soldats, qui les mirent en déroute, pillèrent et brûlèrent leurs villages, et, entre autres excès, l'outrage suprême fut commis sur la femme de Carrera. Mis en fureur par cette injure personnelle, ce dernier se joignit à plusieurs chefs de village, jurant de ne jamais baisser les armes tant qu'un officier de Morazan resterait en vie sur le sol du Guatemala. Avec ses partisans fanatisés, il alla de village en village, tuant les juges et les représentants du gouvernement. Poursuivi, il trouvait refuge dans la montagne, mendiant des *tortillas* dans les haciendas pour ses hommes, épargnant et protégeant tous ceux qui lui venaient en aide. A cette époque, il ne savait ni lire ni écrire, mais sur l'insistance et avec l'aide de quelques prêtres, dont un certain père Lobo, un débauché notoire, il rédigea une proclamation, qu'il signa de son nom, dans laquelle il s'en prenait aux étrangers et au gouvernement, accusés d'empoisonner les Indiens, et prônait l'extermination de tous les étrangers (à l'exception des Espagnols), la suppression du code Livingston, le rappel de l'archevêque et des moines, l'expulsion des hérétiques, et la restauration des privilèges de l'Église et des anciens usages et coutumes. Sa réputation de bandit de grand chemin et de meurtrier se répandit à travers le pays. Les routes autour de Guatemala devinrent peu sûres, et plus aucun voyageur ne s'y hasarda. Les négociants de la capitale apprirent avec consternation que la totalité des marchandises envoyées à la foire d'Esquipulas étaient tombées entre ses mains (ce qui d'ailleurs était faux). Il devint bientôt si puissant qu'il n'hésita pas à attaquer des villages et même des villes.

Le lecteur gardera à l'esprit que tous ces événements se déroulaient à l'intérieur des limites de l'État du Guatemala. Le parti Libéral y tenait encore les rênes du pouvoir, mais, à ce moment critique, de fatales dissensions se firent jour dans ses rangs. Barundia, l'un de ses membres les plus en vue, démis d'une haute fonction au profit d'un « parent » corrompu, démissionna de l'administration et prit la tête de l'opposition à l'Assemblée. Les querelles de partis et l'ascension de Carrera attisèrent l'animosité de tous ceux qui avaient quelque chose à reprocher au gouvernement. Les habitants d'Antigua adressèrent à ce dernier une pétition exigeant l'amnistie pour les délits politiques, le retour des exilés et la réparation de tous les autres abus. Une députation de l'Assemblée fut chargée d'ouvrir des négociations avec eux, mais n'obtint aucun résultat, et les Antiguanos menacèrent de marcher sur Guatemala.

Le dimanche 20 février 1838, des tracts reproduisant une proclamation des Antiguanos jonchèrent les rues de Guatemala, et la rumeur se répandit qu'ils étaient en route pour attaquer la capitale. Les troupes du gouvernement (qui comptaient moins de 500 soldats) et la milice furent mises sur le pied de guerre ; des canons furent placés aux quatre coins de la Plaza, et le général Prem publia un avis appelant toute la population à prendre les armes. Galvez, le chef de l'État, monta sur son cheval, et parcourut les rues pour galvaniser les habitants et les informer que Morazan était parti au-devant de l'ennemi et avait vaincu trois cents brigands de la bande de Carrera. Le lundi, toute activité cessa dans la ville. A deux heures, la rumeur courut que Carrera s'était allié aux Antiguanos. Prem publia alors un décret commandant à tous les habitants de sexe masculin âgés de quatorze à soixante ans (à l'exception des prêtres et des invalides) de prendre les armes. A neuf heures du soir, on apprit avec inquiétude que Carrera avait atteint l'Aycetuna. La Plaza fut occupée par la troupe, sentinelles et canons furent postés à tous les carrefours. Pour ajouter à la confusion, le vicaire général décéda pendant la nuit, et l'on annonça que le code Livingston avait été brûlé sur la place publique à Chiquimula, et que cette ville s'était rangée dans le camp des insurgés. Le mercredi, on commença à creuser des tranchées autour de la place, mais, le lendemain, apprenant que le marquis d'Aycinena, le chef du parti Central, avait réussi à faire voter à l'Assemblée avec les Libéraux dissidents une loi d'amnistie, les soldats du gouvernement fédéral entrèrent en rébellion ouverte. Sortant des casernes avec leurs baïonnettes, leurs bannières et leurs canons, ils marchèrent sur la place afin de prévenir un coup de force de l'opposition. L'Assemblée fut encerclée, et Merino, un sergent, rédigea un document appelant Morazan à prendre la tête du gouvernement, en remplacement de Galvez. Après l'échec d'ultimes pourparlers avec les Antiguanos, le jeudi après-midi, les cloches de la ville sonnèrent à toute volée, annonçant l'approche de huit cents rebelles. La milice fut mobilisée, mais seulement quarante hommes se présentèrent. A cinq heures, Galvez prit le commandement des troupes rassemblées sur la Plaza et, accompagné de Prem, se porta à la rencontre de l'ennemi, mais, avant qu'il ait eu le temps d'atteindre les portes de la ville, un soulèvement éclata parmi les soldats. Aux cris de « *Viva el general Merino, y muera el jefe del Estado, que nos ha vendido — Fuego, muchachos !* », l'infanterie tira sur l'état-major. Une balle passa au travers du chapeau de Prem ; Galvez fut jeté à bas de son cheval, avant de trouver refuge derrière l'autel de l'église de la Conceptión. La cavalerie, restée fidèle au gouvernement, réussit à disperser les factieux, parmi lesquels elle fit quinze morts, et retourna se retrancher sur la Plaza ; Merino, avec cent vingt hommes, s'empara de la pièce d'artillerie du bataillon et prit position sur la place de Guadalupe. Les troupes dispersées errèrent par petits groupes dans les rues pendant toute la nuit, faisant feu de leurs mousquets, et maintenant la ville dans un état d'alerte permanente. Traqué par la cavalerie, Merino se rendit le lendemain matin. Cerné sur la place, il fut emprisonné avec trois ou quatre autres meneurs dans le monastère de Santo Domingo, où, le lendemain matin, il fut attaché à une poutre de sa cellule et fusillé. Sa tombe au pied de la poutre et son sang qui avait éclaboussé les murs figurent parmi les curiosités qui me furent montrées à Guatemala.

Le lendemain matin, les cloches sonnèrent à nouveau l'alerte. Les rebelles étaient à la Vieille Porte, et des parlementaires furent dépêchés à leur rencontre pour traiter avec eux. Ils exigeaient l'évacuation de la place par les soldats, mais ces derniers répondirent que les rebelles n'avaient qu'à venir les en déloger. Prem, plus diplomate, leur fit savoir que ses soldats ne pouvaient se rendre à des troupes déloyales au gouvernement, et vers midi, l'assaut commença. Les rebelles se répandirent dans les faubourgs, mais soixante-dix cavaliers gouvernementaux effectuèrent une sortie et mirent en déroute 300 d'entre eux, avant de regagner la place, leurs lances ruisselant de sang. S'ils avaient été secondés par les habitants de la capitale, ils les auraient peut-être reconduits jusqu'à Antigua.

Le mercredi, Carrera joignit ses forces à celles des rebelles. Il avait envoyé des émissaires dans tous les villages pour exciter les Indiens, à qui il promettait le pillage de la capitale. Le jeudi, avec une horde de sauvages à demi nus (évaluée à dix, voire douze mille hommes, femmes et enfants), il apparut aux portes de la ville. Les Antiguanos furent eux-mêmes plongés dans la consternation, et les habitants de Guatemala, presque saisis de démence. Des parlementaires furent à nouveau dépêchés à sa rencontre ; il leur précisa qu'il exigeait la déposition de Galvez, l'évacuation de la Plaza par les soldats fédéraux, et un libre passage à travers la ville. Il est probable qu'encore à ce moment, si elles avaient été appuyées par la population, les troupes du gouvernement auraient pu contenir et repousser l'ennemi, mais la consternation, et la crainte d'exaspérer les ardeurs belliqueuses des rebelles, étaient telles que chacun n'avait qu'un désir : se soumettre. L'Assemblée était terrorisée et prise de folie, et toutes les exigences de Carrera furent finalement satisfaites.

A cinq heures, ce qui restait des forces gouvernementales évacua la Plaza. L'infanterie (trois cents hommes) sortit en marchant au pas par la Calle Real. Les cavaliers, avec à leur tête leur chef Yañez, quittèrent la place par une autre rue, où ils furent stoppés par un aide de camp de Carrera, qui leur ordonna de lui remettre leurs armes. Yañez répondit qu'il devait d'abord consulter son général, mais les dragons, redoutant quelque piège, prirent la fuite. Yañez, avec trente-cinq hommes, traversa la ville au galop et s'échappa par la route de Mixco ; les autres lanciers se replièrent en désordre sur la Plaza, mirent pied à terre, jetèrent leurs armes de dépit et se fondirent dans la ville : il ne restait dès lors plus un seul soldat dans la capitale pour défendre le gouvernement.

Pendant ce temps-là, les hordes de Carrera avaient progressé. Le commandant des Antiguanos lui ayant demandé si ses forces avançaient en carré ou en compagnie, Carrera lui répondit : « *No entiendo nada de esto. Todo es uno* » (« Je ne comprends rien de tout ça. Nous ne faisons qu'un »). Parmi ses lieutenants figuraient Monreal et d'autres hors-la-loi, criminels, brigands et assassins connus. Lui-même se tenait sur son cheval, avec des branchages à son chapeau. Des lambeaux de tissu et des images de saints ornaient sa poitrine. Un citoyen qui avait aperçu ces hordes depuis le toit de sa maison, et qui avait encore en mémoire toutes les scènes d'horreur dont sa malheureuse ville avait été le théâtre, me confia qu'il n'avait jamais éprouvé une telle consternation et une telle terreur que lorsqu'il avait assisté à l'entrée dans la capitale de cette foule de barbares. Envahissant les rues, arborant tous des feuillages à leurs chapeaux, ces derniers semblaient former de loin une immense forêt en mouvement. Ils étaient armés de mousquets rouillés, de vieux pistolets, de fusils de chasse ; de morceaux de bois taillés en forme de tromblons ; de gourdins, de machettes et de couteaux attachés à l'extrémité de longues piques. Grossissant cette multitude, deux ou trois milliers de femmes munies de sacs et d'*alforjas* pour emporter leur futur butin fermaient la marche. N'ayant

208

jamais quitté leur village de leur vie, nombre de ces vandales furent littéralement ébahis par le spectacle des maisons et des églises, et par la magnificence de la ville. Ils pénétrèrent sur la Plaza en vociférant : « *Viva la religión, y muerte a los extranjeros !* » Carrera lui-même, comme stupéfait par l'ampleur du mouvement qu'il avait déclenché, était si embarrassé qu'il ne pouvait guider son cheval. Il devait avouer par la suite avoir craint pendant un moment de ne pouvoir contrôler cette immense foule désordonnée. Le traître Barundia, le chef de l'opposition à l'intérieur du camp libéral, le Catilina de cette rébellion, chevauchait à ses côtés quand il arriva sur la place.

Au coucher du soleil, cette multitude entonna comme un seul homme le *Salve Regina*, ou Hymne à la Vierge. Emplissant l'air, ce chœur glaça le sang des habitants. Carrera pénétra dans la cathédrale ; les Indiens, bouche bée devant tant de splendeurs, se pressèrent derrière lui et disposèrent autour de l'autel les images grossières de leurs saints de village. Monreal fit irruption dans la maison du général Prem et s'empara d'une redingote d'uniforme à broderies d'or pour la remettre à Carrera, qui l'enfila sans ôter son chapeau de paille garni de branchages. Une montre lui fut également remise, mais il en ignorait l'usage. Il se peut que depuis le sac de Rome par Alaric et les Wisigoths, aucune ville n'ait jamais été investie par une telle multitude de barbares.

Seul Carrera avait le pouvoir de modérer les éléments incontrôlés qui l'entouraient. Dès que cela leur fut possible, certains membres de l'ancien gouvernement vinrent le trouver, et, de la manière la plus abjecte, le supplièrent de leur préciser à quelles conditions il évacuerait la ville. En plus de ses premières exigences, Carrera réclama tout l'argent, et toutes les armes dont disposait le gouvernement. Les prêtres étaient les seules personnes qui exerçaient une quelconque influence sur lui. Les mots ne peuvent donner une idée de l'effroyable angoisse dont la ville était la proie, redoutant à tout moment d'entendre le signal du pillage et du massacre général. Les habitants s'étaient barricadés dans leurs maisons, lesquelles, étant construites en pierre, avec des balcons en fer forgé aux fenêtres, et des portes épaisses de plusieurs pouces, résistaient aux assauts de bandes isolées, mais des atrocités furent malgré tout commises. Le vice-président de la République fut assassiné ; la maison de Flores, un député, fut pillée, sa mère frappée par un soudard avec la crosse de son mousquet, et l'une de ses filles blessée par balles.

Renfermant, selon la rumeur, des munitions et des armes, la maison de MM. Klee, Skinner & Co., les plus riches négociants étrangers de Guatemala, fut attaquée à plusieurs reprises. Avec ses fenêtres à balcon, et sa porte bloquée à l'intérieur par des balles de marchandises, elle résista aux assauts d'une foule en furie, armée de mousquets, de gourdins, de couteaux et de machettes. Les prêtres couraient dans les rues, brandissant des crucifix, tentant de contenir les Indiens — au nom de la Vierge et des saints —, calmant la violence des passions, et sauvant certains habitants terrorisés. Je ne peux m'empêcher de mentionner ici celui dont le nom était sur toutes les lèvres, Mr. Savage, le consul des États-Unis, qui, au milieu du plus furieux assaut contre la maison de Mr. Klee, dévala la rue sous une pluie de balles, écartant à coups de poing baïonnettes et machettes, chassa la populace de la porte, et, traitant les assaillants de voleurs et de meurtriers, avec ses cheveux blancs épars au vent, déversa un tel torrent d'indignation et de mépris que les Indiens, stupéfiés par son audace, lâchèrent pied. Après cela, risquant presque gratuitement sa vie, il fut aperçu au plus fort de chaque échauffourée. Au grand étonnement de chacun, il ne fut pas tué ; et les résidents étrangers lui adressèrent par la suite une lettre commune de remerciements pour l'intrépidité dont il avait fait preuve dans la défense de la propriété et des vies humaines.

En attendant de négocier, Carrera, vêtu de l'uniforme de Prem, entreprit de calmer les ardeurs de ses partisans, mais il fit savoir qu'il ne pouvait lui-même résister à la tentation de mettre à sac la maison de Mr. Klee et des autres « Ingleses ». Il y avait une étrange part de fanatisme dans le personnage de ce chef de bande. Le cri de ralliement de ses hordes était « Viva la religión ! ». Le palais de l'archevêque avait, ô sacrilège, été transformé en théâtre par les Libéraux : Carrera exigea que les clefs de l'édifice lui fussent remises, les mit dans sa poche, et déclara que, pour prévenir toute nouvelle souillure, le bâtiment ne serait rouvert qu'au retour d'exil du prélat.

Finalement, les conditions auxquelles il consentait à se retirer furent acceptées par les autorités de la ville, à savoir : le versement de onze mille dollars en espèces sonnantes et trébuchantes (dix mille dollars devaient être distribués à ses partisans, le reste lui revenant personnellement), la remise d'un millier de mousquets, et sa nomination au grade de lieutenant-colonel. La somme d'argent était un faible prix à payer pour écarter un danger aussi imminent, mais il s'agissait d'un montant considérable aux yeux de Carrera et de ses séides, qui pour la plupart ne valaient guère plus que les guenilles qu'ils avaient sur le dos et que les armes volées qu'ils tenaient en main. La rançon ne fut pas facilement réunie ; les caisses de l'État étaient vides, et les habitants ne s'acquittèrent qu'à contrecœur de leur contribution. Le folie consistant à remettre à Carrera un millier de mousquets n'avait d'égale que l'absurdité de sa nomination au grade de lieutenant-colonel.

L'après-midi du troisième jour, l'argent fut versé, les mousquets livrés, et Carrera reçut le commandement de la province de Mita, un district situé près de Guatemala. La joie manifestée par les habitants à la perspective de son départ immédiat fut sans bornes, mais, au dernier moment, une inquiétante rumeur se répandit selon laquelle des bandes de soldats irréguliers s'apprêtaient à se livrer à toutes sortes de débordements et, avant de partir, à piller la ville. Une décharge de mousquets sur la Plaza confirma ce bruit, et l'effet qu'elle produisit fut indescriptible. Une heure de terrible incertitude s'écoula, mais à cinq heures les brigands commencèrent à quitter la capitale. Ils firent halte sur la Plaza de Toros, et, tirant en l'air avec leurs mousquets, déclenchèrent une nouvelle panique. La rumeur courut alors que Carrera avait exigé quatre mille dollars de plus, et que, s'ils ne lui étaient pas accordés, il reviendrait et les prendrait de force. Carrera revint effectivement, mais pour demander une pièce d'artillerie — qui lui fut remise. Finalement, après avoir laissé derrière lui une proclamation requérant une fois de plus la « réparation de tous les abus », il quitta pour de bon la ville, à l'inexprimable soulagement de ses habitants.

Le ravissement éprouvé par la population fut, de fait, considérable, mais la confiance ne fut pas pour autant rétablie et les animosités politiques persistèrent. Valenzuela, l'un des meneurs de l'opposition libérale, fut nommé chef de l'État ; l'Assemblée se réunit à nouveau, de manière épisodique. Barundia, en sa qualité de chef du nouveau parti ministériel, proposa d'abolir tous les décrets anticonstitutionnels de Galvez. L'argent faisant défaut, il lui fallut recourir à la vieille méthode des emprunts forcés. Les riches s'en trouvèrent fort contrariés. Au milieu des dissentiments et de la confusion, on apprit que le Quezaltenango, l'un des départements du Guatemala, avait fait sécession et proclamé son indépendance. Au même moment, le gouvernement reçut une lettre de Carrera lui faisant savoir qu'il avait appris, depuis son retour à Mastaquintla, que des gens « disaient du mal de lui dans la capitale », et que s'ils continuaient, il reviendrait à la tête de quatre mille hommes et remettrait les choses en ordre. De temps à autre, il chargeait quelque Indien venant à passer par son village de porter un message de la même eau. On apprit bientôt que ses partisans ne reconnaissaient plus son autorité, et opéraient désormais pour leur propre compte : menaçant la ville d'une nouvelle invasion, ils se déclaraient résolus à « exterminer tous les Blancs », et à établir un gouvernement de *pardos libres*, de « métis libres », et de jouir des terres qui leur reviendraient de droit, une fois émancipés de la domination des Blancs. Pour l'honneur du Guatemala, dans un dernier accès de bravoure, les hommes de toutes les classes prirent les armes, mais ce sursaut fut de courte durée. A nouveau, on apprit que Carrera avait ordonné à ses hordes de marcher sur la ville. Il fut conseillé en privé à plusieurs familles de chercher leur salut dans la fuite. Des centaines d'habitants suivirent leur exemple, et les routes furent bientôt encombrées de longues processions de mules, de chevaux et d'Indiens chargés de bagages. Guatemala menaçant de se vider de sa population, le gouvernement posta des gardes aux issues de la ville. Des centaines de demandes de sauf-conduits furent refusées, et derechef tous les hommes valides furent appelés à prendre les armes. Le mardi à dix heures du soir, on annonça que Carrera se trouvait à Palencia, et à onze heures, qu'il en était parti pour mater une rébellion de ses propres troupes.

Le dimanche 4 mars, le gouvernement pouvait mettre en ligne sept cents hommes. Les Antiguanos envoyèrent dans la capitale trois cent cinquante mousquets et des munitions, jugeant peu prudent de les conserver ; en effet, on avait entendu dans la ville des cris « *Muera Guatemala, Viva Carrera* », et on avait pu lire, placardées sur les murs, des affiches qui reprenaient les mêmes termes. A ce moment, Carrera adressa au gouvernement une lettre dans laquelle il lui demandait de dissoudre ses forces armées, l'assurait que son seul but était d'écraser les quatre cents derniers soldats de Galvez, et réclamait deux canons et des munitions. Par l'entremise des prêtres, les autorités tentèrent alors de convaincre les partisans de Carrera de déposer les armes, moyennant le paiement de cinq dollars par tête, mais bientôt la rumeur se répandit que le chef rebelle était plus puissant que jamais, qu'il occupait toutes les routes et adressait des proclamations enflammées au gouvernement. Finalement, on apprit qu'il marchait bel et bien sur la ville.

Sur ces entrefaites, à l'inexprimable joie des habitants, le général Morazan, le président de la République de Centre-Amérique, arriva de San Salvador avec mille cinq cents hommes. L'esprit de parti devait cependant continuer à prévaloir. Morazan établit son camp à quelques lieues de la ville, hésitant à y pénétrer ou à employer les forces du gouvernement fédéral pour écraser une révolution au Guatemala, à moins que le gouvernement de cet État ne l'y autorisât. Se méfiant du gouvernement fédéral, et jalouses de prérogatives qu'elles n'avaient pas le courage de défendre, les autorités guatémaltèques exigèrent du président qu'il leur communiquât le plan de sa campagne, avant de publier un décret offrant à Carrera un délai de quinze jours pour déposer les armes. Deux jours plus tard, le gouvernement annula ledit décret et autorisa le président à agir à sa guise.

Entre-temps, les soldats et les officiers d'un piquet de Morazan furent égorgés, et la nouvelle produisit une grande émotion parmi ses troupes. Voulant éviter une nouvelle effusion de sang inutile, le général fit venir de la ville le chanoine Castillo et Barundia, et les envoya en députation chez les bandits pour les convaincre de rendre leurs armes, offrant même quinze dollars par tête, plutôt que d'en venir à l'irréparable. Les deux émissaires trouvèrent Carrera dans un de ses repaires, au cœur des montagnes de Mastaquintla, entouré d'une foule d'Indiens qui se nourrissaient exclusivement de *tortillas*. Le traître Barundia avait été accueilli froidement par les soldats de Morazan ; son pauvre cheval éreinté était resté attaché dans le camp de l'armée fédérale un jour et demi sans qu'on lui eût donné une seule touffe d'herbe à manger. Enfin, pour toute récompense de sa trahison, Carrera refusa de le recevoir sous son toit, car, dit-il, « il ne voulait pas plonger sa nouvelle lance, un cadeau que lui avait fait un prêtre, dans la poitrine de Barundia ».

La rencontre eut lieu en plein air, au sommet d'une montagne. Carrera refusa de baisser les armes tant que ses exigences ne seraient pas satisfaites, et tant que la taxe de capitation à laquelle étaient soumis les Indiens ne serait pas réduite des deux tiers. En revanche, il modéra son hostilité à l'égard des étrangers, exigeant seulement que ceux qui n'étaient pas mariés fussent expulsés du pays, et qu'il ne fût permis aux autres que d'y commercer. L'infâme *padre* Lobo, son fidèle ami et conseiller, était à ses côtés. Les deux compères écoutèrent avec attention les explications du chanoine Castillo, notamment au sujet de l'absurde accusation qu'on avait portée contre le gouvernement, projetant soi-disant d'empoisonner les Indiens. Carrera mit brusquement fin à la conversation en affirmant que les autorités lui avaient offert vingt dollars pour chaque Indien empoisonné.

Tout espoir de compromis étant désormais perdu, Morazan marcha directement sur Mastaquintla. Avant qu'il ait eu le temps d'atteindre le quartier général de Carrera, les rebelles avaient disparu dans la montagne. Lancée à la poursuite d'un ennemi insaisissable, son armée dévasta le pays, semant la désolation dans les villages et les villes, mais sans résultat : à son approche, les mousquets étaient mis en lieu sûr, les Indiens fuyaient dans la montagne, ou travaillaient tranquillement leurs champs. Mr. Hall, le vice-consul britannique, avait reçu une lettre de onze sujets de Sa Majesté se trouvant à Salama, à trois jours de marche de la capitale ; elle l'informait qu'ils avaient été arrêtés de nuit par un détachement de soldats de Carrera, puis dépouillés de tous leurs biens et emprisonnés pendant trente-six heures, sans manger. Condamnés à mort, ils avaient finalement reçu l'ordre de quitter le pays, ce qu'ils étaient précisément en train de faire, dépourvus de tout, et demandaient leur route.

Quelques jours plus tard, à dix heures du soir, le canon donnant l'alerte tonna à nouveau dans la capitale : Carrera, disait-on, était une fois de plus aux portes de la ville. Pendant ce temps, les dissensions entre factions étaient restées toujours aussi vives. Les conservateurs du parti Central tremblaient d'appréhension, tout en se réjouissant au fond de leur cœur de la déliquescence du pays sous l'administration des Libéraux et de l'apparition sur le devant de la scène d'un homme capable de leur inspirer une sainte terreur. Quant aux Libéraux, désunis, ils se vouaient entre eux une haine encore plus farouche que celle que les Centralistes leur portaient. L'excitation des esprits devint telle que chaque parti adressa sa propre pétition au général Morazan, décrivant le déplorable état d'insécurité dans lequel était plongée la ville, et le suppliant d'y entrer et de rétablir la paix. Plusieurs groupes de députés se précipitèrent au quartier général de Morazan, avec l'espoir d'être le premier à solliciter la protection du général. N'ignorant rien de l'anarchie qui régnait dans Guatemala, il enfourchait son cheval quand les premiers députés arrivèrent. Le dimanche suivant, il entra dans la capitale avec une escorte de deux cents soldats, au son de volées de cloches et de tirs de canons, entre autres manifestations de joie. Ce même jour, les marchands de la ville, avec le marquis d'Aycinena et d'autres membres du parti Central, lui portèrent une pétition qui attirait son attention sur l'effroyable inquiétude de la population, et lui demandait de renverser les autorités de l'État guatémaltèque, de prendre les rênes du gouvernement, et de convoquer une Assemblée Constituante — seules mesures susceptibles de sauver le Guatemala de la ruine. Dans la soirée, des députés appartenant à diverses factions du parti Libéral eurent de longs entretiens avec le président. Morazan répondit qu'il voulait agir dans le respect de la légalité, qu'il adresserait un message à l'Assemblée le lendemain, et qu'il se conformerait à ses décisions. Les débats de l'Assemblée furent trop affligeants et déshonorants pour que l'on s'y arrête. Pour autant que j'aie pu me retrouver dans l'imbroglio politique de cette époque, je pense pouvoir dire qu'après avoir été noyé sous un flot de manifestes et de proclamations émanant des deux camps, le général Morazan se conduisit avec probité et honneur. Les Centralistes firent une tentative désespérée pour le rallier à leur cause, mais il n'accepta ni le jeu de dupe qu'on lui proposait, ni les offres de service de sycophantes qui s'étaient toujours opposés à lui — de même qu'il condamna les égarements de certains de ses partisans.

Entre-temps, Carrera avait gagné du terrain. Ses troupes avaient mis en déroute plusieurs détachements fédéraux, massacré leurs soldats, et accru leurs réserves de munitions et armes. Finalement, tout le monde estima qu'il était temps d'agir. Lors d'une dernière session de l'Assemblée, le désespoir au cœur, les députés décrétèrent, sans débat :

1. que le gouvernement guatémaltèque se replierait à Antigua,
2. que le président, en personne, ou par délégation, gouvernerait le *district* selon l'article 176 de la Constitution.

Au milieu de scènes de confusion dans la ville, et malgré les pires rumeurs provenant de l'extérieur, un bal fut donné le dimanche soir en l'honneur de Morazan, mais les Centralistes, mécontentés par la fin de non-recevoir du général à leurs ouvertures, refusèrent d'y assister. Galvez, le chef libéral renversé par Carrera, fit sa première apparition depuis sa déposition, et dansa pendant toute la soirée.

Irrésolu dans le secret de son cabinet, Morazan faisait flèche de tout bois sur le champ de bataille. Désormais investi des pleins pouvoirs, il se montra à la hauteur de sa réputation de soldat. Les bulletins militaires des mois de mai et de juin, une longue énumération de carnages et de pillages, permettent de suivre à la trace Carrera, talonné par les troupes du gouvernement, qui le battaient chaque fois qu'elles le trouvaient, mais sans jamais parvenir à s'emparer de sa personne. Pendant ce temps-là, les luttes entre partis continuaient de plus belle, et le pays n'était plus gouverné. L'Assemblée avait cessé de se réunir, et tandis que Morazan dispersait les hordes sauvages et débarrassait les Guatémaltèques du danger qui les avait conduits à réclamer son intervention, les vieilles rancœurs avaient resurgi, et des proclamations incendiaires avaient été publiées contre lui, l'accusant de ruiner le pays en entretenant ses soldats sur le dos de la population, et de maintenir la capitale dans la sujétion à la seule force des baïonnettes.

Au début du mois de juillet, le général Morazan, considérant que Guatemala était désormais à l'abri de tout danger, retourna au Salvador, après avoir laissé des garnisons dans différentes villes sous le commandement de Carvallo, et nommé Carlos Salazar commandant de la capitale. Tout le monde imaginait Carrera définitivement vaincu. Pour clore une fois pour toutes cette affaire, Carvallo publia l'avis suivant :

« La ou les personnes qui livreront le criminel Rafael Carrera mort ou vivant (s'il ne se livre pas de lui-même aux autorités pour le pardon de ses fautes) recevront une récompense de 1 500 dollars, deux caballerías [68] *de terre, et le pardon pour tous les crimes qu'elles ont pu commettre. »*

Le Général en Chef
Guatemala, le 20 juillet 1838   *J.N. Carvallo*

Mais le « criminel » Carrera, le hors-la-loi, le proscrit, n'avait pas dit son dernier mot. Alors que la ville, dans un état de déliquescence complet, était le théâtre de luttes intestines acharnées, qu'on y levait des emprunts forcés, qu'on s'y plaignait du coût de l'entretien d'une soldatesque désœuvrée, qu'on complotait le renversement du gouvernement et la formation d'une junte provisoire, enfin, que l'on convoquait une Assemblée constituante, avec Mr. Rivera Paz à sa présidence, Carrera, avec des partisans toujours plus nombreux, attaqua Amatitlan et s'empara d'Antigua ; après avoir mis à sac quelques maisons, il fit main basse sur tous les canons, mousquets et munitions que possédait la ville, et lança à nouveau ses troupes sur Guatemala, en proclamant bien haut son intention de la réduire en cendres et de tuer tous ses habitants de race blanche.

La consternation de la population ne saurait être décrite. Le général Morazan fut à nouveau appelé à la rescousse. En guise de réponse, il fit tenir aux habitants une lettre, par l'entremise d'un messager qui la porta dissimulée dans la manche de son manteau, dans laquelle il adjurait la population d'organiser sa défense et de tenir bon pendant quelques jours. Mais le danger était trop imminent. Salazar, à la tête des troupes fédérales (les soldats « désœuvrés » dont on se plaignait), partit à la rencontre de l'ennemi à deux heures du matin. A la faveur d'un brouillard à couper au couteau, il surprit Carrera à Villa Nueva, tua quatre cent cinquante de ses hommes, et lui infligea une déroute complète. Carrera lui-même fut grièvement blessé à la cuisse. La capitale était sauvée de la destruction, et, le lendemain, Morazan y fit son entrée avec mille hommes. Encore sous l'emprise de la menace à laquelle elle avait tout juste échappé, la population redoutait encore un retour des hordes barbares. Rancunes et querelles furent momentanément oubliées : tous considéraient Morazan comme le seul homme réellement capable de sauver le Guatemala de Carrera, et, chacun son tour, le suppliaient d'accepter la charge de dictateur.

A peu près au même moment, Guzman, le général de l'État de Quezaltenango (ou Los Altos), arriva avec sept cents hommes, et, fort de cette aide, Morazan dressa un vaste plan de campagne visant à l'encerclement et à l'écrasement définitif des *Cachurecos*. Les opérations militaires qui s'ensuivirent eurent le même résultat qu'auparavant : lors de chaque combat, Carrera réussissait à fuir. Ses partisans furent dispersés, ses meilleurs hommes capturés et abattus, et lui-même, aux abois et mourant à moitié de faim, fut cerné au sommet d'une montagne (il ne dut son salut qu'à l'impéritie de ses assiégeants). Au bout de trois mois, chassé de village en village, ses cachettes détruites, il signa un traité avec Guzman, aux termes duquel il s'engageait à lui remettre mille mousquets, et à désarmer ses derniers hommes. En exécutant le traité, cependant, il ne livra que quatre cents mousquets, et encore s'agissait-il de vieilles pétoires sans valeur. Guzman ferma les yeux sur ce manquement à la parole donnée, sans se douter du terrible sort qui lui serait réservé quand il tomberait aux mains de Carrera.

Sur ces entrefaites, Morazan renversa Rivera Paz, rétablit Salazar dans ses fonctions, et retourna au Salvador. Après avoir lourdement imposé la ville pour couvrir ses frais de guerre, il emmena avec lui tous les soldats du gouvernement fédéral, pour ne plus prêter flanc aux critiques des Centralistes, qui

216

l'accusaient de maintenir la capitale sous son joug à la seule force des armes. Guzman retourna à Quezaltenango, et Salazar ne disposa plus que de soixante-dix hommes.

L'imposition extraordinaire et le retrait des soldats de la ville ayant provoqué un vif mécontentement à l'égard de Morazan, l'horizon politique s'assombrit à nouveau sur l'ensemble du territoire de la Fédération. Les agissements du marquis d'Aycinena, qui avait été exilé par Morazan et avait résidé plusieurs années aux États-Unis (où il avait étudié nos institutions), précipitèrent la crise. Le Honduras et le Costa Rica proclamèrent leur indépendance. Tous ces événements pesèrent sur l'avenir du Guatemala et avivèrent encore davantage les dissensions.

Le 24 mars 1839, Carrera publia depuis son repaire de Mastaquintla un avis dans lequel, faisant référence à la déclaration d'indépendance des États-Unis, il affirmait : « Quand ces lois sont tombées entre mes mains, je les ai lues avec attention, et je m'y reporte aujourd'hui très souvent ; comme une mère étreint l'unique fils qu'elle croyait perdu, et le presse contre son cœur, j'ai fait de même avec le folio qui contenait la déclaration, car j'y ai trouvé les principes que je défends, et les réformes que je désire appliquer. » Cette formule était plutôt métaphorique, dans la mesure où Carrera ne savait pas lire à cette époque, mais lesdites « lois » devaient effectivement constituer une nouveauté pour lui et ce qu'il en avait entendu avait sonné agréablement à ses oreilles. A nouveau, il menaça de marcher sur la capitale, où régnait la plus totale anarchie. Le 12 avril, ses hordes apparurent aux portes de la ville. La population fut figée par la terreur : pas un seul homme ne prit les armes pour tenter de repousser l'ennemi. Morazan était trop loin pour qu'on pût le rappeler, et ceux qui l'avaient accusé avec véhémence de vouloir contrôler la ville à la force des baïonnettes étaient désormais les premiers à lui reprocher d'avoir laissé ses habitants à la merci de Carrera. Tous ceux qui le purent cachèrent leurs biens les plus précieux et prirent la fuite ; les autres se claquemurèrent dans leurs maisons, et barricadèrent leurs portes et leurs fenêtres.

A deux heures du matin, mettant la petite garnison hors de combat, Carrera fit son entrée avec mille cinq cents hommes. Salazar, le commandant de la place, avait disparu, et le chef rebelle alla tirer Rivera Paz de son lit et le rétablit dans la fonction suprême de l'État. Ses soldats prirent leurs quartiers dans les casernes, et Carrera se proclama « gardien de la ville ». Précisons à son crédit qu'il reconnaissait sa propre incompétence à gouverner, et qu'il mit des hommes à la disposition de la municipalité pour assurer le maintien de la paix civile. Ainsi, le parti Central était ramené au pouvoir. Par son fanatisme même, Carrera était lié au parti de l'Église ; il pouvait se flatter des relations qu'il entretenait avec l'aristocratie : il fut promu général, et on lui fit cadeau d'un splendide uniforme. Outre divers honneurs vides de sens, il reçut les casernes de la ville et de l'argent pour ses hommes, ce qui était préférable aux huttes indiennes et aux expéditions de pillage (ces dernières, il est vrai, étaient devenues une sorte de passe-temps pour ses troupes). L'alliance entre Carrera et les conservateurs de la capitale, nouée au mois d'avril qui avait précédé mon arrivée, était fondée essentiellement sur leur haine commune de Morazan et des Libéraux. Les centralistes étaient les maîtres de l'Assemblée constituante. Ils abolirent les lois votées par les Libéraux, remirent en vigueur l'ancienne législation espagnole (ainsi que les anciens noms désignant les cours de justice et les charges de l'administration), et prirent toutes les mesures de leur goût, sous réserve, bien sûr, qu'elles aient l'agrément de Carrera. Leur grand souci était de ne pas mécontenter le chef rebelle. Incapable de rester inactif dans la capitale, ce dernier marcha sur le Salvador, dans le but avoué d'attaquer Morazan. Les Centralistes étaient alors plongés dans les affres de l'inquiétude : une victoire ou une défaite de Carrera était tout aussi dangereuse pour eux. Si l'Indien était vaincu, Morazan marcherait directement sur la ville et chercherait à se venger de manière éclatante ; s'il était victorieux, il reviendrait avec ses barbares, et ces derniers seraient à tel point enivrés par leur succès qu'ils deviendraient absolument incontrôlables. Je raconterai ici une anecdote qui en dit long sur l'état du pays. La mère de Carrera, une vieille marchande ambulante bien connue sur la Plaza, vint à mourir. Jadis, on avait coutume dans les classes supérieures d'enterrer les défunts dans les églises ; cependant, depuis la grande épidémie de choléra, toutes les inhumations, sans exception, étaient interdites dans les temples de la religion, et même à l'intérieur de la ville ; on avait aménagé un *campo santo* à l'extérieur de la capitale, et les grandes familles y disposaient d'un caveau. Carrera fit savoir qu'il désirait que sa mère fût enterrée dans la cathédrale ! Le gouvernement se chargea d'organiser les funérailles, fit imprimer les faire-part, et tous les notables de la ville durent participer à la procession. Aucun effort n'était épargné pour satisfaire les volontés du chef indien et le maintenir dans de bonnes dispositions, mais il était sujet à de violents accès de colère ; il aurait même conseillé aux membres du gouvernement de ne jamais chercher à le contredire en de telles occasions. Tel était Carrera à l'époque de ma visite — maître plus absolu du Guatemala qu'aucun souverain d'Europe en son royaume, appelé par les Indiens « *Hijo de Dios* » (« Fils de Dieu ») ou « *Nuestro Señor* ».

Pour en revenir à mon entrevue, lorsque j'entrai dans la pièce, il était assis à une table, en train de compter des pièces de monnaie. Le colonel Monte Rosa, un métis au teint très basané, vêtu d'un uniforme rutilant, était assis à côté de lui, et plusieurs personnes se tenaient debout derrière les deux hommes. « Notre Seigneur » mesurait peut-être un mètre soixante-cinq ; il avait les cheveux noirs et raides, et, par son teint et son expression, avait tout d'un Indien ; imberbe, il ne semblait pas avoir plus de vingt et un ans. Il portait un veston et un pantalon noirs. Il se leva quand nous entrâmes, poussa les pièces sur un côté de la table, et, probablement impressionné par mon habit officiel, me reçut avec grande déférence et me fit asseoir auprès de lui. Mon premier sentiment fut une réaction de surprise à la vue de son extrême jeunesse, surprise dont je lui fis part : il me répondit qu'il n'était âgé que de vingt-trois ans ; il n'avait, de fait, pas plus de vingt-cinq ans. Puis, en homme conscient de son extraordinaire destinée, et sachant que j'en avais moi-même conscience, il ajouta, sans attendre mes questions, qu'il avait « commencé » (il ne précisa pas quoi) avec treize hommes armés de vieux mousquets, qu'ils étaient obligés de mettre à feu avec des cigares. Il me montra du doigt sur son torse et ses bras huit cicatrices, et me confia qu'il avait encore trois balles dans le corps. A ce moment, j'avais peine à croire que c'était le même homme qui, moins de deux ans plus tôt, était entré dans Guatemala à la tête d'une horde d'Indiens sauvages promettant la mort aux étrangers. En effet, dans aucun autre domaine il n'avait changé davantage qu'à l'endroit des étrangers — une heureuse illustration du rôle que les relations personnelles peuvent jouer pour briser les préjugés contre des individus ou certaines catégories sociales. Il avait fait personnellement la connaissance de plusieurs de ces étrangers, notamment d'un médecin anglais, qui avait extrait une balle de sa hanche. Son commerce avec ces personnes avait été si fructueux que ses sentiments à leur égard avaient changé du tout au tout. Il déclarait maintenant que c'étaient les seules personnes qui ne l'aient jamais trompé. Il avait également pris une extraordinaire initiative : dans les rares moments de repos que sa vie de chef de guerre lui laissait, il avait appris à écrire son nom, ce qui le dispensait désormais d'utiliser son cachet. Je n'ai jamais eu l'honneur d'être présenté à un souverain, qu'il fût légitime ou non, à l'exception de Méhémet-Ali [69]. Voyant en Carrera un jeune homme prometteur, je lui confiai qu'il avait une longue carrière devant lui, et qu'il devait œuvrer pour le bien de sa patrie. Il posa alors la main sur son cœur, et, avec une chaleur à laquelle je ne m'attendais guère, me jura qu'il était déterminé à vouer sa vie à son pays. Mis à part ses erreurs et ses crimes, personne ne l'a jamais accusé de duplicité ou de mensonge. Et peut-être, comme de nombreux hommes s'abusant eux-mêmes l'ont fait avant lui, se considérait-il comme un authentique patriote.

J'eus d'emblée le sentiment qu'il était promis à jouer un rôle important, voire déterminant, dans l'histoire de l'Amérique centrale. Confiant dans les effets bénéfiques que ne manquerait pas d'exercer sur son caractère sa soif de gloire et de respectabilité, je lui révélai que son nom était déjà connu de mes compatriotes et que j'avais lu dans les journaux le récit de sa dernière entrée dans Guatemala ; sa modération et ses efforts pour éviter des atrocités lui avaient valu toutes sortes de louanges. Il exprima sa satisfaction de savoir que son nom était ainsi connu, et qu'on parlait de lui en de tels termes parmi les étrangers ; il se défendit également d'être un brigand ou un meurtrier, comme le prétendaient ses ennemis. Il paraissait intelligent, et capable de s'amender. Je lui conseillai de voyager dans d'autres pays, et notamment, en raison de sa proximité, dans ma patrie. Il n'avait que de très faibles notions de géographie, ne connaissant mon pays que sous le nom d'« *El Norte* » (« le Nord »). Après s'être enquis de la distance qui le séparait de l'Amérique centrale, et des moyens permettant de s'y rendre, il me promit que « lorsque les guerres seraient finies », il entreprendrait un voyage à « El Norte ». Mais il ne pouvait détacher ses pensées des guerres et de Morazan ; en fait, il ne connaissait rien d'autre. Bien que graves, ses manières et sa façon de parler restaient enfantines. Il ne souriait jamais, et, conscient de son autorité, il la manifestait sans ostentation, bien qu'il parlât toujours à la première personne du pluriel de ce qu'il avait fait ou de ce qu'il comptait faire. Mon entrevue avec lui fut en définitive beaucoup plus intéressante que prévu. Si jeune, si humble par ses origines, si peu favorisé par la naissance, si sincère, mais en même temps ignorant, fanatique, sanguinaire, et esclave de violentes passions, il concentrait dans sa personne tous les instincts destructeurs de son pays, et ces instincts avaient pour corollaire une haine mortelle à l'égard des Blancs. Quand vint le moment de nous séparer, il m'accompagna jusqu'à la porte, et, en présence des soudards qui lui servaient de gardes du corps, déclara qu'il se tenait à ma disposition. Je compris que je lui avais fait bonne impression. Un peu plus tard, mais malheureusement pendant mon absence, il me rendit visite en grand uniforme et grand équipage, ce qui était de sa part tout à fait inhabituel.

A cette époque, comme me l'expliqua Don Manuel Pavon, Carrera se considérait comme un simple général recevant ses ordres du gouvernement. Il ne percevait aucune indemnité régulière pour lui-même et l'entretien de ses troupes. Il n'avait aucun goût pour les comptes, et demandait de l'argent seulement quand il en avait besoin (en huit mois, il n'en réclama pas plus que Morazan en deux jours). Il ne voulait pas d'argent pour lui-même, et les soldes qu'il accordait à ses Indiens étaient dérisoires. Ce train aussi peu dispendieux ne pouvait que contenter l'aristocratie, principal bailleur de fonds du pays. Certains de mes amis apprendront peut-être avec intérêt que ce hors-la-loi devait se soumettre à une autorité à laquelle des hommes plus débonnaires répugnent à rendre des comptes : sa femme, en l'occurrence, l'accompagne à cheval dans toutes ses expéditions, mue par un sentiment qui, dit-on, procède parfois d'un excès d'affection ; et j'ai entendu dire que ce chef d'État consacrait une part non négligeable de son temps à régler des querelles de ménage.

Alors que nous regagnions ma maison, un homme nous aborda pour informer Mr. Pavon qu'un détachement de soldats cherchait un membre de l'Assemblée (et un de ses amis personnels) qui avait le malheur de déplaire à Carrera. En chemin, nous vîmes une rangée de soldats montant la garde devant sa porte, pendant que d'autres fouillaient à l'intérieur. Cette perquisition était effectuée sur ordre de Carrera, à l'insu du gouvernement.

12

LA MAIN COUPÉE

Excursion à Mixco. — Un pittoresque tableau. — Procession en l'honneur du saint patron de Mixco. — Feux d'artifice. — Les femmes et le tabac. — Rixe nocturne. — Peines et douleurs. — Un combat de coqs. — Retour dans la capitale.

En raison des convulsions et des dangers de l'heure, la ville était d'un mortel ennui, et les relations privées étaient empreintes d'une grande tristesse. Des efforts étaient cependant entrepris par certaines dames de la bonne société pour rompre la monotonie quotidienne ; ainsi, organisèrent-elles une excursion, à laquelle je fus convié. Nous devions nous rendre dans l'après-midi à Mixco, un village distant de trois lieues, où la fête patronale devait être célébrée le lendemain selon les rites indiens.

Accompagné de Don Manuel Pavon, je passai à nouveau à cheval devant la maison du député proscrit, dont la porte était fermée et gardée par des sentinelles. Je ne pus m'empêcher de penser à sa famille désemparée, probablement terrorisée à l'idée que sa cachette fût découverte. Nous nous arrêtâmes en chemin chez l'une des *doñas* du groupe, une jeune veuve que je n'avais jamais vue auparavant, mais qui, dans sa tenue de cavalière, produisit sur moi la meilleure impression. Son cheval était prêt, et, quand elle eut embrassé et salué tout son monde, nous l'emmenâmes avec nous et rejoignîmes le lieu du rendez-vous, une vaste demeure dont la cour était remplie de chevaux, avec toutes sortes de selles et de harnachements. Bien que nous allâmes dans un bourg situé à seulement quinze kilomètres de là, il était nécessaire d'emporter du matériel de couchage et des provisions. Un cortège de serviteurs, assez important pour porter les vivres d'une petite expédition militaire, nous précédait, et nous nous mîmes en route. Une fois les portes de la ville franchies, toutes les inquiétudes et tous les périls qui hantaient la capitale furent instantanément oubliés. Notre route traversait une vaste plaine qui, à la lumière du soleil se couchant derrière les volcans d'Agua et de Fuego, ressemblait à un magnifique terrain de boules ; dans un tel paysage, notre groupe, précédé d'une longue colonne de porteurs, formait un pittoresque tableau.

Après avoir franchi un ravin à la tombée de la nuit, nous pénétrâmes dans Mixco par une rue entièrement illuminée. Elle menait à une *plaza* éclairée par des milliers de torches et occupée par une véritable foule composée en grande partie d'Indiens en habits de fête. Sur le haut de la place se dressait une gigantesque église. Nous fîmes halte devant la maison réservée aux dames, et, après les y avoir laissées, les hommes se dispersèrent pour trouver à se loger. Toutes les rues et les ruelles étaient abondamment éclairées, et des arcs décorés de plantes vertes et de chandelles avaient été érigés en travers de certaines d'entre elles. A chaque carrefour on avait installé un autel sous un auvent de branchages fleuri. Après nous être retrouvés dans la maison qui abritait nos compagnes, nous gagnâmes la *plaza* au moment même où la procession sortait de l'église.

La procession d'un village en l'honneur de son saint patron est la grande fierté de l'Indien, et la pierre angulaire de sa pratique religieuse. Chaque Indien contribue par son travail et sa fortune à son organisation, et celui qui y prendra la plus grande part y verra un très grand honneur. Mixco est un village riche, où habitent tous les muletiers de Guatemala. Nulle part ailleurs je n'ai vu une procession indienne aussi imposante. L'église est bâtie sur un terre-plein, en haut de la *plaza* ; sa façade richement ornée était entièrement éclairée par la lumière des torches. La grande esplanade et les marches qui y menaient étaient occupées par une multitude de femmes en blanc. La foule, soudain, s'écarta de la grande porte, et, au son de cantiques, la procession déboucha sur le parvis. En tête venaient l'*alcalde* et ses *alguazils*, tous indiens, avec une canne de bedeau dans une main, et un long cierge dans l'autre ; ils furent suivis d'une cohorte de diables, moins enjoués que ceux de Guatemala, mais plus hideux, et probablement plus ressemblants, selon les critères des indigènes ; apparut ensuite, portée à bout de bras, une grande croix d'argent, richement ciselée et ornée, et suivie par le curé, avec un dais en soie maintenu au-dessus de sa tête par de longues perches. Sur le passage de la croix, tout le monde tomba à genoux, et un étranger qui ne se serait pas conformé à ce rite eût été jugé coupable d'une insulte à l'endroit de la sainte religion. Derrière le curé apparurent des statues de saints plus grandes que nature, portées sur des litières, ainsi qu'une statue de la Vierge, somptueusement vêtue d'une robe étincelante de paillettes. Fermant la marche, une longue procession de femmes indiennes arborant une cordelette rouge dans leur chevelure, à la manière d'un turban, et brandissant chacune un cierge, sortit à son tour sur la *plaza*. La procession s'engagea dans les rues illuminées et passa sous les arcs ; faisant halte de temps à autre devant les autels, elle fit ainsi le tour du village. Une heure plus tard, chantant à pleine voix, les femmes gravirent à nouveau les marches de l'église. Leur retour fut salué par un tir de fusées, après quoi tous se rassemblèrent sur la *plaza* pour assister aux feux d'artifice et aux *toros de fuego* [...].

Notre groupe était bien connu des habitants de Mixco. Bien que la foule se pressât sur les marches de l'église, l'une des meilleures places fut immédiatement libérée à notre intention. La simplicité de manières et la cordialité qui régnaient entre riches et pauvres constituaient à mes yeux l'un des aspects les plus fascinants de toute la fête [...].

Quand tout fut fini, nous retournâmes à la *posada*. Une nappe fut étendue sur la table, et, en quelques minutes, sous la direction de la gent féminine, les victuailles de pique-nique amenées de Guatemala y furent disposées. Les bancs furent tirés contre la table principale, et tous ceux qui purent trouver une place s'assirent. Avant la fin du dîner, des jeunes gens venant de la capitale firent irruption dans la pièce. Portant des chapeaux satinés, des *ponchos* et des épées, les nouveaux venus semblaient plutôt éméchés ; il s'agissait pour la plupart d'adolescents, frères ou cousins de nos compagnes. Sans ôter leurs couvre-chefs, ils prirent place aux tables libres. Dès qu'ils se furent restaurés, ils firent disparaître les assiettes et empilèrent les tables dans un coin, les chandeliers au sommet ; les violonistes attaquèrent un air, et hommes et femmes, après avoir allumé leurs cigares et cigarettes, commencèrent à danser. A mon grand regret, je dois faire ici allusion à cette inélégante habitude qu'ont les femmes d'Amérique centrale de fumer — les femmes mariées, des *puros* (« pur tabac »), et les demoiselles des *cigarillos* (du tabac enveloppé dans du papier ou des feuilles d'un autre végétal). Chaque homme qui se respecte a dans sa poche un briquet en argent, qui prend presque autant de place qu'un mouchoir, le *nec plus ultra* en matière de galanterie consistant à proposer du feu à une femme ; s'il s'acquitte de cette tâche avec dextérité, l'homme peut espérer avoir allumé une flamme dans le cœur de l'élue ; en tout état de cause, un défaut d'habileté en la matière fait très mauvais effet. Le beau sexe doit-il fumer ? Je me garderai d'exprimer mon opinion sur ce sujet. J'ai vu des bouches sublimes profanées par le tabac. Néanmoins, j'ai le souvenir d'une jolie *señorita* faisant montre de délicatesse et de raffinement en se livrant à cette activité : ses lèvres effleuraient à peine le *cigarillo,* comme si elles y déposaient doucement un baiser, avant d'exhaler la fumée.

Les danses continuèrent jusqu'à deux heures du matin, et, quand vint l'heure des adieux, nous nous séparâmes comme les convives d'une joyeuse réunion de famille. Les jeunes gens se dispersèrent dans la ville, qui pour aller dormir, qui pour finir la nuit et continuer à faire bombance ailleurs, et Don Manuel et moi-même regagnâmes notre gîte.

Nous étions allongés dans nos hamacs, discutant des événements de la soirée, lorsque nous entendîmes du bruit dans la rue — comme des piétinements devant la porte et un cliquetis de sabres. Au même moment, le serviteur de mon ami frappa à notre porte, et nous apprit qu'un homme avait été tué quelques maisons plus loin, la tête tranchée par un sabre. Au lieu de sortir pour satisfaire une curiosité malsaine, nous verrouillâmes notre porte, en hommes prudents, mais nous entendîmes peu après de nouveaux bruits de pas précipités, suivis de coups de feu. Le village entier semblait en effervescence. Nous venions de nous recoucher quand on frappa de nouveau à notre porte. Notre logeur, un vénérable vieillard, dormait avec sa femme dans une pièce donnant sur la cour ; craignant d'avoir affaire à des émeutiers, les deux époux hésitaient à ouvrir. Alors que l'homme s'y refusait, la femme, mue par une appréhension toute maternelle, craignait qu'un accident fût survenu à « Chico », son fils. Les coups contre la porte redoublèrent, et une voix cria que Chico était blessé. Le vieil homme alla chercher une chandelle, et, redoutant le pire, la mère et une jeune sœur fondirent en larmes. Le vieil homme les pria de cesser sur-le-champ leurs lamentations, déclarant qu'il avait toujours dissuadé Chico de sortir le soir, et qu'il méritait d'être puni. La sœur courut vers la porte et l'ouvrit, et deux jeunes gens entrèrent, l'un soutenant l'autre. Leurs sabres étincelaient à la lueur de la flamme. Le père s'approcha avec la chandelle, et le jeune homme blessé s'effondra sur le sol. Son visage était d'une pâleur extrême et couvert de sang. Son chapeau était coupé en deux, aussi nettement que s'il l'avait été par un rasoir, et sa main et son bras droits étaient enveloppés dans un mouchoir taché de sang. Le vieil homme le toisa avec la sévérité d'un Romain, avant de lui signifier qu'il n'avait eu que ce qu'il méritait. La mère et la fille pleuraient, et le jeune homme, d'une voix faible, suppliait son père de lui pardonner. Son compagnon le transporta dans la chambre de derrière, mais avant qu'on ait pu l'allonger sur le lit il tomba à nouveau et s'évanouit. Quand il eut repris ses esprits, son père, saisi par l'inquiétude, lui demanda s'il désirait se confesser. Chico répondit à mi-voix : « Comme il vous plaira. » Le vieillard pria alors sa fille d'aller chercher le *padre*, mais l'agitation était si grande dans les rues qu'elle n'osa s'aventurer au-dehors. De notre côté, nous entreprîmes d'examiner le blessé : malgré le coup de sabre qui avait traversé son chapeau, sa tête était à peine égratignée. Il nous révéla alors qu'il avait reçu le coup sur la main, qui avait été tranchée. Le médecin le plus proche habitait Guatemala, et personne ne pouvait quoi que ce fût pour lui. J'avais une certaine expérience en matière de médecine, mais aucune en chirurgie. Je savais cependant qu'il fallait, à toutes fins utiles, laver et nettoyer une plaie : avec l'aide du serviteur de Don Manuel, je déroulai le mouchoir ensanglanté. Au beau milieu de l'opération, mon courage m'abandonna et quand, une fois le mouchoir ôté, une main morte tomba sur la mienne, toutes les personnes qui assistaient à la scène eurent un mouvement de recul et crièrent d'effroi. La main était coupée au niveau des premières phalanges, et les quatre doigts ne tenaient plus que par la partie charnue du pouce. Je constatai que le cas excédait mes capacités. N'étant d'aucune aide, j'enveloppai à nouveau la main dans le mouchoir. Le jeune homme essayait de faire bonne contenance ; aussi reconnaissant que si je lui avais véritablement rendu service, il me demanda de ne plus me tourmenter pour lui et de retourner me coucher ; sa mère et sa sœur, avec des sanglots étouffés, étaient penchées sur lui ; son père était toujours aussi bourru, mais il était facile de voir qu'il endurait un véritable supplice ; quant à moi, l'étranger, j'étais horrifié de voir un jeune homme dans la force de l'âge mutilé pour la vie à cause d'une rixe nocturne.

Comme il nous le raconta lui-même, il marchait avec des amis quand il rencontra un membre de la famille Espinoza, de Guatemala, également en compagnie d'amis. L'homme (de notoriété publique une brute épaisse) l'aborda en l'apostrophant : « Viens ici, que je te flanque une rossée ! » Chico lui répondit : « Vas-y, si tu l'oses ! », et les deux hommes tirèrent immédiatement leurs sabres. Chico, en tentant de parer le coup, le reçut sur le tranchant de la main droite ; ses doigts, sectionnés net, amortirent à tel point le choc que l'arme ne coupa que la calotte et le bord de son chapeau. Il ne fait aucun doute qu'en perdant sa main il sauva sa vie ; si le coup avait atteint la tête de toute sa force, il l'aurait très certainement tué. Mais le malheureux jeune homme, au lieu de remercier le ciel d'être encore en vie, jura de se venger d'Espinoza. Celui-ci, comme je l'appris par la suite, promit que la fois suivante Chico « ne s'en tirerait pas à si bon compte ». Selon toute probabilité, lorsqu'ils s'affronteront à nouveau, l'un ou l'autre des deux n'en réchappera pas.

Pendant ce temps-là, l'émeute avait continué au-dehors. On pouvait suivre sa progression dans la ville aux coups de feu que l'on entendait par intermittence et qui se déplaçaient de quartier en quartier. Une tante de la famille se tordait les mains d'inquiétude, car son fils n'était pas rentré, et nous avions de bonnes raisons de craindre une nuit tragique. Nous allâmes nous coucher, mais pendant longtemps le bruit dans la rue, les gémissements de Chico et les sanglots de sa mère et de sa sœur nous empêchèrent de trouver le sommeil.

Nous ne nous réveillâmes qu'à dix heures. C'était un dimanche. La matinée était belle et ensoleillée, les arcs et les fleurs ornaient encore les rues, et les Indiens, dans leurs plus beaux vêtements, se rendaient à la messe. Personne ne se souciait des événements de la nuit. En traversant la *plaza*, nous croisâmes un beau et fringant cavalier, armé d'un long sabre à son côté ; il inclina la tête à l'adresse de señor Pavon, avant de passer devant la maison de Chico. C'était Espinoza. Personne ne tenta de l'inquiéter, et l'incident de la nuit précédente ne fut jamais porté à la connaissance des autorités.

Une telle foule se pressait sur la parvis de l'église que nous ne pûmes y entrer. Ayant finalement pénétré dans l'édifice par la cure, nous nous plaçâmes dans l'embrasure d'une porte donnant sur un côté de l'autel. Dans ses plus beaux vêtements sacerdotaux, le prêtre officiait, assisté de jeunes enfants de chœur indiens en chasubles ; leurs longs cheveux noirs et la mollesse de leurs traits contrastaient étrangement avec leur mise et leur fonction. Avec leurs mantilles noires rabattues sur le visage, et les yeux baissés, les danseuses de notre fête de la veille étaient agenouillées sur les marches au pied de l'autel [...].

Après la messe et un copieux petit déjeuner, nous nous rendîmes en compagnie de nos dames à un combat de coqs — surprenante occupation pour un dimanche matin. Le combat avait lieu dans la cour d'une maison inoccupée, où se pressait déjà une nombreuse assistance à notre arrivée. Je remarquai, pour l'honneur des Indiens, et la honte des classes plus respectables, que l'assemblée était composée exclusivement de métis et de Blancs, et qu'à l'exception des soldats de Carrera je n'avais jamais vu pareil attroupement d'individus ressemblant davantage à des canailles et des assassins. Des coqs étaient attachés par une patte à des piquets sur le pourtour de la cour ; des hommes couraient en tous sens avec d'autres bêtes sous le bras, avant de les poser sur le sol pour comparer leur taille et leur poids ; d'autres prenaient des paris et tentaient de s'escroquer mutuellement. Finalement, un combat commença. Les dames de notre groupe étaient assises sous la galerie de la maison, et un espace fut dégagé devant elles. Les éperons dont étaient dotés les volatiles formaient des appendices meurtriers, longs de plus de cinq centimètres, épais, et pointus comme des aiguilles. Les bêtes avaient à peine touché le sol que les plumes de leur cou étaient déjà tout ébouriffées. En moins de temps qu'il n'avait fallu pour les munir de leurs éperons, l'un des deux combattants gisait à terre, la langue pendante, et saignant par le bec. La violence et la véhémence de la scène, le brouhaha et les cris, les paris, les chamailleries et les jurons de la foule composaient un sombre tableau de la nature humaine, et donnaient des Guatémaltèques l'image d'un peuple sanguinaire.

[...] Quittant cette répugnante arène, nous nous promenâmes dans les faubourgs, jusqu'à un endroit commandant une magnifique vue sur la plaine et la ville de Guatemala, entourées de montagnes. Face à ce panorama, je me pris à me demander comment, au milieu de tant de beauté et de splendeur, des hommes pouvaient manifester de si viles inclinations [...]. Après avoir assisté à des danses improvisées sur la place du village, je regagnai Guatemala dans l'après-midi en compagnie de Don Manuel. En entrant dans la capitale, nous croisâmes une procession religieuse composée de prêtres et de moines brandissant chacun un cierge allumé, et précédée par des hommes tirant des fusées. Nous évitâmes la *plaza* à cause des soldats, et, quelques minutes plus tard, j'étais de nouveau chez moi, seul.

Le mardi 17 décembre, je partis en excursion pour La Antigua Guatemala et l'océan Pacifique.

. . . .

Avec un hamac et une paire de draps pour tout bagage, Stephens partit pour la côte pacifique par la route de Mixco. Après avoir rendu visite dans cette ville à « Chico », qui se rétablissait lentement de sa terrible blessure (sa main avait dû finalement être amputée), il atteignit « La Antigua Guatemala », l'ancienne capitale du pays, sise au pied des volcans d'Agua et de Fuego. Plusieurs fois ravagée par des tremblements de terre et des coulées de lave, la ville avait été abandonnée par ses habitants en 1777 au profit de la Guatemala moderne. Depuis lors, l'ancienne cité s'était progressivement repeuplée, et elle offrait en 1839 un étrange aspect : un vaste chaos de ruines au milieu duquel se dressaient, çà et là, d'anciennes demeures coloniales récemment restaurées. « A l'instar des villageois italiens installés sur le site d'Herculanum », la population *« ne semblait pas redouter un nouveau désastre ».*

Stephens consacre plusieurs pages à l'histoire de La Antigua — marquée par une longue série de catastrophes (épidémies, tremblements de terre, éruptions volcaniques) : en 1586, 1717 et 1773, d'effroyables secousses sismiques accompagnées le plus souvent de torrents de lave et de flammes avaient infligé de très importantes destructions à la ville. Guidé par un padre *octogénaire ayant réchappé au der-*

228

une grande transformation intérieure. Toujours est-il que de la
subvention de 1 700 000 piastres octroyée a été dépensée tant
en préparations qu'en travaux d'infrastructure que...

F. Catherwood

Antigua Guatemala

nier grand tremblement de terre, Stephens visita les ruines de la cathédrale : « Ses murs gigantesques étaient encore debout, mais ne supportaient plus de toiture ; l'intérieur servait de cimetière, et les tombes disparaissaient sous une forêt de dahlias et d'arbres hauts d'une trentaine de mètres. » Le lendemain, il effectuait l'ascension du volcan d'Agua, dont l'immense cratère, un ancien bassin rempli d'eau, était perdu dans les nuages.

Stephens séjourna ensuite à Ciudad Vieja, la toute première capitale du Guatemala, fondée par le conquistador Alvarado en 1524 et engloutie en 1541 sous une formidable coulée de boue issue du volcan d'Agua fissuré par un violent séisme. Par Alotenango, localité située au débouché de l'étroite vallée qui sépare les deux volcans d'« Eau » et de « Feu », il atteignit l'« objet de son voyage — les étendues sans limites du Pacifique », revivant l'expérience du conquistador Nuñez de Balboa lorsqu'il avait aperçu pour la première fois la « Mer du Sud ». Il regagna ensuite Guatemala par Escuintla et Amatitlan * — Ph.B.

* Résumé du chapitre XIII et du début du chapitre XIV (pp. 290-296) de l'édition de 1841.

QUATRIÈME PARTIE

LA GUERRE CIVILE

13

LE NOUVEL AN

Retour à Guatemala. — Une lettre de Mr. Catherwood. — Veillée de Noël. — Arrivée de Mr. Catherwood. — Affaires officielles. — L'aristocratie de Guatemala. — État du pays. — Le nouvel an. — Férocité des partis.

Huit jours après mon départ pour le Pacifique, j'étais de retour à Guatemala, la veille de Noël. Je trouvai chez moi une lettre de Mr. Catherwood, provenant d'Esquipulas, dans laquelle mon ami m'informait qu'il avait été rançonné par son serviteur, qu'il était tombé malade, et qu'après avoir quitté les ruines de Copán il s'était arrêté chez Don Gregorio. Il était désormais en route pour Guatemala. Rongé par l'inquiétude, je décidai de ne m'accorder qu'une seule journée de repos et de partir à sa rencontre.

....

Stephens passe le réveillon de Noël dans la tristesse, chez le señor Zebadura, avec des membres de la haute société de Guatemala. Le 25, Frederick Catherwood arrive dans la capitale, « armé jusqu'aux dents, pâle et décharné, mais heureux d'avoir atteint Guatemala » ; Stephens l'emmène sur-le-champ assister à la première corrida de la saison, et, le soir, à une pièce de théâtre, en présence de Carrera.

. . . .

Pour ce qui touchait à ma mission officielle, je ne savais plus que penser. A Guatemala, toute la population semblait s'être rangée du côté de Carrera. Tous mes interlocuteurs m'affirmaient que le Gouvernement Fédéral « n'existait plus ». Mr. Chatfield, le consul britannique, dont je respectais au plus haut point l'opinion, abondait dans le même sens : il avait publié une circulaire dans laquelle il déniait toute réalité à ce gouvernement. Celui-ci, cependant, prétendait encore exister, mais la seule idée de voir le général Morazan marcher sur la capitale plongeait la population dans la consternation. A plusieurs reprises, la rumeur courut qu'il s'apprêtait à passer à l'attaque, et qu'en cas de victoire des forces libérales aucun prêtre ne serait épargné, et que les rues seraient inondées de sang. Les partisans les plus hardis du nouveau régime tremblaient pour leur vie : Morazan n'avait jamais été vaincu, alors que Carrera avait toujours fui devant lui ; ils entretenaient de sérieux doutes sur la capacité du chef indien à les défendre, et ils étaient eux-mêmes sans défense. En tout état de cause, je n'avais entendu jusque-là qu'un seul son de cloche, et je ne me considérai pas en mesure de me prononcer sur l'existence ou la non-existence du gouvernement fédéral. Il m'incombait d'entreprendre des « recherches diligentes », après quoi je pourrais regagner ma patrie — pour employer le jargon juridique — « *cepi corpus* », ou « *non est inventus* » [70], selon les circonstances.

A cette fin, je décidai de me rendre à San Salvador, qui était auparavant, et qui prétendait être encore la capitale de la Confédération et le siège du gouvernement fédéral, ou, plus exactement, à Cojutepeque, la localité où le gouvernement s'était récemment installé, à cause des tremblements de terre qui menaçaient la ville. Ce projet n'était pas sans difficultés. Un certain Rascon, à la tête d'une bande de pillards et de hors-la-loi, occupait un district du pays que ma route traversait ; il ne se reconnaissait dans aucun des deux partis, et combattait pour son propre compte. Pour l'éviter, MM. Chatfield et Skinner étaient passés par la mer (ce qui représentait un long détour), et un capitaine de vaisseau français, Mr. de Nouvelle, dont le navire était ancré dans le port de San Salvador, avait atteint Guatemala après avoir parcouru dans les montagnes cent kilomètres à bride abattue, avec des bandits à ses trousses ; il nous fit le récit d'effroyables atrocités : ainsi, trois hommes avaient été assassinés près de San Vicente, alors qu'ils se rendaient à la fête d'Esquipulas, et leurs visages avaient été défigurés à un point tel qu'on ne

234

pouvait les reconnaître. Dès son arrivée, Mr. de Nouvelle avait adressé un message à son navire lui ordonnant de venir le chercher à Iztapa, sur la côte du Guatemala, afin de lui épargner un voyage de retour par voie de terre. J'avais fait part de mes intentions au gouvernement guatémaltèque : bien qu'il en fût fort contrarié, ce dernier m'avait proposé une escorte de soldats, en laissant cependant entendre qu'un combat aurait certainement lieu si d'aventure nous rencontrions des hommes de Morazan. Tout cela était fort déplaisant. Je n'avais aucune envie d'emprunter pour la troisième fois la route d'Iztapa, mais, dans les circonstances présentes, j'acceptai de bon cœur l'offre du capitaine de me prendre à bord de son navire.

En attendant, j'employai mon temps à des visites de courtoisie. L'« aristocratie » new-yorkaise est surnommée par le corps diplomatique en poste à Washington l'« aristocratie des rues ». A Guatemala, il s'agit plutôt d'une « aristocratie des maisons », certaines familles occupant d'antiques demeures qui avaient été construites par leurs ancêtres lors de la fondation de la ville. Grâce aux monopoles qui leur avaient été accordés pour importer des produits européens, ces familles avaient accumulé sous la domination espagnole d'immenses richesses, et acquis le rang de « princes négociants ». Elles étaient cependant exclues de toutes les fonctions administratives et ne prenaient aucune part au gouvernement du pays. A l'époque de la révolution, le chef d'une de ces familles, un marquis, avait déchiré ses insignes de noblesse et rallié la parti révolutionnaire. Venant juste après les représentants de la Couronne, l'aristocratie comptait bien, une fois émancipée du joug espagnol, prendre en main les affaires du pays ; c'est bien ce qui se produisit, mais son règne fut de courte durée. Le principe de l'égalité des droits ayant fait son chemin dans les esprits, elle fut mise à l'écart. Pendant dix ans, elle resta dans l'ombre, mais, de manière tout à fait accidentelle, elle reconquit le pouvoir avec l'aide de Carrera : à l'époque de ma visite, elle tenait le haut du pavé, tant dans la vie sociale qu'en matière politique. Je ne veux pas en dire du mal, dans la mesure où elle formait à elle seule ce que dans ce pays l'on appelle la « société ». Ses membres furent pratiquement mes seuls interlocuteurs à Guatemala, et je leur suis reconnaissant de l'hospitalité qu'ils m'ont témoignée ; ils sont par ailleurs, en tant que personnes, d'un commerce fort agréable, mais je n'éprouve aucune sympathie à leur égard sur le plan politique.

La situation du pays me semblait des plus critiques, et pour une raison entièrement nouvelle dans l'histoire de l'Amérique hispanique. A l'époque de la Conquête, quelques centaines d'Espagnols, par la supériorité de leurs armes, avaient assujetti l'ensemble de la population indienne. Naturellement pacifique, le peuple vaincu était resté calme et soumis pendant trois siècles de domination espagnole. Lors de la guerre civile qui avait suivi l'indépendance, il n'avait joué qu'un rôle subalterne, et, jusqu'à l'époque du soulèvement de Carrera, il était resté totalement inconscient de la force qu'il représentait. Mais cette inquiétante découverte était désormais chose faite. Les Indiens formaient les trois quarts de la population au Guatemala ; ils étaient les propriétaires héréditaires du sol. Pour la première fois depuis qu'ils étaient tombés sous le joug des Blancs, ils disposaient d'armes et obéissaient à un chef de leur race, qui avait choisi, pour le moment, de soutenir le parti central. Je n'éprouve aucune sympathie pour ce parti, car j'estime que, dans leur haine des Libéraux, ils ont courtisé une troisième force qui risque de les détruire un jour, avec leurs adversaires ; ils ont pactisé avec une bête fauve qui peut à tout moment se retourner contre eux et les tailler en pièces. Je crois qu'ils ont abusé de l'ignorance et des préjugés des Indiens, et, par l'entremise des prêtres, de leur fanatisme religieux ; ils les ont trompés avec des fêtes et des processions, et leur ont fait accroire que les Libéraux avaient l'intention de détruire les églises et de massacrer les prêtres ; enfin ils ont replongé le pays dans les ténèbres de l'obscurantisme. Dans le déchaînement général des passions, on ne peut trouver parmi eux un seul homme qui, par sa stature et son nom, saurait rallier autour de lui les éléments sains et honnêtes de la population, réorganiser la république, et sauver le pays de la honte et du danger que représente sa soumission à l'autorité d'un jeune Indien inculte et ignorant.

Tels sont mes sentiments. Bien sûr, je me gardai de les exprimer, mais dans la mesure où je ne faisais pas le procès de leurs adversaires, certains Centralistes me considéraient avec suspicion.

Pour eux, les différends politiques brisaient tous les liens. Les pires insultes que les politiciens de Washington s'adressent mutuellement paraissent bénignes et modérées comparées aux termes dans lesquels les Guatémaltèques des deux bords parlent les uns des autres. Là, un adversaire politique n'est le plus souvent qu'un homme « ignorant », « incompétent », « malhonnête », « déshonoré », « fourbe », ou « corrompu » — au pire, un « subversif, ennemi de la Constitution », ou « vendu aux Anglais » ; ici, un partisan du camp adverse est un « voleur », un « assassin », et l'intéressé doit s'estimer heureux s'il ne se fait pas traiter d'« égorgeur sanguinaire ». Nous nous plaignons que nos oreilles soient constamment offensées, et nos passions excitées par de violentes discussions politiques, mais j'aurais aimé assister à Guatemala à un véritable débat politique — franc, âpre et animé. J'ai voyagé dans tous les États de l'Amérique centrale, et je n'en ai pas entendu un seul, pour la simple raison que je n'ai jamais rencontré dans un seul et même lieu deux hommes professant des opinions politiques différentes. Les partisans du camp vaincu sont fusillés, exilés, traqués, ou réduits au silence, ou du moins ils n'osent exprimer leurs opinions en présence d'un homme du parti dominant. [*Stephens dresse alors un tableau du fonctionnement des institutions politiques aux États-Unis, dont les États d'Amérique centrale devront s'inspirer.*] Puisse l'influence morale de notre exemple atteindre nos républiques sœurs en ce moment si troublé de leur histoire, retenir le glaive de la persécution dans la main du vainqueur, et écraser l'esprit de subversion au sein du parti vaincu !

1ᵉʳ janvier 1840 — Ce jour, qui suscite une foule de souvenirs de mon pays natal — la neige, les nez rougis et les lèvres bleuies par le froid, les grandes flambées et les jolis minois à l'intérieur des maisons —, commença à Guatemala comme un matin de printemps. Le soleil semblait se réjouir de la beauté de la terre qu'il baignait de ses rayons. Les fleurs resplendissaient dans les cours, et les montagnes, visibles au-dessus des toits de la ville, verdoyaient dans le lointain. Les cloches des trente-huit églises et monastères de la capitale proclamaient l'avènement de la nouvelle année. Les boutiques étaient fermées comme pour un dimanche, il n'y avait pas de marché sur la Plaza. Des hommes élégamment vêtus et des *señoras* en mantilles noires la traversaient pour assister à la grand-messe dans la cathédrale. Des airs de Mozart résonnaient sous ses voûtes. Un prêtre semblant parler un étrange langage prêchait la moralité, la religion et l'amour de la patrie. Blancs, métis et Indiens se pressaient en foule dans les nefs. Sur une banquette surélevée, face à la chaire, étaient assis le chef de l'État, et, à ses côtés, Carrera, engoncé dans son splendide uniforme. Adossé à un pilier lui faisant face, j'observai son visage : le chef rebelle semblait avoir oublié la guerre et tout le sang dont ses mains étaient souillées, et son âme était emplie de ferveur religieuse (c'est du moins ce que je crus lire dans son regard) : les prêtres pouvaient être satisfaits. Je crois sincèrement qu'il est honnête dans ses intentions, et qu'il pourrait faire le bien si on lui en montrait le chemin. Ceux qui le manipulent portent une terrible responsabilité.

L'office terminé, on fraya un passage à travers la foule. Escorté par les prêtres et le chef de l'État, Carrera, gauche dans ses mouvements, les yeux fixés au sol, ou jetant de furtifs regards sur l'assemblée, comme si le fait d'être l'objet de tant d'attention le rendait mal à l'aise, s'avançait dans la travée centrale vers le porche. Un millier de soldats à l'allure féroce se tenaient en rangs près du parvis. Des flots de musique tonitruante saluèrent sa sortie, et les visages de ses hommes rayonnèrent de dévotion envers leur chef. Une grande bannière fut déployée, avec une tête de mort en son centre, sur un fond de bandes rouges et noires ; on pouvait lire d'un côté « *Viva la religión !* », et de l'autre « *Paz, o muerte a los liberales !* ». Carrera se plaça à leur tête, flanqué de Rivera Paz ; avec l'inquiétante bannière flottant dans l'air, au son d'une musique stridente, les soldats raccompagnèrent le chef de l'État à sa résidence sous les regards d'une foule pétrifiée.

J'avais beau savoir à quoi m'en tenir sur le fanatisme religieux de la population et sa violence dans les luttes politiques, je ne m'attendais tout de même pas à ce qu'elle assiste sans broncher sur la grand-place de la capitale au déploiement d'une bannière appelant tout à la fois à soutenir la religion et à massacrer ou mater les Libéraux. Par la suite, lors d'un entretien avec le chef de l'État, je fis allusion à cette bannière. Il n'y avait pas prêté attention, ou du moins, pensait que le second slogan était « *Paz, o muerte a los que no la quierén* » (« à ceux qui ne la veulent pas »). Cela n'enlevait rien à son ignominie, et ne faisait que porter au compte du fanatisme ce qui était soustrait à l'esprit de parti. Les Centralistes, cependant, n'avaient pas la conscience tranquille : en effet, lorsque les soldats retournèrent sur la Plaza, nous vîmes le porte-drapeau replier en toute hâte la bannière pour la dissimuler à nos regards. Certains des officiers présents nous dévisageaient avec tant de méfiance que nous préférâmes nous éclipser.

Le dimanche suivant, 5 janvier, au petit matin, je partis à la recherche d'un gouvernement.

. . . .

Muni de lettres d'introduction à l'adresse d'amis de Don Manuel Pavon à San Salvador, Stephens gagna le village côtier d'Iztapa par Amatitlan et Masaya. Il fit le voyage avec le capitaine français, M. de Nouvelle, qui devait ensuite le conduire par mer sur son navire jusqu'au port salvadorien d'Acajutla. Deux jours plus tard, au petit matin, il prenait pied, seul, sur les rivages de « Cuzcatlan » (le « pays des richesses », nom indien de la contrée), avant de se mettre en route pour Sonsonate, qu'il atteignit au coucher du soleil. « Avant d'entrer dans la ville et de franchir le pont qui enjambe le rio Grande », *écrit Stephens,* « je rencontrai un gentilhomme caracolant sur un bel étalon... Nous nous saluâmes en nous inclinant profondément. Ce gentilhomme, comme je l'appris par la suite, était le gouvernement que je recherchais. » *Le lendemain, Stephens rendit visite à l'une des notabilités de la ville, Don Manuel de Aguilar, ancien chef d'État costaricien récemment renversé par une révolution, chez qui il rencontra Don Diego Vigil,* « vice-président de la République », *l'homme qu'il avait croisé sur le pont, et* « le seul membre encore en fonction du gouvernement fédéral ».

Don Vigil ne put lui consacrer beaucoup de temps, car il avait fort à faire : il s'était spécialement déplacé de la capitale pour négocier avec Chico Rascon, le hors-la-loi dont les bandes infestaient la région. Les pourparlers avaient tourné court, et au moment du passage de Stephens, la garnison de la ville, barricadée sur la Plaza, attendait une attaque des rebelles. La route de San Salvador étant coupée, Stephens n'eut d'autre ressource que de regagner le Pacifique. Modifiant complètement ses plans, il s'embarqua alors sur un brick qui le conduisit au Costa Rica, l'État le plus méridional de l'ancienne confédération. De là, après avoir été cloué au lit pendant plusieurs jours par de fortes fièvres, il regagna le Salvador par voie de terre, et put ainsi réaliser un projet qui lui tenait à cœur depuis le début de son voyage : reconnaître le tracé d'un éventuel canal inter-océanique via le lac Nicaragua. A Granada, il rencontra un certain John Bailey, un jeune officier anglais en demi-solde, qui venait d'achever, dans le même but, un relevé altimétrique de la région. Stephens évalua le coût d'une telle entreprise à sept millions de dollars. Un tel canal, estima-t-il, contribuerait au renforcement de la paix entre les nations, et, accessoirement, rendrait de grands services aux apprentis-archéologues désireux d'explorer les vestiges du Nouveau Continent : « Aux hommes disposant de loisirs et d'une belle fortune, lassés d'arpenter les ruines de l'Ancien Monde, de nouveaux espaces s'ouvriront. Après une croisière sur le Nil, une journée à Pétra et un bain dans l'Euphrate, les voyageurs anglais et américains se feront dévorer par les moustiques du lac Nicaragua ! »

Par Managua et León, il gagna Realejo, où il s'embarqua pour le port salvadorien de La Unión. Au moment de son arrivée, Morazan venait de quitter la ville, après avoir accompagné sa famille qui, prenant le chemin de l'exil, s'était embarquée pour le Chili ; le général était ensuite retourné à San Salvador, pour, de là, attaquer et surprendre Carrera à Guatemala. Stephens décida de le rattraper, au risque d'aller au-devant des combats ; en cas de difficultés, il pouvait toujours se prévaloir de ses bonnes relations avec Carrera, et franchir les lignes ennemies. Il se remit en route le 8 mars 1840, en compagnie d'un certain Antonio V.F., capitaine d'un baleinier espagnol saisi dans le port de La Unión. Livré à lui-même, le capitaine avait rencontré quelques jours plus tôt Morazan, qui l'avait rallié à ses vues, nommé lieutenant-colonel dans son armée, et lui avait donné rendez-vous aux frontières du Guatemala. Par San Vicente et Cojutepeque, Stephens et son compagnon gagnèrent en cinq jours San Salvador *..*

---

* Résumé des chapitres XV à XIX du Vol. 1 et des chapitres I, II et III (début, pp. 41-46) du Vol. 2 (édition de 1841).

14

SEULS MAITRES D'AGUACHAPA

Arrivée à San Salvador. — Préjugés contre les étrangers. — Réquisitions. — Le vice-président Vigil. — Prise de San Miguel et San Vicente. — San Salvador menacé. — Départ de la ville. — Volcan d'Izalco. — Méfaits de Rascon. — Sonsonate. — Nouvelles de Guatemala. — Nous continuons notre voyage. — Le mont Aguachapa. — Feux souterrains. — Aguachapa. — Défaite de Morazan. — Confusion et terreur.

Nous atteignîmes San Salvador le 13 mars à onze heures. Pénétrant dans la ville par une belle porte, et par des faubourgs où les arbres étaient couverts de fleurs et de fruits, nous remarquâmes à peine la modestie des habitations. Un peu plus loin, nous vîmes des amas de décombres et d'imposantes demeures dont les façades étaient fissurées, voire à moitié effondrées — témoignages des tremblements de terre qui avaient poussé le gouvernement à quitter la ville, et fait fuir la quasi-totalité de sa population. Un premier séisme avait eu lieu le 3 octobre, et depuis vingt jours, la terre ne cessait de trembler. Les rares habitants qui étaient restés dormaient sous des auvents dans leurs cours. Toutes les maisons avaient plus ou moins souffert ; certaines étaient devenues inhabitables, et beaucoup durent être abattues. Deux jours plus tôt, le vice-président et les membres des deux gouvernements (fédéral et salvadorien), devant l'urgence de la situation, étaient revenus dans la capitale.

Il était une heure de l'après-midi ; il faisait une chaleur torride, et il n'y avait pas la moindre ombre. Les rues étaient désertes, les fenêtres et les portes verrouillées ; on avait fermé les boutiques de la *plaza* et les petites tentes qui abritaient d'ordinaire les vendeuses du marché, étaient abandonnées ; les habitants, oublieux des tremblements de terre et de la menace que faisait peser sur la ville une armée ennemie, étaient enfermés chez eux pour la sieste.

Dans un angle de la *plaza* avait été dressée une barricade — sous forme de troncs entassés, dispositif aussi rudimentaire qu'une forteresse indienne du Grand Ouest. Hérissée de canons, elle était probablement destinée, dans l'esprit de ceux qui l'avaient élevée, à servir d'ultime retranchement aux défenseurs de la ville. Quelques soldats dormaient sous les arcades de la caserne, et une sentinelle en défendait la porte. Nous lui demandâmes notre chemin, et, après avoir passé le coin de la place, nous nous arrêtâmes chez Don Pedro Negrete, à l'époque vice-consul de France et d'Angleterre et seul représentant dans la capitale d'une puissance étrangère.

Dans la soirée, je rendis visite au vice-président Vigil. De grands changements avaient eu lieu depuis que je l'avais rencontré à Sonsonate. Les troupes fédérales avaient été défaites au Honduras ; Carrera avait reconquis l'État de Quezaltenango, y avait installé ses propres soldats, et l'avait rattaché au Guatemala. Le Salvador était le dernier État qui soutînt le gouvernement fédéral. Dans cette situation critique, le señor Vigil était apparu sur le devant de la scène. Le chef de l'État salvadorien, un mulâtre à l'expression volontaire, ainsi que les autres membres du gouvernement étaient à ses côtés. Ils savaient que les troupes du Honduras marchaient sur la ville, et avaient tout lieu de craindre qu'elles ne reçoivent le renfort de celles du Nicaragua ; ils faisaient cependant montre d'une résolution peu commune. Le général Morazan, disaient-ils, marchait sur Guatemala. Bien que lasse de la guerre, la population du Salvador — à entendre le señor Vigil — s'était dressée comme un seul homme avec un nouvel enthousiasme. Des volontaires affluaient de toutes parts, déterminés à défendre la Fédération, ou à mourir sous les ruines du Salvador. Pour la première fois, j'éprouvai une certaine émotion. Au milieu des convulsions de l'époque, je n'avais jamais relevé un seul exemple d'héroïsme, une seule preuve d'amour de la patrie. L'égoïsme et la rapacité étaient les passions dominantes [...].

Dans l'état d'excitation et d'inquiétude qui régnait dans la ville, il était très difficile de se procurer des mules ; l'opération devint impossible quand j'eus révélé ma destination : Guatemala.

Personne ne prendrait la route de la capitale tant que l'issue de l'expédition de Morazan resterait inconnue. Et même pour se rendre à Sonsonate, il était nécessaire d'attendre un jour. Dès mon arrivée, j'avais décidé de me soustraire au tumulte de la ville et de gravir le volcan de San Salvador, mais le lendemain matin, au moment du départ, une femme vint m'informer qu'un de nos hommes avait été arrêté par des soldats et jeté en prison ; nous l'y suivîmes, et, après avoir été invités par un officier à reconnaître notre homme, nous fûmes bientôt entourés par une centaine de volontaires de Vigil d'origine et d'allure diverses — du jeune et timide serviteur arraché à la maison de son maître au pire des *desperados*. Certains dormaient par terre, d'autres fumaient des mégots de cigares ; certains affichaient un air maussade, d'autres semblaient parfaitement insouciants. Deux soudards à la mine particulièrement inquiétante me confièrent que je leur étais sympathique : ils m'appelèrent « capitaine » et me prièrent de les prendre dans ma compagnie. Notre homme avait mieux à faire que de finir devant un peloton d'exécution, mais nous ne pouvions l'extraire de sa cellule sans un ordre du chef de l'État. Nous nous rendîmes sur-le-champ au siège du gouvernement, où j'eus le regret de trouver le señor Vigil, l'objet de ma visite et le secret qui entourait la prison jetant un doute sur la spontanéité avec laquelle, à l'entendre, la population aurait pris les armes. Avec la plus grande courtoisie, cependant, il donna l'ordre approprié et demanda que les noms des hommes à mon service fussent transmis aux capitaines de tous les détachements, avec la recommandation qu'on ne leur fît aucun mal. Pendant toute la journée, des hommes furent enrôlés de force, des sous-officiers postés dans la rue les soumettant immédiatement à l'exercice. Dans l'après-midi, on apprit que Morazan avait défait les troupes de Carrera, et qu'il marchait avec des forces de plus en plus nombreuses sur Guatemala. Un feu d'artifice fut tiré sur la *plaza*, et les cloches des églises sonnèrent à toute volée pour saluer la victoire.

Dans la soirée, je fus à nouveau reçu par le señor Vigil, mais cette fois il était seul. Il était confiant quant à l'issue des combats et dans le fait que les forces du Honduras seraient repoussées à San Vicente, et que Morazan prendrait Guatemala. Il me conseillait vivement de reporter mon départ. Ses préparatifs étaient achevés, sa cavalerie était prête, et, au premier signal de Morazan, il lancerait ses troupes sur Guatemala, et rétablirait cette dernière comme capitale de la Fédération. Mais j'avais peur de rester bloqué à San Salvador, et en nous séparant nous nous donnâmes rendez-vous à Guatemala. Je ne devais en fait plus jamais le revoir. Quelques jours plus tard, pourchassé et traqué, il s'enfuit du pays ; il est aujourd'hui en exil, et menacé de mort s'il tente de regagner sa patrie. Le parti au pouvoir à Guatemala a jeté l'opprobre sur son nom, mais lorsque je me remémore mon périple, je n'oublie jamais celui qui eut l'honneur malheureux d'être le dernier vice-président de la défunte Fédération.

Le lendemain matin, je venais de recevoir mon sauf-conduit quand, sortant du siège du gouvernement, j'entendis une cavalcade dans la rue. Peu après, une vingtaine de lanciers entrèrent au galop dans la cour du bâtiment, couverts de sueur et de poussière. Ils avaient chevauché toute la nuit. Les Honduriens avaient pris San Miguel et San Vicente, et marchaient sur San Salvador. S'ils n'étaient pas repoussés à Cojutepeque, ils seraient dans l'après-midi aux portes de la capitale. Curieusement à la perspective qu'un affrontement décisif allait avoir lieu, je regrettai que mes préparatifs de départ fussent si avancés, et que rien ne me retînt à San Salvador. J'étais fort curieux de voir une ville prise d'assaut, mais j'avais mon passeport en main, et mes mules étaient prêtes. Malgré tout, je pris la décision de rester. Le capitaine Antonio V.F., mon compagnon de voyage depuis La Unión, portait déjà son sabre et ses éperons, et n'attendait plus que moi. Apprenant de ma bouche les dernières nouvelles, il remercia Dieu d'être déjà prêt et enfourcha immédiatement son cheval. Je lui révélai alors mon intention de rester. Il s'éleva violemment contre ma décision, déclarant qu'il connaissait mieux que moi les penchants sanguinaires de la population, et qu'il n'avait aucun désir d'assister à une bataille sans y prendre part. Après un vif échange de paroles, et comme nous étions aussi têtus l'un que l'autre, nous restâmes sur nos positions. Je lui confiai mes mules de bât et mes serviteurs, et lui souhaitai bonne route, avant de desseller mon cheval et de lui donner une autre ration de maïs.

Entre-temps, la nouvelle de la débâcle des troupes salvadoriennes s'était répandue dans la ville, désormais en proie à une extrême agitation. Personne ne songeait à fuir ; l'esprit de résistance était général. Les « soldats » enrôlés de force furent tirés des prisons, on leur remit des armes, et des tambours battirent dans les rues l'appel aux volontaires. En revenant du siège du gouvernement, j'étais passé devant l'échoppe d'un tailleur, et l'avais vu à la tâche, derrière sa table. Lors de mon second passage, son cheval était à sa porte, sa femme en pleurs plaçait ses pistolets dans leurs étuis, et lui-même attachait ses éperons. Je le revis plus tard, sur sa monture, devant la caserne, recevoir une lance et un drapeau rouge, puis partir au galop prendre sa place dans les rangs de la cavalerie.

En deux heures, cette ville exsangue fit tout ce qu'elle put. Vigil, le chef de l'État, les employés de l'administration, les domestiques — tous se préparaient pour le dernier combat. A midi, un silence de mort s'abattit sur la ville. Je flânai sur le côté ombragé de la *plaza*, mais ce calme ne laissait pas de m'inquiéter.

A deux heures, on apprit que la garnison de San Vicente s'était repliée sur Cojutepeque, et que les troupes du Honduras n'étaient pas encore apparues. On donna immédiatement l'ordre de faire de ce village le lieu de ralliement des dernières forces fédérales, et d'y envoyer toutes les troupes levées dans la ville. Deux cents lanciers quittèrent la *plaza*, sous un soleil de plomb. Pour ma part, je retournai chez Don Pedro. En fait, mon excitation et ma curiosité s'étaient émoussées ; je commençais à regretter de ne pas être parti avec le capitaine quand, à ma grande surprise, je le vis pénétrer dans la cour. Sur la route, pris de remords, il s'était reproché de m'avoir abandonné à mon sort ; en tant que compagnon de voyage, estimait-il, il aurait dû rester avec moi. Cette idée ne m'avait pas effleuré, mais j'étais heureux de son retour. Je montai en selle, et abandonnai « ma » capitale à son destin, encore incertain de l'existence du gouvernement avec lequel j'étais censé traiter.

[...] Nous gagnâmes après la tombée de la nuit l'hacienda de Guaramal, pour repartir dès l'aube le lendemain. Le soir suivant, nous arrivâmes à Izalco, où j'entendis à nouveau le sourd grondement des volcans, qui ressemblait à de lointains roulements de tonnerre.

Nous nous remîmes en route de bon matin, atteignîmes Sonsonate avant le petit déjeuner et retrouvâmes la maison de mon ami M. de Nouvelle. Deux mois s'étaient écoulés depuis que je l'avais quitté, et, à l'exception de ma traversée sur le Pacifique et de ma maladie au Costa Rica, je n'avais pas eu une journée de repos.

J'étais maintenant à quatre jours de Guatemala, mais il était impossible de continuer. Le capitaine ne put se procurer aucune mule. La population ignorait tout des mouvements de Morazan ; les communications étaient entièrement coupées, les affaires, au point mort, et les habitants attendaient avec anxiété des nouvelles de Guatemala. Personne n'osait se risquer sur la route de la capitale. Mon inquiétude était à son comble. La saison des pluies approchait, et, avec un retard d'un mois, mon voyage à Palenque serait compromis. Je jugeai finalement plus sûr d'essayer de passer pendant que le sort des armes restait incertain, plutôt que d'attendre que la guerre fasse à nouveau rage. Rascon et ses hors-la-loi m'avaient empêché d'emprunter cette route à l'aller, et d'autres Rascon pouvaient surgir. Le capitaine était désormais moins pressé d'aller de l'avant. Il ne me venait pas à l'esprit que je courais de grands risques. En toute connaissance de cause, et fort de ma résolution, je décidai de recruter un guide, quand bien même ce dernier me coûterait une fortune, et de partir seul.

J'étais perdu dans mes pensées quand un Espagnol dégingandé et décharné, nommé Don Saturnino Tincocha, m'aborda.

Négociant de son état, il se rendait du Costa Rica au Guatemala. Ayant suivi les conseils de ses amis, plutôt que son propre jugement, il attendait depuis une semaine à Sonsonate. Impatient d'atteindre Guatemala, il apparaissait comme un compagnon de voyage idéal, sans compter que ses opinions sur le pays étaient exactement les mêmes que les miennes. Il accepta d'emporter les bagages du capitaine sur deux de ses mules ; pour ma part, je lui prêtai mon cheval, et l'affaire fut ainsi conclue.

Dans la soirée, nous nous trouvâmes à nouveau au milieu du plus grand tumulte. Deux voyageurs venant de Guatemala annoncèrent que Carrera avait quitté la ville, en même temps qu'eux, avec deux mille hommes, pour marcher sur San Salvador. Carrera ignorait que Morazan faisait mouvement vers la capitale. Ses troupes formaient une masse désordonnée. A trois lieues de la ville, où elles s'étaient arrêtées, leurs chevaux étaient déjà épuisés. Nos informateurs leur avaient alors faussé compagnie, pour croiser, trois heures plus tard, l'armée de Morazan, qui marchait en bon ordre, en colonne, avec le général en personne à sa tête. Il allait à pied, ainsi que tous ses cavaliers ; leurs chevaux, tenus par la bride, étaient encore vaillants et prêts à combattre. Morazan arrêta les voyageurs et leur demanda leurs sauf-conduits, avant d'apprendre de leur bouche que l'armée de Carrera se dirigeait vers lui, et dans le plus grand chaos. Nous en conclûmes tous que Morazan avait attaqué les forces rebelles le même jour, qu'il les avait défaites et qu'il avait déjà repris possession de Guatemala. Bref, les dernières nouvelles nous étaient favorables, car la première tâche à laquelle s'attèlerait le général serait de rendre les routes à nouveau sûres.

Nous partîmes le lendemain, à trois heures du matin. Le volcan d'Izalco déversait des torrents de feu sous la pâle lumière de la lune [...]. A une heure de l'après-midi, nous atteignîmes Apeneco. Nos mules offraient un piteux spectacle. La mienne, qui transportait mes bagages depuis La Unión, avait franchi tous les accidents du relief avec une admirable persévérance, mais lorsque nous fîmes halte, la pauvre bête tremblait de tous ses membres et menaçait de tomber raide morte. J'essayai d'en acquérir une autre, mais toutes les bêtes de la région, dans un rayon d'un à deux jours de marche, avaient été réquisitionnées par Morazan.

Après avoir attendu que ma mule reprenne ses forces, nous repartîmes — cette fois à pied, ayant réparti nos charges sur l'ensemble de nos bêtes. Immédiatement à la sortie du village, nous commençâmes l'ascension du mont Aguachapa, la plus longue et la pire étape de tout le trajet. Pendant la saison des pluies, il fallait deux jours pour le franchir. La première montée me donna des sueurs froides pour la suite. Environ cinq kilomètres séparaient le village du sommet, où nous découvrîmes, perdu dans les arbres, l'atelier d'un forgeron. Depuis la crête, le

regard embrassait tout le pays, et notamment la plaine d'Aguachapa, qui s'étendait au pied de la montagne. Les tintements du
marteau sur l'enclume et le visage noirci du forgeron gâchaient
quelque peu la beauté du panorama. Là finissaient nos difficultés : le reste du chemin ne fut plus qu'une longue descente épou-
sant le relief de la montagne. Sur notre droite s'ouvrait un
abîme ; nous dominions la plaine de plus de six cents mètres.
Nous aperçûmes un peu plus loin, à nos pieds, le lac et la ville
d'Aguachapa. Avant d'y parvenir, il nous fallut traverser une
vaste étendue où fumaient des sources chaudes. Recouvert d'une
croûte de soufre, le sol était séché et durci par des feux souterrains. De grands trous s'ouvraient çà et là, la vapeur en jaillissait
avec violence, en produisant un bruit infernal, et de grandes flaques, voire de véritables mares d'eau brun sombre bouillonnaient
et laissaient échapper de monstrueuses bulles. Homère aurait pu
y voir les sources de l'Achéron. Tout autour, dans un rayon de
plusieurs centaines de mètres, la terre était en combustion, brûlant nos bottes et effrayant les chevaux. Un torrent d'eau sulfu-
reuse coulait un peu plus loin ; nous le remontâmes jusqu'à un
grand bassin, et là nous construisîmes une digue à l'aide de
pierres et de branchages, et prîmes un bain chaud fort reposant.

Il faisait presque nuit quand nous entrâmes dans Aguachapa,
ville frontière et avant-poste de tous les périls. Le temps y semblait comme suspendu : tous attendaient avec anxiété des nouvelles de Guatemala. En traversant la *plaza*, nous vîmes une
compagnie d'environ deux cents « soldats patriotes », en uniforme et entièrement équipés, faisant leur exercice du soir, ce qui
nous rassura après les désordres auxquels nous avions assisté à
Izalco. Le colonel Angoula, le commandant, avait récemment
débarrassé le pays de la bande de Rascon. Tous nos interlocuteurs furent étonnés de notre intention de poursuivre jusqu'à
Guatemala, et nous étions contrariés et découragés d'entendre de
perpétuelles mises en garde. Nous nous rendîmes chez Doña
Padilla, une veuve amie de Don Saturnino, que nous trouvâmes
dans la plus grande affliction. Son fils aîné, en visite à Guatemala, avec un passeport en règle, avait été jeté en prison par
Carrera et était incarcéré depuis un mois. Par ailleurs, elle venait
d'apprendre que son second fils, un jeune homme âgé d'à peine
vingt et un ans, avait rejoint la colonne de Morazan. Notre projet
d'aller à Guatemala la fit fondre en larmes. Elle se lamentait sur
le sort de ses deux fils, mais celui du cadet semblait lui donner le
plus de chagrin. Elle déplorait qu'il eût pris les armes, ayant
assisté à tant d'horreurs depuis le début de la guerre. Comme s'il
s'agissait d'un galopin en fugue, elle nous supplia d'implorer le
général Morazan de le renvoyer chez lui. Elle portait encore le
deuil de son époux, un ami personnel de Morazan, et avait, en
outre, trois filles, trois jeunes femmes dont la plus âgée qui avait

vingt-trois ans, était mariée au colonel Molina, commandant en second de la place. Toutes trois étaient connues dans le pays pour leur beauté : bien que l'heure tardive m'empêchât de vérifier le bien-fondé de cette réputation, je considérai cette famille comme l'une des plus intéressantes et des plus distinguées du pays.

Notre premier souci fut de nous procurer des mules. Le colonel Molina, le gendre de la famille, après avoir tenté de nous dissuader de poursuivre notre voyage, dépêcha ses hommes par toute la ville. Ils revinrent bientôt pour nous dire qu'ils n'avaient trouvé aucune bête à louer, mais qu'un homme en avait deux à vendre, et qu'il avait promis de les amener le lendemain à l'aube [...]. Le colonel fut bientôt appelé auprès du commandant. Une demi-heure plus tard, il était de retour et nous informa que deux soldats venaient d'entrer dans la ville, et qu'ils avaient raconté comment Morazan avait été défait à Guatemala et comment son armée avait été mise en déroute et taillée en pièces. Morazan lui-même, avec quinze dragons, fuyait par la côte, et toute l'armée de Carrera s'était lancée à sa poursuite. Pris tout d'abord pour des déserteurs, les deux soldats furent rapidement reconnus par les habitants. Après avoir évalué avec soin le laps de temps qui s'était écoulé depuis le dernier message, nous dûmes nous rendre à l'évidence : la nouvelle était véridique. La consternation qu'elle suscita chez nos hôtesses ne peut être décrite. En notre qualité d'étrangers, nous ne pûmes trouver aucun mot pour les consoler et préférâmes nous retirer.

Nos propres projets étaient sérieusement compromis. Ce que je redoutais le plus était arrivé. Les soldats, dont les agissements étaient jusque-là tempérés par un minimum de discipline militaire, se débandaient pour semer la terreur sur les routes du pays, et faisaient preuve d'une férocité digne de brigands. Dans l'immédiat, la nuit était déjà tombée, et nous ne pouvions rien entreprendre. Nos hommes dormaient déjà, et, non sans appréhension, je me retirai avec le capitaine dans une chambre donnant sur la cour. Don Saturnino s'enveloppa dans son poncho et se coucha à même le sol dans la galerie.

Aucun de nous ne s'était dévêtu, mais la journée avait été si harassante que nous tombâmes bientôt dans un profond sommeil. A une heure du matin, nous fûmes réveillés en sursaut par le colonel Molina, qui criait derrière la porte : « *La gente viene !* » (« Ils arrivent ! »). Son sabre étincelait, ses éperons cliquetaient, et, à la clarté de la lune, je vis des cavaliers faire irruption dans la cour. Nous bondîmes de nos lits, et le colonel nous conseilla de prendre la fuite : les *Cachurecos* arrivaient, ils ne se trouvaient plus qu'à deux heures de la ville. Quant aux soldats de la garnison, ils battaient déjà en retraite. Tout le monde se préparait à fuir. Le colonel projetait de conduire les femmes de la famille jusqu'à une cachette dans la montagne, puis de rattraper les soldats. « Chacun pour soi et Dieu pour tous » : telle fut, je l'avoue, ma première pensée. J'ordonnai à mon serviteur, qui, terrorisé, pleurnichait déjà, de seller les chevaux. Le capitaine, cependant, s'y opposa, arguant qu'en fuyant nous risquions d'être confondus avec les fugitifs — et que si nous étions rattrapés avec eux, nous serions à coup sûr massacrés. Don Saturnino suggéra que nous poursuivions notre voyage en nous rendant directement à une hacienda à deux lieues de la ville ; nous passerions pour de simples voyageurs aux yeux des soldats de Carrera qui, dans leur hâte, nous laisseraient aller de l'avant. En tout état de cause, nous devions éviter d'être surpris au beau milieu d'un pillage général de la ville. J'approuvai cette suggestion. J'étais en fait partisan de n'importe quelle solution qui nous permettrait de quitter la ville, mais le capitaine manifesta à nouveau, et très violemment, son désaccord. Pour son malheur, il avait avec lui quatre grandes malles de bijoux et autres objets de valeur, et nous n'avions pas assez de mules pour les transporter. En peu de mots, mais avec conviction, je lui fis mesurer les prix respectifs de la vie et de la propriété, mais le capitaine rétorqua que tout ce qui le rattachait à l'existence se trouvait dans ces malles : il ne les abandonnerait jamais, il ne se risquerait pas avec elles sur la route, et les défendrait tant qu'il serait vivant. Les empoignant une par une dans la galerie, il les empila à l'intérieur de notre petite chambre à coucher, ferma la porte, et jura que personne ne s'en emparerait à moins de passer sur son cadavre. Pour ma part, je me serais volontiers débarrassé de tous mes bagages et n'approuvai en aucune manière les résolutions désespérées du capitaine. Ma situation, à vrai dire, était très différente de la sienne. Mes biens se résumaient à un cheval et à deux mules, qui dans les circonstances du moment, constituaient le meilleur investissement possible. Avec deux heures d'avance, je pouvais défier tous les *Cachurecos* du Guatemala de me rattraper. Mais la détermination du capitaine m'empêcha de mettre à l'épreuve la solidité de mon placement. A tout prendre, peut-être valait-il mieux rester.

Pendant que la vieille *doña* et ses filles préparaient leurs malles, je sortis dans la rue. Les cloches de l'église sonnaient à toute volée, ajoutant à la panique générale, et un cavalier, avec un fanion rouge au bout de sa lance, exhortait les habitants à fuir au plus vite. Des chevaux attendaient devant chaque porte, et des hommes sortaient des maisons avec de lourdes charges sur le dos. Les femmes, avec des paquets et des ballots dans les bras, poussaient leurs enfants devant elles. La lune brillait avec une rare splendeur. Les femmes ne criaient pas, les enfants ne pleuraient pas : la terreur se lisait sur chaque visage et dans chaque geste, mais elle était trop grande pour être exprimée. J'allai jusqu'à l'église. Le curé se tenait près de l'autel, recevant de hâtives confessions et administrant le saint sacrement. A peine sortis de l'église, les habitants prenaient la fuite. Je vis une mère éplorée chercher son enfant, mais ses amis, impatients de quitter la ville, ne cessaient de lui crier « *La gente viene !* », et la forcèrent à les suivre. Une longue colonne de fugitifs, avec leurs mules chargées de tout ce qu'ils avaient pu emporter, partait du seuil de l'église et disparaissait derrière la colline qui dominait le bourg. C'était la première fois que je voyais la terreur agir ainsi sur une foule, et j'espère que c'est la dernière. Je retournai à la maison. La famille Padilla n'était pas encore partie, et la veuve faisait encore ses paquets. Nous suppliâmes le colonel Molina de fuir sans tarder : en sa qualité de commandant de la place, il serait la première victime des hordes de Carrera. Il ne se faisait, à ce titre, aucune illusion, mais sur un ton qui en disait long sur l'horreur de cette guerre civile, il répondit qu'il ne pouvait abandonner les jeunes femmes. Quelques instants plus tard, tout fut prêt : la vieille *señora* nous remit la clef de sa maison, nous nous saluâmes à l'espagnole en nous recommandant mutuellement à Dieu, et dans la tristesse et le silence, nos amis quittèrent la ville. Le colonel partit le dernier. A nouveau, il nous conseilla vivement de fuir, faisant valoir que l'ennemi n'était qu'une bande de voleurs et d'assassins, qui ne respectaient ni les personnes ni leur rang, et que la déception qu'il éprouverait en trouvant la ville déserte le rendrait d'autant plus furieux contre nous. Il éperonna son cheval et disparut. Ne restaient, sur les marches de l'église, que des enfants et des vieillards infirmes et malades, du moins ceux qui n'avaient pu trouver refuge dans la cure. Hormis ces pauvres êtres, nous étions les seuls maîtres d'Aguachapa.

Une heure à peine s'était écoulée depuis que l'on nous avait tirés de notre sommeil. Nous n'avions pu obtenir aucune information précise sur les forces qui approchaient de la ville. La population avait été réveillée aux cris de « *La gente viene !* » et personne n'avait cherché à en savoir plus ; personne, d'ailleurs, ne nous prêtait la moindre attention. Nous ne savions pas si c'était toute l'armée de Carrera qui était en route, ou s'il s'agissait seulement d'un détachement en reconnaissance. Dans le premier cas, j'espérais que Carrera marcherait à la tête de ses troupes, et qu'il se souviendrait de mon habit de diplomate. Quoi qu'il advînt, je me réjouissais du départ des soldats restés fidèles à Morazan et de la fuite des habitants. Il n'y aurait dès lors ni résistance ni bain de sang — rien qui pût exciter une soldatesque livrée à elle-même. Nous retournâmes à l'église. Des vieilles femmes et des enfants nous entourèrent, stupéfaits que nous n'ayons pas fui. Nous nous rendîmes à la cure ; l'unique pièce, fort exiguë, était remplie de pauvres hères. Nous tentâmes de les réconforter, mais la peur leur avait ôté la parole. Ces malheureux attendaient leur destin dans le mutisme le plus complet. Nous regagnâmes la maison, fumâmes quelques cigares, et attendîmes, en proie à une grande angoisse. L'ennemi ne venait pas, l'effrayant tocsin avait cessé. Au bout d'un certain temps, nous commençâmes à souhaiter l'arrivée des soldats, pour être enfin fixés sur notre sort. Nous sortîmes, scrutâmes les alentours de la ville, tendîmes l'oreille : il n'y avait pas un bruit, pas un mouvement. La lassitude nous gagna : le soleil ne devant se lever que deux heures plus tard, nous nous allongeâmes, et, aussi étrange que cela puisse paraître, nous nous endormîmes.

15

L'ASSAUT

Approche des forces de Carrera. — Terreur des habitants. —
Leur fuite. — Prise de la ville. — Férocité de la soldatesque. —
Diplomatie à titre personnel. — Un sauf-conduit ardemment
désiré. — Petit déjeuner avec l'ennemi. — Une fausse alerte. —
La veuve Padilla. — L'assaut. — Défaite des forces
de Carrera. — La ville prise par le général Morazan. —
Son entrée. — Le fils de la veuve. — Entrevue avec Morazan. —
Son aspect physique, son caractère, etc. —
Nos projets contrariés.

Il faisait jour depuis longtemps quand nous nous réveillâmes, sans traces de coups de machette sur le corps, et toujours seuls maîtres de la ville. Ma première pensée fut pour mes mules. Elles avaient épuisé leur fourrage, et il y avait peu de chances qu'elles en mangent à nouveau avant longtemps. Je les envoyai sur-le-champ boire à la rivière. Elles venaient de partir quand un jeune enfant accourut de l'église pour nous dire qu'« ils » étaient en vue. Nous le suivîmes à toutes jambes ; les pauvres gens installés sur le parvis, en proie à de nouvelles terreurs, pensaient que nous étions des amis des assaillants, et nous suppliaient de les épargner. Suivis par trois ou quatre enfants trem· blant de peur, nous montâmes en haut du clocher et aperçûmes au loin les *Cachurecos*, qui en file descendaient une colline ; leurs

251

mousquets étincelaient sous les rayons du soleil. Il ne s'agissait pas de l'armée entière de Carrera, mais, selon toute vraisemblance, d'une simple avant-garde, voire d'une petite bande de pillards ; malgré tout, ils étaient trop nombreux pour nous. Ils devaient encore franchir une grande plaine et gravir la hauteur sur laquelle se trouvait la ville. La corde de la cloche pendait à ma portée : je la tirai de toutes mes forces, et, après avoir demandé aux enfants de continuer à donner l'alerte, je redescendis quatre à quatre les marches de l'escalier. En sortant de l'église, nous entendîmes les hurlements des vieilles femmes réfugiées dans la cure. Quant aux vieillards et aux enfants restés sur les marches, ils nous demandèrent si leur dernière heure était arrivée.

Les mules n'étaient pas encore revenues, et, craignant que les soldats ne s'en emparent, je courus à la rivière et les fis rentrer en toute hâte. J'approchai de la maison quand j'aperçus, tout au bout de la rue, un soldat qui avançait seul, à pas comptés ; inspectant soigneusement chaque maison, comme s'il redoutait quelque piège, il vint vers nous, porteur d'une lettre adressée au colonel Angoula. Le capitaine lui répondit qu'il devait chercher ce dernier dans la montagne. Nous l'interrogeâmes sur le nom de son chef et le nombre de soldats dont il disposait, lui révélâmes que personne ne leur opposerait de résistance et lui livrâmes la ville sans conditions. L'homme ne pouvait croire qu'elle avait été désertée par sa population. Son chef, le général Figueroa, n'en savait rien ; il s'était arrêté non loin de la ville, craignant d'avoir à lui donner l'assaut de nuit, et se préparait à livrer bataille. Il pouvait être soulagé, autant que nous l'étions, car il ferait ainsi l'économie de combats meurtriers. L'émissaire rebroussa chemin, et peu après, nous vîmes se profiler tout au bout de la rue, sur la gauche, une tête de cheval, suivie peu après d'un détachement entier de cavaliers armés de lances. Les soldats regardaient autour d'eux, comme s'ils redoutaient une embuscade. Quelques instants plus tard, monté sur un petit cheval nerveux, le général Figueroa, sans uniforme, mais arborant à sa ceinture un sabre et des pistolets, apparut à la tête de l'avant-garde. Nous ôtâmes nos chapeaux quand il s'approcha de notre porte, et il nous retourna notre salut. Une centaine de lanciers le suivaient, deux par deux, avec des drapeaux rouges à l'extrémité de leurs lances. En passant devant nous, l'un de ces gaillards, à la mine particulièrement féroce, nous lança un regard assassin, et, brandissant son arme, cria « *Viva Carrera !* ». Comme nous restions cois, il répéta ces deux mots d'une voix qui appelait une réponse rapide et clairement audible : nous nous exécutâmes, la mort dans l'âme. L'homme suivant répéta le même cri et ainsi de suite. Chaque lancier, sur un ton variant

252

selon son humeur, parfois des plus menaçants, martela à notre adresse un « *Viva Carrera !* ».

L'infanterie offrait un aspect encore plus inquiétant que celui de la cavalerie, car elle était composée en majorité d'Indiens loqueteux, débraillés, coiffés de vieux chapeaux de paille et allant nu-pieds. Quelques-uns étaient armés de mousquets et de machettes, mais la plupart portaient de vieux tromblons espagnols. Ils rivalisaient de férocité. Certains pointaient leurs armes dans notre direction, en criant « *Viva Carrera !* ». Nous étions pris complètement au dépourvu : il n'y avait aucun moyen de fuir, et je pense qu'ils nous auraient passés par les armes séance tenante si nous avions refusé de répéter leur cri de guerre. Je ménageai mon amour-propre en m'acquittant sans zèle excessif de cette déshonorante obligation, mais je n'ai jamais, de ma vie, subi pareille épreuve. Don Saturnino avait eu la prudence de rester caché, mais le capitaine, qui, quelques jours plus tôt, avait l'intention de partir en campagne contre ces individus, fit bonne contenance jusqu'au bout : quand le dernier homme passa, il proféra un « *Viva Carrera* » supplémentaire, sans que personne ne lui ait rien demandé. A nouveau, je me réjouis que les soldats salvadoriens aient quitté la ville et qu'aucun combat n'eût lieu. Tomber entre les mains de tels hommes (s'ils avaient rencontré une résistance, ils se seraient livrés aux pires excès) aurait été une effroyable chose. Quand ils atteignirent la *plaza*, ils crièrent une dernière fois à l'unisson « *Viva Carrera* », et posèrent leurs armes. Quelques minutes plus tard, certains d'entre eux vinrent en délégation nous demander à manger. Comme nous ne pouvions satisfaire leur requête, ils mendièrent un *medio* (l'équivalent de six *pence*). D'autres soldats se présentèrent par petits groupes, et la pièce fut bientôt pleine. Ces *Cachurecos* n'avaient pas fait une bonne affaire en s'emparant d'Aguachapa. Ils avaient le ventre vide, et la ville était totalement dépourvue de vivres. Nous demandâmes des nouvelles de Guatemala, et leur achetâmes plusieurs exemplaires du *Parte Oficial* du Gouvernement Suprême, qui titrait, en gros caractères « *Viva la Patria ! Viva el General Carrera ! L'ennemi a été anéanti lors de son attaque contre la ville, qu'il comptait dévaster. Le tyran Morazan a pris la fuite, après avoir jonché la plaza et les rues de cadavres sacrifiés à ses criminelles ambitions. Les principaux officiers de son état-major ont péri... Gloire éternelle à l'Invincible Chef, le général Carrera, et aux vaillantes troupes sous son commandement !* » Nous apprîmes que Carrera, avec trois mille hommes, s'était lancé à la poursuite du général félon. Mais en nous réclamant des *medios* avec tant d'insistance, nos hôtes finirent par nous importuner. Craignant de passer pour de riches voyageurs bons à être détroussés, nous nous rendîmes sur la *plaza* pour nous présenter au général Figueroa, et définir les termes de notre reddition, ou, du moins,

253

« préciser notre position ». Nous le trouvâmes au *cabildo*. Entouré d'une dizaine d'officiers — Blancs, métis ou mulâtres —, il y avait pris ses aises : tout en fumant, il interrogeait certains des vieillards réfugiés dans l'église sur les mouvements des troupes du colonel Angoula, l'heure de leur départ et la direction qu'elles avaient prise. C'était un homme encore jeune — tous les hommes dans ce pays sont jeunes — âgé de trente-deux ou trente-trois ans tout au plus, vêtu d'un veston et d'un pantalon couleur tabac ; sans son cheval caparaçonné et sa bande de soudards à l'allure d'assassins, il aurait eu tout d'un honnête homme.

Dans cette guerre civile, le pire était que l'on n'accordait aucun respect aux sauf-conduits du camp opposé. Le capitaine ne disposait que d'un passeport salvadorien, qui n'avait ici plus la moindre valeur. Don Saturnino, en revanche, avait par-devers lui toute une collection d'exemplaires signés par divers commandants de telle ou telle faction : il put ainsi exhiber un document que lui avait remis un colonel de l'« armée » de Ferrera, le rebelle hondurien hostile à Morazan. Le capitaine me présenta sous le titre de *Señor Ministro de Norte América*. Pour me rendre agréable, je précisai que je m'étais rendu au Savaldor dans l'espoir d'y trouver un gouvernement, espoir qui s'était révélé vain. En fait, s'il est vrai que je n'avais pu remplir véritablement mes fonctions officielles, je n'avais jamais cessé, au cours de ce voyage, de « faire de la diplomatie » pour mon propre compte. Afin de définir une fois pour toutes nos positions respectives, je fis les honneurs de la ville au général en l'invitant avec ses officiers à un *breakfast* improvisé. Je jouais là à quitte ou double, mais Talleyrand lui-même n'aurait pu toucher une corde plus sensible : ils n'avaient rien mangé depuis la veille, et je pense qu'ils auraient volontiers évacué la place en échange d'un bon petit déjeuner. Ils acceptèrent mon invitation avec un empressement qui devait se révéler fatal à ma petite réserve de provisions pour la route. Le général Figueroa me confirma la nouvelle de la défaite et de la fuite de Morazan, que poursuivait désormais Carrera.

Après un bref conciliabule, nous décidâmes de quitter cette ville frontière au plus tôt et de pousser plus avant en direction de Guatemala. J'avais pratiquement renoncé à tous mes projets ultérieurs, et ne songeais plus qu'à ma propre sécurité. Revenir sur nos pas nous aurait plongés au cœur des combats et des périls. La population du Salvador était particulièrement montée contre les étrangers ; les troupes du Honduras envahissaient leur pays d'un côté, et les hordes de Carrera, de l'autre. En restant sur place, nous nous exposions à des attaques des deux camps. En allant de l'avant, nous rencontrerions les troupes de Carrera, et, si elles nous laissaient passer, nous quitterions définitivement la

254

zone des combats. Nous ne courions qu'un seul risque, sur lequel nous serions fixés le lendemain. Ceci fait, nous informâmes le général de nos intentions et le priâmes de nous accorder son sauf-conduit : notre sécurité n'en serait que plus assurée. C'était sa première campagne. Il n'était parti au combat que quelques jours plus tôt, et avait pris son commandement en catastrophe pour marcher sur cette ville et couper la retraite de Morazan. Il fut flatté par notre requête et déclara qu'effectivement son passeport nous serait indispensable. J'avais hâte d'obtenir le précieux document. Le capitaine, par courtoisie, précisa que « rien ne pressait », mais je n'avais que faire de la courtoisie, et répliquai que nous étions en fait fort pressés ; nous devions nous mettre impérativement en route après le petit déjeuner. Je redoutais des retards, des contretemps et autres incidents ; malgré tous les dérangements que notre demande pouvait susciter, j'insistai jusqu'à ce que le secrétaire du général finisse par s'asseoir à la table : sans autre forme de procès, et d'un seul trait de plume, il fit de moi un « *ministro plenipotenciario* ». Le nom du capitaine fut ajouté sur le passeport, et le général le signa, après quoi je le mis dans ma poche et pus respirer.

Nous retournâmes à la maison, et quelques minutes plus tard, le général, son secrétaire et deux officiers mulâtres vinrent prendre leur petit déjeuner. Je leur sus gré de ne pas être venus plus nombreux. Nos invités préféraient la quantité à la qualité, et, par chance, c'est cette dernière qui nous faisait le plus défaut. Nous avions du chocolat à revendre, du pain pour la route, et avions trouvé quelques œufs dans la maison. Nous posâmes sur la table ce qui restait de nos vivres, et donnâmes au général la place d'honneur. L'un des officiers préféra s'asseoir à l'écart, sur un banc, et mangea ses œufs avec les doigts. Il est déplaisant pour un hôte d'être obligé de compter ce que ses convives ont dans leur assiette, mais tel était mon cas : j'avais moi aussi l'estomac dans les talons, et ce n'est pas sans un certain serrement de cœur que je vis disparaître en quelques minutes la totalité de mes provisions.

Un autre sujet de contrariété se fit jour : le général Figueroa, en effet, nous demanda de retarder d'une heure notre départ, le temps de préparer des messages à l'intention de Carrera pour lui annoncer qu'il occupait Aguachapa. Je n'avais qu'une hâte : partir tant que la route était encore libre. Nous faisions confiance au général, mais, de toute évidence, il ne contrôlait pas ses hommes. Tant que nous resterions dans la ville, nous devrions subir leurs visites, leurs questions et leurs tracasseries, et de nouvelles difficultés pouvaient surgir. Par ailleurs, porter des dépêches à Carrera serait pour nous une grande garantie sur la route. Don Saturnino décida de partir en avant avec les bagages. Nous étions trop heureux de voyager sans aucune charge, et nous lui conseillâmes d'avancer le plus vite possible, sans nous attendre, en lui promettant de le rattraper.

Une heure plus tard, nous nous rendîmes sur la *plaza* pour prendre les dépêches, mais, hélas, nous nous trouvâmes à nouveau au milieu d'un beau tumulte. Figueroa était déjà en selle, ses lanciers enfourchaient en hâte leurs chevaux, et tous se préparaient à combattre. Un éclaireur avait annoncé que le colonel Angoula, avec les soldats de la ville, rôdait aux abords de la montagne. Les lanciers partirent bientôt au galop, et les fantassins en haillons empoignèrent leurs armes et leur emboîtèrent le pas. Les lettres à Carrera étaient en partie écrites, et l'aide de camp me demanda d'attendre encore un peu, en nous assurant que l'affaire serait bientôt terminée. Le général l'avait laissé à la tête d'environ quatre-vingts hommes. Nous nous assîmes avec lui sous la galerie de la caserne. Il était plus jeune que Figueroa, plus réfléchi, et fort aimable tant qu'il n'était pas question de politique (il vouait une haine farouche au parti de Morazan). Il avait des manières de *gentleman*, mais son veston était élimé aux coudes et son pantalon déchiré.

Aucun ordre, aucune discipline ne régnaient parmi les hommes. Les soldats étaient allongés à même le sol dans la caserne, se joignaient à notre conversation, ou erraient dans la ville, au gré de leur fantaisie. Les habitants avaient eu la bonne idée d'emporter tout ce qu'ils pouvaient. Deux ou trois détachements partis en exploration revinrent avec un cheval ou une mule. Mais, bientôt, la petite garnison fut à nouveau placée en état d'alerte car on avait signalé Angoula dans une autre direction. Tous se ruèrent sur leurs armes, et au moins la moitié d'entre eux, sans hésiter un instant, prit la poudre d'escampette. Nous avions de bonnes chances d'être derechef les seuls maîtres de la ville, mais l'alerte se révéla sans fondement. Nous avions cependant de quoi nous inquiéter de la rapidité avec laquelle nos nouveaux amis nous avaient abandonnés, et du risque que nous courions d'être confondus avec eux [...]. Entretemps, certains habitants qui n'avaient rien à perdre et qui avaient constaté qu'aucun massacre n'avait eu lieu, étaient revenus, ou étaient sortis de leur cachette. Nous recrutâmes un guide en prévision du retour de Figueroa et retournâmes à la maison : à notre grande surprise, nous y découvrîmes la veuve Padilla. Elle avait été mise au secret quelque part dans les environs, et avait eu vent, par l'intermédiaire d'une vieille servante, de notre petit déjeuner avec le général et des excellentes relations que nous entretenions avec lui. Nous nous enquîmes du sort de ses filles, sans demander où elles se trouvaient, car nous avions constaté qu'il est plus facile de répondre aux interrogatoires quand on ne sait rien.

Nous attendîmes jusqu'à quatre heures, et sans nouvelles du général Figueroa, nous décidâmes de partir à la tombée de la nuit. Nous nous rendîmes à pied au bout de la rue, où se dressaient les ruines d'une ancienne église. Nous nous assîmes sur ce qui restait de ses fondations et observâmes en enfilade la longue rue déserte, à l'extrémité de laquelle on pouvait apercevoir la *plaza* ; des mousquets y étaient disposés en faisceaux. Quelques soldats y déambulaient. La ville était entourée de montagnes, elles-mêmes dominées par les pentes verdoyantes du volcan de Chingo. Nous vîmes alors deux femmes passer devant nous en courant : après avoir annoncé que les soldats revenaient, elles allèrent se terrer dans les ruines. Nous tentâmes de fuir dans la campagne, mais nous tombâmes nez à nez avec les *Cachurecos* au sommet d'une petite colline et dûmes à nouveau nous arrêter pour les regarder défiler. A leur grand dépit, ils rentraient bredouilles. En revanche, ils semblaient avoir trouvé de l'*aguardiente,* car nombre d'entre eux étaient saouls. Un tambour à cheval, si éméché qu'il pouvait à peine se tenir en selle, stoppa la colonne pour chanter une fois de plus la gloire du général Carrera. Bientôt, ils repartirent en beuglant leur mot d'ordre favori « *Viva Carrera !* », et un autre de ces lascars, la courroie de son havresac en travers de son torse nu, arrêta à nouveau toute la troupe et, en se retournant, avec une expression féroce sur le visage, nous lança : « Vous nous comptez, n'est-ce pas ? »

Nous nous éclipsâmes et, par un long détour, regagnâmes la maison. Nous attendîmes un moment, puis, bien décidés à quitter la ville et aller dormir dans la première hacienda sur la route, nous nous rendîmes à nouveau chez le général Figueroa dans l'espoir qu'il nous remette enfin ses dépêches. Avant d'avoir atteint la place, nous assistâmes à une nouvelle alerte générale, les cavaliers remontant en selle et les fantassins se ruant une fois de plus sur leurs armes. Dès qu'il nous eut aperçus, le général, éperonnant son cheval, galopa vers nous pour nous annoncer, hors d'haleine, que le général Morazan était aux portes de la ville. Il venait d'apprendre la nouvelle et partait l'attaquer. Il n'avait pas eu le temps de signer les dépêches. Pendant qu'il nous parlait, ses lanciers passèrent au galop. Il nous serra la main, nous dit au revoir (*hasta luego* — à la prochaine) et nous pria de rendre visite à Carrera au cas où nous ne le reverrions pas. Puis, remontant toute la colonne à bride abattue, il prit la tête de sa cavalerie. Les fantassins suivaient en courant, en file indienne, portant leurs armes du mieux qu'ils pouvaient. Dans la panique et l'excitation générale, nous avions oublié de veiller à notre propre sécurité ; quelques amabilités lancées à notre adresse nous ramenèrent sur terre : nous vîmes en effet deux individus brandir leurs mousquets dans notre direction avec une expression diabolique sur le visage, mais, pressés par ceux qui les suivaient, ils n'eurent que le temps de hurler « *Estos pícaros otra vez !* » (« Encore ces deux gredins ! »). Le dernier homme de la colonne avait à peine disparu que nous entendîmes une salve de mousquets. Quelques instants plus tard, la soixantaine d'hommes laissés sur la *plaza* empoignèrent leurs armes et s'enfuirent par une rue adjacente. Peu après, un cheval sans cavalier dévala la rue au grand galop ; trois autres suivirent, et cinq minutes plus tard, nous vîmes quarante ou cinquante lanciers, avec notre ami Figueroa à leur tête, traverser la rue ventre à terre, fuyant devant un ennemi invisible. Bientôt, ils se regroupèrent et repassèrent à l'attaque, repartant dans la direction d'où ils étaient venus. Nous retournions vers l'église pour nous réfugier dans son clocher, quand des tirs nourris balayèrent la rue ; avant que nous ayons eu le temps de regagner notre gîte, la rue menant à la *plaza* fut transformée en champ de bataille. Une balle perdue pouvant nous être fatale, nous nous barricadâmes en verrouillant portes et fenêtres. Les tirs devenaient de plus en plus violents et commençaient à toucher les façades des maisons d'en face. Nous nous repliâmes alors dans une petite pièce donnant sur la cour, en compagnie d'une vieille servante (ce qui était advenu de la veuve, je l'ignore). Après en avoir fermé la porte, épaisse de près de dix centimètres, et à l'épreuve des balles, nous nous retrouvâmes dans la plus complète obscurité, et tendîmes hardiment l'oreille. Nous nous considérions pour l'instant à l'abri de tout danger, mais nous nourrissions de sérieuses appréhensions pour la suite. Tuer était le mot d'ordre des deux camps : d'un côté comme de l'autre, il n'était pas question de faire de quartier. Les soldats de Morazan étaient probablement moins nombreux, mais ils étaient prêts à se battre jusqu'au dernier. A en juger par l'intensité des tirs, et à la durée de l'engagement, l'affaire avait tout l'air d'être sanglante. Il était à craindre que nos amis de la nuit précédente, excités par le bain de sang, les blessures et la perte de certains de leurs compagnons, n'établissent un lien de cause à effet entre la présence dans la ville des « deux gredins » (je veux parler de nous) et l'arrivée de Morazan. Je n'irai pas jusqu'à dire que nous souhaitions leur mort, mais nous désirions bel et bien voir couler leur sang infâme — ce qui revient à peu près au même. En fait, nous espérions ardemment ne plus jamais les revoir. J'aurais préféré être capturé par n'importe quelle bande de brigands infestant le pays plutôt que de tomber entre leurs mains. Je n'ai jamais ressenti pareil soulagement quand nous entendîmes le son d'un clairon. C'était la sonnerie de la victoire de Morazan. Bien qu'il s'agît de l'air « *Degollar, degollar !* » (« Égorger, égorger ! »), ces notes formèrent à nos oreilles une douce musique. Nous entendîmes peu après une cavalcade, et, abandonnant notre cachette, nous retournâmes dans la *sala* et reconnûmes avec soulagement le cri de « *Viva la Federación !* ». Nous en fûmes réconfortés. Il faisait nuit. Nous entrouvrîmes la porte, mais un cavalier qui passait alors dans la rue planta sa lance dans le battant et réclama de l'eau. Nous lui donnâmes une grosse calebasse, qu'il confia à un fantassin. Notre porte fut bientôt grande ouverte et nous plaçâmes sur le seuil deux autres calebasses. En passant, les soldats y prirent à la va-vite quelques gorgées. Ils nous apprirent que le général Morazan était entré dans la ville, avec les rescapés de son expédition contre Guatemala. Notre maison était bien connue des nouveaux venus : nombre des officiers s'enquirent du sort de la famille Padilla, et un aide de camp informa la servante que Morazan lui-même avait l'intention d'y dormir. Les soldats investirent la *plaza,* y disposèrent leurs armes en faisceaux et crièrent « *Viva Morazan !* ». Le matin même, nous avions entendu « *Viva Carrera !* ». Personne ne criait « *Viva la Patria !* ».

Nos ennuis n'étaient pas terminés pour autant. Le matin, nous avions été capturés par l'un des deux camps. Le soir, nous avions recouvré notre liberté, pour retomber aux mains d'autres soldats. Avant l'aube, les troupes de Carrera déferleraient probablement sur la ville. Il n'y avait qu'un seul sujet de réconfort : les tristes individus qui nous avaient tirés de notre sommeil la nuit précédente, et qui avaient fait fuir la population de la ville, étaient désormais en déroute, errant dans les montagnes à la recherche de quelque refuge. J'étais désolé pour Figueroa et son aide, et, dans l'absolu, pour les morts. Quant aux autres, leur sort m'était indifférent.

Quelques instants plus tard, un groupe d'officiers vint nous rendre visite. Depuis six jours, ils n'avaient cessé de fuir à travers un pays hostile, changeant de direction pour semer leurs poursuivants et ne s'arrêtant que pour donner quelque repos à leurs chevaux. Enivrés par l'issue heureuse de leur dernière escarmouche, ils me frappèrent par leur allure : depuis mon arrivée dans le pays, je n'avais jamais vu d'hommes plus racés et plus distingués. Figueroa les avait attaqués si soudainement que Morazan, à la tête de ses hommes, avait senti deux balles lui frôler le cuir chevelu avant d'avoir eu le temps de dégainer son pistolet : de toute sa sanglante campagne au Guatemala, il n'avait jamais vu la mort d'aussi près. Le colonel Cabañas, un homme de petite taille aux manières de *gentleman,* et ancien commandant des troupes massacrées au Honduras, frappait le premier l'ennemi : après avoir brisé son sabre sur un lancier, il avait arraché à ce dernier son arme, lui en avait transpercé le corps, mais avait été lui-même blessé. A ses côtés, un jeune homme volubile, qui essuyait avec un mouchoir son sabre ruisselant de sang encore chaud, se lamentait de n'avoir pas réussi à couper la retraite aux soldats ennemis. Un troisième homme, plus âgé, déclara en s'essuyant le front que si leurs chevaux n'avaient pas été si fatigués,

259

ils « les auraient tués jusqu'au dernier ». Même ces hommes si éduqués ne parlaient que de tuer. Faire des prisonniers ne leur serait jamais venu à l'esprit. Le verbe *matar,* « tuer », avec ses inflexions, résonnait si souvent dans mes oreilles que je finis par l'abhorrer. Quelques minutes plus tard, la veuve Padilla, qui, à ce que j'ai cru deviner, s'était cachée dans le voisinage, fit irruption dans la pièce : elle avait appris l'arrivée de Morazan, et, pleurant à chaudes larmes, réclamait ses fils. Tous répondirent que l'aîné était avec eux. Tous la connaissaient, et, l'un après l'autre, chacun posa respectueusement sa main droite sur son épaule et l'étreignit. Le jeune homme au sabre ensanglanté replaça son arme dans son fourreau et, prenant la vieille doña dans ses bras, la souleva de terre et la fit tournoyer à travers la pièce. La pauvre femme, ne sachant plus si elle devait rire ou pleurer, lui reprocha d'être « toujours aussi taquin » et continua à demander où se trouvaient ses fils. A ce moment, un homme d'une quarantaine d'années, et qui était le seul du groupe à ne pas avoir d'armes, entra par la porte de la cour. Portant une longue barbe, il était pâle et hâve. La vieille femme cria, se précipita vers lui et se jeta dans ses bras : pendant quelques instants, elle reposa sa tête sur son épaule. C'était son fils qui avait été emprisonné par Carrera. A Guatemala, Morazan avait poussé jusqu'à la Plaza, ouvert les prisons et libéré ses partisans retenus captifs. Quand il avait été chassé de la ville, le lieutenant Padilla s'était enfui avec lui. Mais où était son cadet, son préféré ? L'aîné répondit qu'il était sain et sauf. Sa mère le regarda alors droit dans les yeux, et, l'appelant par son prénom, lui dit qu'il lui cachait la vérité, mais il lui assura qu'il ne mentait pas et jura que son frère était en fuite. Il lui avait lui-même donné un cheval. Il avait été aperçu à l'extérieur de la ville : il se cachait probablement quelque part, et réapparaîtrait bientôt Les autres officiers avaient des avis divergents. L'un d'eux l'avait vu à un moment de la bataille, un autre, un peu plus tard. Mais tous étaient d'accord sur le fait que son frère était le mieux placé pour savoir, car leurs postes étaient très proches l'un de l'autre. Jeune, ardent, insouciant, ce dernier, qui était le meilleur ami de son frère, et qui chérissait sa mère plus qu'aucune autre personne au monde, me confia peu après qu'il voulait lui laisser une dernière nuit de repos et qu'elle apprendrait bien assez tôt la vérité. Il avait échappé lui-même de peu à la mort, et on pouvait lire sur son visage son terrible secret : il ne faisait pour lui aucun doute que l'enfant chéri de sa mère était tombé au combat.

Pendant toute cette scène, nul ne nous avait prêté attention. Pourtant, le capitaine connaissait certains des officiers présents [...]. Parmi les aides du général Morazan figuraient l'ancien secrétaire d'État à la Guerre et tous les principaux membres, civils ou militaires, de l'ancien gouvernement fédéral. Ces derniers avaient entendu parler de mon arrivée dans le pays et m'avaient attendu à San Salvador. Tous me connaissaient de nom et, très vite, nous nouâmes des liens personnels. Je devins notamment l'ami du colonel Saravia, un jeune homme d'environ vingt-huit ans, beau, brave, spirituel et raffiné, qui vouait un attachement indéfectible au général Morazan. Ce dernier, me dit-il, les larmes aux yeux en relatant l'attaque contre Guatemala, semblait protégé des balles par la Providence. J'avais souvent entendu parler de ce jeune officier dans la capitale, et son cas illustre le terrible déchirement des liens familiaux et sociaux occasionné par cette guerre civile. Exilé par le parti Libéral huit ans auparavant, son père combattait alors dans les rangs des Carlistes en Espagne. Sa mère et ses trois sœurs demeuraient à Guatemala, et je leur avais souvent rendu visite. Leur maison était située près de la Plaza, et quand Morazan avait investi celle-ci, le colonel avait couru chez lui pour les voir. Au beau milieu de ces retrouvailles, rendues encore plus poignantes par les circonstances, il fut rappelé au combat. Son cheval fut tué sous lui. Blessé, il s'échappa avec les débris de l'armée. Sa mère et sa sœur ne savaient rien de son sort. Elles devaient, me dit-il avec raison, nourrir de terribles appréhensions à son sujet. Il me supplia de leur rendre visite dès mon arrivée à Guatemala et de leur annoncer qu'il était sain et sauf.

En attendant, le général Morazan, qui redoutait une attaque surprise de Carrera pendant la nuit, nous fit savoir qu'il préférait finalement camper sur la *plaza*. Accompagné par le colonel Saravia, j'allai lui témoigner mes respects. Depuis le moment où il était entré dans la ville, je me sentais parfaitement en sécurité : je n'avais plus à redouter les exactions de soldats livrés à eux-mêmes. Pour le première fois, je voyais un semblant de discipline au sein d'une armée. Une sentinelle allait et venait dans la rue menant à la *plaza* pour empêcher les soldats d'errer dans la ville. Mais ces derniers n'étaient pas d'humeur à se promener. Aguachapa manquait de tout : même les chevaux n'avaient pas de quoi manger. Des fantassins étaient attroupés à la fenêtre du *cabildo*, tendant tour à tour leur chapeau pour recevoir une maigre ration de maïs et de pain rassis ; d'autres étaient assis autour de grands feux et dévoraient leur misérable pitance. La plupart étaient allongés par terre et dormaient déjà. C'était la première nuit qu'ils passaient en pays ami depuis leur fuite de Guatemala.

Le général Morazan, avec plusieurs officiers, se tenait dans la galerie du *cabildo*. Un grand feu brûlait devant la porte, et une chandelle et des tasses de chocolat étaient posées sur une table contre le mur. Agé d'environ quarante-cinq ans, svelte d'allure, grand de taille, il portait une moustache noire et une barbe d'une semaine. Nu-tête, il était vêtu d'une redingote militaire boutonnée jusqu'au col, et était armé d'un sabre. L'expression de son visage était empreinte de douceur et d'intelligence. Bien qu'encore jeune, il avait été pendant dix ans le premier homme du pays, et pendant huit, président de la République. Il s'était hissé et maintenu au pouvoir par sa bravoure et ses talents d'homme de guerre : il avait toujours commandé ses forces en personne, avait pris part à d'innombrables batailles ; souvent blessé, il n'avait jamais été battu. Un an auparavant, les habitants de Guatemala, des deux camps opposés, l'avaient imploré de venir à leur secours, voyant en lui le seul homme capable de les sauver de Carrera et du chaos. Il fut alors, à son tour, vic-time de l'inconstance de la faveur populaire, dont l'histoire offre ̣nt d'exemples. Après l'expiration de son mandat, il fut élu ̣hef de l'État du Salvador, puis démissionna pour prendre le commandement des forces du gouvernement fédéral. Après le désaveu du gouvernement qu'il servait, et vilipendé personnel-lement, il marcha sur Guatemala avec mille quatre cents hommes, et se fraya un passage jusqu'à la *Plaza* ; quarante de ses officiers, ainsi que son fils aîné, furent tués à ses côtés. Il ne réussit à ressortir de la ville qu'en se taillant un chemin à travers des monceaux de cadavres.

Le colonel Saravia me présenta à lui. Selon mes informations, et à en juger par l'enthousiasme de ses officiers et de tous les gens que j'avais approchés au Salvador, je vouais déjà une grande admiration au général Morazan. L'intérêt que je lui portais était en outre avivé par son triste sort. Je ne savais trop comment engager la conversation. Je ne songeais qu'à l'issue tra-gique de son expédition, mais sa première question concernait sa famille : était-elle arrivée au Costa Rica, avais-je des nouvelles à son sujet ? Je me gardai de lui dire (ce que je pensais alors) que les calamités qui l'accablaient s'abattraient sur tous ceux qui lui étaient liés d'une manière ou d'une autre, et qu'on pouvait craindre que sa femme et ses filles ne pussent faire escale dans ce pays, sans même parler d'y trouver refuge. La débâcle prévisible de ses partisans, le souvenir encore vif de la mort de ses compa-gnons et la ruine de ses espoirs et de sa carrière l'amenaient tout naturellement à penser à ses proches. Il regrettait les conditions dans lesquelles je voyais son malheureux pays, et pensait que j'avais mal choisi mon moment pour ma visite ; il m'entretint de Mr. De Witt [71], des relations de son pays avec le nôtre, et de son regret que le traité qui les liait n'eût pas été renouvelé — et qui d'ailleurs ne pouvait plus l'être dans les circonstances. Mais je n'avais pas le cœur à parler de tout cela : pensant que de plus graves affaires l'attendaient, je ne demeurai auprès de lui qu'un court instant, et regagnai la maison.

La lune était haute dans le ciel et j'avais hâte de me mettre en route, mais nos plans furent à nouveau bouleversés. Le guide qui devait nous conduire au rio Paz s'était volatilisé, et nous ne pûmes le remplacer. En fait, on ne pouvait convaincre personne — par des promesses comme par des menaces — de quitter la ville le soir même : la peur de tomber aux mains des troupes en déroute était trop forte. Plusieurs officiers burent du chocolat avec nous, et un prêtre avec un sabre à la ceinture prit place en bout de table. J'avais le matin même pris mon petit déjeuner avec des hommes qui auraient été heureux de leur couper la gorge, et qui désormais se terraient dans les montagnes ou cherchaient leur salut dans la fuite. Ils se retirèrent tous de bonne heure et allèrent dormir avec leurs armes sur la *plaza*, nous laissant avec la veuve et son fils. Nous assistâmes alors à une scène déchirante : la mère accablait son aîné de questions et de lamentations au sujet du cadet, qu'il éludait en invoquant son excessive fatigue et en la suppliant de lui permettre de se retirer. Il est curieux qu'il ne me soit pas venu à l'esprit de m'informer des pertes dues à l'escarmouche pour la reprise d'Aguachapa. En fait, il n'y avait pas eu de blessés : tous ceux qui étaient tombés avaient été achevés à la lance, et on avait laissé les morts sur le terrain. Padilla était à l'arrière du détachement de Morazan ; plusieurs maisons brûlaient ; dans le quartier de la ville où il était entré, il avait dénombré dix-huit cadavres.

16

LA FUITE ÉPERDUE
DU GÉNÉRAL MORAZAN

Une visite du général Morazan. — Fin de sa carrière. — Un jeune guide. — Départ pour Guatemala. — Craintes de la population. — Le rio Paz. — Une situation critique. — Sauvés par un passeport. — Le rio de los Esclavos. — Retour à Guatemala. — Récit de la défaite de Morazan. — Scènes de massacre.

Le lendemain matin, à notre grande surprise, nous trouvâmes plusieurs échoppes ouvertes et des habitants dans les rues. Après être restés cachés alentour, ils étaient revenus dès qu'ils avaient appris l'arrivée de Morazan. L'*alcalde* réapparut, ainsi que notre guide, mais l'homme nous fit savoir qu'il refusait de nous accompagner, car il préférait se faire tuer sur place plutôt que de tomber aux mains des *Cachurecos*.

Pendant que je prenais mon chocolat, le général Morazan me rendit visite. Notre conversation fut plus longue et plus générale. Je me gardai de l'interroger sur ses projets, mais ni lui ni ses officiers ne semblaient abattus. Lorsqu'il fut question de l'occupation de Santa Ana par le général Cascara, il déclara calmement : « Nous rendrons bientôt visite à ce brave homme. » Il parlait sans haine ni rancœur des chefs du parti Central, et Carrera était à ses yeux un Indien ignorant, sans foi ni loi. Le parti qui se servait alors de lui serait un jour sa victime [...].

264

Morazan nous déconseilla vivement de nous rendre à Guatemala, mais je n'avais qu'un seul désir : partir. Mon compagnon, le capitaine, après avoir songé un temps à rejoindre les rangs du général, partageait mes sentiments. Carrera pouvait arriver à tout moment, auquel cas nous risquions à nouveau de changer de « maîtres », ou, en tout cas, d'assister à une bataille sanglante, car Morazan défendrait jusqu'à la mort Aguachapa, ville frontière de son État.

Je fis part au général de mes intentions et de mes difficultés pour recruter un guide. Il me répondit qu'une escorte de soldats nous exposerait à un danger certain : même un seul soldat, sans mousquet ni cartouchière (qui étaient les seules marques distinctives d'un guerrier), serait très certainement reconnu. Il décida cependant de convoquer l'*alcalde*, et de lui demander de nous fournir une escorte choisie parmi les personnes les plus sûres de la ville. Je lui fis mes adieux avec une émotion que je n'avais jamais ressentie depuis le début de mon voyage lorsque était venue l'heure de prendre congé d'un hôte ou d'un ami. Nous ne pouvions alors imaginer les calamités que le destin lui réservait : chaque jour, des soldats de son armée désertaient, ceux-là même qui ne lui étaient restés fidèles qu'en raison des dangers auxquels ils étaient exposés en pays ennemi.

Avec le restant de ses forces, il marcha jusqu'à Sonsonate, s'empara d'un vaisseau sur la côte, et se fit conduire à Libertad, le port de San Salvador. Il gagna ensuite la capitale, où la population, qui l'avait longtemps adulé, l'abandonna dans le malheur et l'accueillit avec des injures. Il s'embarqua alors pour le Chili avec la plupart de ses officiers, trop compromis pour rester dans le pays. Souffrant de la promiscuité à bord du navire, il fit escale au Costa Rica et demanda aux autorités de ce pays l'autorisation pour certains de ses compagnons de débarquer. Il ne la demanda pas pour lui-même, car il savait qu'elle lui serait refusée. Il reprit la mer et alla rejoindre sa famille à Santiago.

En raison de l'âpreté des luttes politiques dans le pays, il est impossible à un étranger de se former une véritable idée d'un homme public. On a beaucoup reproché à Morazan, et c'est ce qui explique peut-être le revirement de la population à son égard, d'avoir persécuté l'Église et procédé à des « emprunts forcés ». Son hostilité envers l'Église est justifiée dans la mesure où celle-ci constitue à ce jour un frein au développement des institutions libres, dégradant et sapant, au lieu de les élever, les valeurs du christianisme. Par ailleurs, l'entretien d'une armée dans un pays ravagé en permanence par la guerre rendait peut-être nécessaires les « emprunts obligatoires ». Ses pires ennemis reconnaissent qu'il se comportait de manière exemplaire dans le privé, et, ce qui n'est pas un mince éloge dans leur bouche, qu'il n'était pas sanguinaire. Il est désormais déchu et exilé, probablement pour toujours, et promis à la mort s'il tente de regagner sa patrie. Ses laudateurs d'hier foulent aujourd'hui son nom et sa mémoire, mais je crois sincèrement — et je sais que cette déclaration m'attirera l'indignation de l'ensemble du parti Central — que l'Amérique centrale a perdu en Morazan son meilleur homme d'État *.

La population de la ville était restée fidèle à Morazan. Un vieillard nous amena son fils, un jeune homme de vingt-deux ans, qu'il chargea de nous guider, mais quand il apprit que nous voulions qu'il nous accompagne jusqu'à rio Paz, il nous quitta, dit-il, pour nous procurer un cheval. Nous attendions depuis une heure quand le vieil homme réapparut, avec un petit garçon de dix ans, coiffé d'un chapeau de paille et monté sur un cheval sans selle. Le jeune homme, quant à lui, avait disparu. En fait, il avait pris peur, et nous convînmes volontiers que l'enfant courrait moins de risques. Les histoires de bandits de grand chemin que j'avais entendues depuis le début de mon voyage ne m'avaient jamais véritablement troublé, mais cette fois nous courions pour de bon le danger de rencontrer certains des vaincus d'Aguachapa. Désespérés par leur défaite, et sanguinaires de nature, ils n'avaient jamais été très aimables à notre endroit. Désormais, ayant vu que nous nous étions attardés dans la ville après leur débâcle, ils établissaient probablement un lien entre notre présence et les mouvements de Morazan : j'avais tout lieu de craindre que si nous tombions entre leurs mains, nous serions immanquablement assassinés. Il est vrai que la peur leur avait donné des ailes : redoutant d'être poursuivis, ils avaient probablement fui pendant toute la nuit. Évitant la grand-route, ils avaient sans doute franchi le rio Paz, pour, une fois au Guatemala, se disperser dans leurs villages. Leur déconfiture avait été si totale qu'ils s'étaient débandés par petits groupes de trois ou quatre, et qu'ils nous fuyaient autant que nous les fuyions. En tout état de cause, il valait mieux partir que d'attendre que Carrera prenne d'assaut la ville.

Sur ces suppositions mêlées de grande inquiétude, nous fîmes nos adieux aux officiers de Morazan et, à neuf heures, nous nous mîmes en route. Descendant du plateau sur lequel la ville est bâtie, nous débouchâmes sur une plaine s'étendant à perte de vue. Nous laissâmes derrière nous le lac d'Aguachapa, dont la beauté, en d'autres circonstances, aurait suscité notre admiration. Comme notre petit guide semblait perdu, nous nous arrêtâmes à une hutte pour demander notre chemin. Ses occupants, terrorisés, refusèrent de répondre à nos questions. Les soldats de

* Environ un an après ces événements, le général Morazan retourna au Costa Rica. Capturé, il fut attaché à un arbre et fusillé. (*Note de F. Catherwood*)

Figueroa étaient passés par là, mais ils n'en savaient pas plus. Ils consentirent malgré tout à nous indiquer la route du rio Paz. Ils nous dirent qu'ils étaient « de pauvres gens », « travaillant sans relâche », et qu'ils ignoraient tout des récents événements. Une demi-heure plus tard, nous rencontrâmes trois Indiens, portant des poteries sur leur dos. Ces pauvres diables ôtèrent leurs chapeaux et se mirent à trembler quand nous leur demandâmes s'ils avaient croisé des soldats en fuite. Ces interrogatoires, en fait, risquaient de nous faire passer pour des officiers de Morazan : d'un commun accord, nous décidâmes de ne plus poser de questions lors de nos prochaines rencontres.

En coupant à travers la jungle, nous atteignîmes bientôt, au fond d'un ravin, le rio Paz (la « rivière de la Paix »), qui marque la frontière entre le Salvador et le Guatemala, et formait alors, malgré son nom, la ligne de front d'une guerre sans merci. Le territoire ennemi commençait de l'autre côté du cours d'eau, et les troupes en déroute y avaient sûrement trouvé refuge. Nous remontâmes sur une certaine distance la rivière, la franchîmes non sans difficulté, et trouvâmes sur la berge opposée un *guacal*, ou demi-calebasse, qui avait probablement été abandonné par des soldats en fuite. Nous nous en servîmes pour boire, comme s'il avait été laissé là tout spécialement pour nous, et le reposâmes sur le sable à l'intention d'un autre voyageur.

Nous nous trouvions désormais au Guatemala, sur les rives d'un rio impétueux, où aucun sentier n'avait jamais été tracé. Notre situation était peut-être encore plus critique qu'auparavant, car sur ce territoire les *Cachurecos* de Figueroa se considéraient en sûreté, et nombreux étaient ceux qui, après une nuit de fatigues et de combats, avaient probablement fait halte dans les environs pour dormir quelques heures. Coupant à travers la jungle, nous eûmes la chance de tomber peu de temps après sur le *camino real*. Nous donnâmes alors congé à notre petit guide et continuâmes sur la grand-route. La physionomie du pays était entièrement différente — accidentée et rocailleuse — et nous ne rencontrâmes pas âme qui vive jusqu'à l'hacienda de Palmita, qui semblait abandonnée. Nous pénétrâmes dans la cour, poussâmes le porte de la maison et découvrîmes dans la pénombre le propriétaire. C'était un vieux gentilhomme, hostile à Morazan ; il était assis dans la *sala*, prêt à partir, avec la selle de sa femme et la sienne à portée de main, et deux ballots de literie posés sur le sol. Il semblait penser qu'il était « trop tard », et d'un air soumis et désespéré, il répondit à nos questions, avant de nous interroger sur le « nombre de nos soldats ». Notre position était fort cocasse : alors que nous étions nous-mêmes à moitié morts de peur, nous inspirions la terreur partout où nous passions ! Nous le rassurâmes en nous enquérant de Don Saturnino et de nos bagages, et reprîmes notre route.

Une heure plus tard, nous atteignîmes l'hacienda del Cacao, où nous étions convenus que Don Saturnino s'arrête. A un détour du chemin, nous débouchâmes directement sur la maison. Sous la véranda, trois *Cachurecos* étaient en train de manger des *tortillas*. Ils nous aperçurent au même moment, empoignèrent leurs armes et coururent vers nous. Soudain, l'un d'eux s'arrêta et pointa un vieux tromblon dans notre direction. La bouche du canon qui menaçait aussi bien le capitaine que moi-même, semblait aussi large qu'une porte d'église. Nous étions en grand danger d'être abattus par erreur, quand l'un des soldats fit demi-tour, releva le tromblon du revers de sa main, et, s'écriant « *Amigos ! Los Ingleses !* », nous demanda d'approcher. Cet aimable *Cachureco* était l'un des hommes qui nous avaient rendu visite à Aguachapa pour nous demander de l'argent et à manger. Peut-être jamais une pièce de six *pence* n'a-t-elle été dépensée à meilleur escient. Il nous avait vu nouer des liens d'amitié avec Figueroa, et ne pouvait concevoir que nous avions fait de même avec Morazan. Il nous apprit que Don Saturnino avait passé la nuit précédente à l'hacienda, et qu'il s'était remis en route très tôt le matin même.

Les soldats retournèrent à leur repas, puis repartirent en notre compagnie. A El Cacao, leur apparition fit sensation, car ils apprirent à la population que Figueroa avait été mis en déroute. C'était pour les habitants une mauvaise nouvelle, car tous croyaient que Morazan avait été définitivement écrasé à Guatemala. Dans sa retraite, il avait évité les villages, et personne ne soupçonnait qu'il ait pu fuir avec des forces encore importantes [...].

Après avoir faussé compagnie à nos amis et franchi une chaîne de montagnes, nous atteignîmes à la tombée de la nuit, et en pleine forêt, une petite ferme située au milieu d'une clairière, et encadrée par une cuisine et un moulin à sucre. Les propriétaires, deux frères, se tenaient sur le seuil de la porte et donnaient des ordres pour le lendemain à leurs ouvriers, une trentaine d'Indiens.

Nous nous approchâmes et leur demandâmes le gîte pour la nuit. L'aîné accepta, mais avec un embarras qui en disait long sur l'état d'inquiétude et de méfiance qui prévalait alors dans le pays. Les deux hommes portaient la tenue habituelle des *hacenderos* ; leur intérieur était misérable, avec un hamac et deux châlits recouverts de nattes. Dans une petite pièce adjacente, une femme jouait avec un enfant. Les propriétaires étaient des hommes d'esprit et d'éducation, parfaitement au fait de la situation politique de leur pays. Nous leur racontâmes les événements d'Aguachapa et leur révélâmes que nous nous rendions à marches forcées à Guatemala.

Après le dîner, l'aîné fut appelé au-dehors, mais il revint précipitamment quelques minutes plus tard. Fermant la porte derrière lui, il nous apprit que les ouvriers étaient en proie à une grande agitation, et que nous étions la cause de leur trouble. Ils refusaient de croire que nous nous dirigions vers Guatemala (une femme nous avait vus venant de la capitale) : ils étaient persuadés que nous étions des officiers de Morazan faisant retraite et que nous tentions de nous réfugier au Salvador. Nous nous attendions à tout sauf à cela. Notre hôte était surexcité : il regrettait de devoir violer les lois de l'hospitalité, mais nous connaissions « l'état troublé du pays, et la frénésie de l'esprit de parti ». Il était lui-même hostile à Morazan, ses hommes étaient de violents *Cachurecos*, capables de tout. Il avait risqué gros en nous recevant sous son toit, et nous suppliait, à la fois pour nos vies et la sienne, de quitter sa maison : nous avions encore le temps de seller nos chevaux et de partir sains et saufs de son domaine. C'était indubitablement un homme de cœur, mais nous étions parfaitement innocents. Être expulsés par erreur, en pleine nuit, dans un pays inconnu, sans un seul guide : telle était l'effroyable perspective qui s'offrait à nous. Fort heureusement, j'avais eu la bonne idée d'insister auprès de Figueroa pour obtenir ce fameux passeport : c'était la seule chose qui pouvait nous sauver. Je lui montrai le document, lui faisant admirer au passage les fioritures dont le secrétaire avait orné le mot *plenipotenciario*. Je crois qu'il fut aussi étonné de découvrir à qui il avait l'honneur de donner asile que ravi d'apprendre que nous n'étions pas des officiers de Morazan. Bien qu'instruit et vif d'esprit, il n'avait, de sa vie, jamais quitté son hacienda. Il savait vaguement ce qu'était un « *ministro plenipotenciario* », mais il n'en avait jamais rencontré personnellement. Mon accoutrement et l'aigle qui ornait mon couvre-chef confirmèrent l'importance de ma fonction. Il appela le *majordomo* et deux contremaîtres du domaine, leur lut le passeport et leur expliqua à qui ils avaient affaire. Pour ma part, je m'assis sur le lit en mettant bien en évidence l'aigle de mon chapeau, tandis que le capitaine, de son côté, insistait sur mes excellentes relations avec Carrera. Talleyrand a pu dire qu'il ne faut « jamais faire aujourd'hui ce que l'on peut remettre au lendemain ». Dans la situation dans laquelle je me trouvais, j'ai pu apprécier toute la valeur de la maxime contraire. A partir de l'instant où j'ai vu Figueroa, je n'ai eu qu'une seule idée en tête : obtenir de lui un passeport, et ne pas lui laisser de répit tant que je n'aurais pas le document dans ma poche. Sans ce sauf-conduit, notre situation eût été des plus critiques. A supposer que nous n'ayons pas été lynchés sur place, nous aurions été emmenés au village, enfermés dans le *cabildo* et exposés aux violences d'une populace inculte, mise en furie par la nouvelle de la victoire de Morazan. En décidant de quitter Aguachapa, nous espérions rencontrer des *Cachurecos* et nous faire conduire par eux jusqu'à Guatemala, mais nous nous étions trompés dans nos calculs : la population réagissait de manière totalement imprévisible, sous l'impulsion de ses passions, et rien ne pouvait convaincre personne à partir pour la capitale ; en fait, aucun habitant n'acceptait de se risquer au-delà du village voisin. Le *majordomo* nous promit malgré tout un guide pour le lendemain. A trois heures, nous fûmes réveillés par le grincement du moulin à sucre. Nous attendîmes notre guide jusqu'à l'aube, mais comme personne ne se présentait, nous fîmes nos adieux à notre hôte et partîmes seuls. Le nom de cette hacienda est San José, mais, dans ma précipitation, je n'ai jamais songé à demander comment s'appelait son propriétaire. Dans l'état de trouble permanent dans lequel l'Amérique centrale est plongée, il se trouvera peut-être un jour en danger de mort, obligé de fuir pour avoir la vie sauve. Dans ce moment difficile, puisse-t-il rencontrer un cœur aussi noble que le sien !

[...] A midi, nous trouvâmes sur notre route quatre postes de garde à toits de chaume, abritant un détachement de *Cachurecos* en reconnaissance. Nous les aurions bien volontiers évités, mais, avec une belle hypocrisie, nous leur lançâmes « *Amigos !* ». Nous leur demandâmes des nouvelles de Carrera : nous nous attendions à le rencontrer sur la route, Figueroa nous ayant annoncé son arrivée. Prenant bien soin de ne pas leur parler de la déconfiture de ce dernier, nous les saluâmes chaleureusement et reprîmes notre route sans perdre un instant.

Peu après, nous atteignîmes le rio de los Esclavos, une belle et impétueuse rivière, que nous traversâmes par un monumental pont de pierre, qui constitue non seulement un souvenir de la domination espagnole, mais le plus important ouvrage d'art de l'Amérique centrale. Il marque l'entrée d'un misérable village, un simple groupe de huttes magnifiquement situé sur la rive du rio, face à une gigantesque chaîne de montagnes boisées de pins. Les habitants semblaient insensibles à la beauté du site, mais ils avaient de bonnes raisons de l'être. Chaque armée en campagne qui avait fait mouvement entre Guatemala et le Salvador au cours des mois précédents était passée par leur village. A deux reprises en l'espace d'une seule semaine, l'armée de Morazan était passée en trombe : les habitants avaient emporté ce qu'ils avaient pu, et, après avoir verrouillé leurs maisons, fui dans la montagne. La seconde fois, les soldats de Morazan aux abois manquaient à tel point de vivres qu'ils avaient rasé plusieurs huttes et emporté des poutres pour leurs feux, avant d'abattre au milieu de la rue et de manger à moitié crus des bœufs, sans pain ni *tortillas*.

A deux heures, nous repartîmes, et, dès la sortie du village, pénétrâmes dans une région couverte de lave [...]. A la tombée de la nuit, alors que nous redoutions de nous être égarés dans la forêt que nous traversions, nous émergeâmes soudain des bois et vîmes devant nous, culminant dans l'azur, les volcans d'Agua et de Fuego. Au même moment, les cris joyeux de Don Saturnino et de nos hommes nous accueillirent. Ils avaient établi leur camp dans une petite hutte à la lisière d'une grande plaine, et leurs mules paissaient tranquillement à proximité.

Le *rancho* ne comportait qu'une seule pièce, juste assez grande pour l'homme et la femme qui l'occupaient, mais la place ne manquait pas à l'extérieur. Après une chevauchée harassante de plus de quatre-vingts kilomètres, réconfortés à l'idée que nous n'étions plus qu'à une journée de Guatemala, je m'endormis sur-le-champ.

Le lendemain matin, nous ne partîmes qu'à huit heures, car une des mules manquait à l'appel. Le soir même, nous descendîmes par un long sentier dans la plaine de Guatemala. Elle m'apparut particulièrement belle, et je ne pensais pas que je serais à tel point heureux de la revoir. Je touchais le terme d'un voyage de mille neuf cents kilomètres, et tout l'or du Pérou n'aurait pu me résoudre à l'entreprendre à nouveau. Le premier homme que je vis à la porte de la capitale fut mon ami Don Manuel Pavon, farouche Centraliste. Si Morazan avait pris la ville, pensai-je, où serait-il alors ? Carrera n'était pas à Guatemala ; il s'était lancé à la poursuite de Morazan, en direction de Quezaltenango. J'appris avec soulagement que personne de ma connaissance n'avait été tué ; il est vrai qu'aucune de mes relations, je l'appris plus tard, n'avait pris part à la bataille.

Je donnai à Don Manuel les premières nouvelles de Morazan, dont on ne savait rien dans la capitale depuis qu'il avait quitté Antigua. Personne n'était arrivé d'Aguachapa ; la population était encore trop effrayée pour voyager, et la ville était encore la proie d'une véritable terreur. En pénétrant plus avant dans la capitale, je rencontrai d'autres amis qui saluèrent mon retour à Guatemala. Tous considéraient que j'avais risqué ma vie, et d'avoir échappé à des dangers communs renforça nos liens. J'avais peine à me convaincre que les hommes qui m'accueillaient avec tant de cordialité étaient les adversaires les plus acharnés de Morazan. A plusieurs reprises, je dus m'arrêter et relater les événements survenus à Aguachapa ; dire combien d'hommes Morazan avait avec lui ; quels officiers l'accompagnaient ; comment il se portait, et ce qu'il disait. Je présentai le capitaine, et chacun de nous eut son cercle d'auditeurs. Tous furent déçus d'apprendre que Morazan n'avait été ni défait, ni blessé, ni tué. A mesure que nous avancions dans la ville, nous remarquâmes que les murs des maisons portaient des traces de balles ; les façades donnant sur la Plaza, notamment, étaient effroyablement endommagées. La légation se trouvait à deux pas de la Plaza, et trois balles de mousquet avaient été extraites de sa charpente et conservées à mon intention pour que je puisse me faire une idée de l'intensité des combats. Une heure après mon arrivée, j'avais déjà revu presque tous mes anciens amis. Accaparé par mes propres soucis, je n'avais pas imaginé l'importance des leurs. Je ne puis décrire le plaisir que j'éprouvais à me retrouver de nouveau parmi eux et à prendre, momentanément du moins, quelque repos. Certains sujets d'inquiétude demeuraient : j'étais sans nouvelles de ma famille, et Mr. Catherwood n'était pas arrivé, mais je ne me faisais pas trop de souci à son sujet, car il se trouvait en dehors de la zone des combats.

De grands changements étaient intervenus à Guatemala pendant mon absence, et il ne sera peut-être pas inutile d'en donner ici un bref résumé. Depuis mon départ, le pays avait adopté Carrera (ou avait été adopté par lui, je laisse au lecteur le soin d'en décider). Comme il craignait, ou prétendait craindre une attaque des troupes de l'État de Los Altos, le département du Guatemala qui avait fait sécession et était devenu le refuge de tous les Libéraux du pays, le chef rebelle avait marché sur Quezaltenango, sa capitale, avec mille hommes. Les Indiens, pensant qu'il s'apprêtait à exterminer les Blancs, lui étaient venus en aide. Après avoir capturé le chef de l'armée de Quezaltenango, Guzman, abondonné par ses soldats, Carrera s'empara de la ville, renversa le gouvernement, et, sans autre forme de procès, rattacha le petit État au Guatemala, ou, plus exactement le soumit à son propre commandement.

En l'honneur des services qu'il avait rendus à sa patrie, Carrera fit savoir à toute la population qu'il ferait son entrée triomphale à Guatemala le lundi 17 février. Tenant parole, il pénétra ce jour-là dans la ville sous des arcs de triomphe dressés en travers des rues, au son de salves de canon et de fanfares ; des milliers de drapeaux agités par la foule saluèrent son passage. Connu personnellement de toutes les notabilités de la ville (qui, à peine un an auparavant, alors qu'elles étaient menacées par ce même Carrera, lui avaient lancé un pitoyable appel au secours), le général Guzman avançait à ses côtés, assis en travers d'une mule, pieds et poings liés ; son visage était si tuméfié et contusionné par les jets de pierres et coups de machette qu'il ne pouvait être reconnu. D'autres prisonniers suivaient, attachés les uns aux autres par des cordes. Le chef du gouvernement, le secrétaire d'État et le secrétaire de l'Assemblée constituante caracolaient aux côtés de Carrera dans cet abject triomphe.

Le général Guzman figurait parmi les hommes qui avaient été libérés de prison par le général Morazan lors de son raid manqué sur la capitale. Il s'était enfui de la Plaza avec le reste des forces fédérales, mais, incapable d'endurer les fatigues d'une longue chevauchée, on l'avait laissé en arrière, et il avait tenté de se cacher avant d'être repris. Le général Morazan me confia qu'à la suite des cruautés dont il avait été victime, et de l'effroyable état d'inquiétude dans laquelle on l'avait maintenu, le pauvre homme avait perdu la raison.

Depuis lors, la ville avait vécu sur un volcan — dans la crainte perpétuelle d'une attaque de Morazan, d'un soulèvement des Indiens ou d'une guerre de castes, et torturée par la rumeur intermittente selon laquelle Carrera avait l'intention d'amener Guzman et le reste des prisonniers sur la Plaza et de les passer par les armes. Le 14 mars, on apprit par Figueroa que Morazan avait franchi le rio Paz et marchait sur la ville. Cette nouvelle relégua au second plan toutes les autres inquiétudes. Carrera était le seul homme capable de protéger la capitale. Le 15, il marcha avec neuf cents soldats en direction d'Arazola, laissant seulement cinq cents hommes sur la Plaza. Une terrible anxiété s'empara alors de la ville. Le même jour, Morazan atteignit le Coral de Piedra, à onze lieues de Guatemala. Le 16, des soldats commencèrent à dresser des barricades aux coins de la Plaza. De nombreux Indiens affluèrent de leurs villages pour prêter main-forte aux *Cachurecos*, et Carrera prit position à l'Aceytuna, à une lieue et demie de la ville. Le 17, en compagnie du chef de l'État, le chef rebelle visita les lignes de défense et appela la population aux armes, avant d'apprendre à 4 heures que l'armée de Morazan achevait de franchir la Cuesta de Pinula, la dernière chaîne de montagnes avant la plaine de Guatemala. Les cloches sonnèrent l'alerte, et la consternation s'abattit sur la ville. L'armée de Morazan, cependant, fit halte dans la plaine pour la nuit.

Avant l'aube, le général passa à l'attaque et pénétra dans la capitale par la porte de Buena Vista, laissant sa cavalerie et une partie de son infanterie à la Plaza de Toros et sur les hauteurs du Calvaire pour observer les mouvements de Carrera ; avec sept cents hommes, il occupa pour sa part la place de Guadalupe, où il installa son parc, son équipage et la centaine de femmes qui, selon la coutume du pays, accompagnent toujours les expéditions militaires ; enfin, il posta son train à l'Hospice de San Juan de Dios. De là, il envoya cinq cents hommes prendre d'assaut la Plaza. La colonne remonta la rue menant au centre de la ville, escalada par surprise le mur d'enceinte de l'église Escuela de Cristo, et traversa cette dernière pour déboucher dans la rue faisant face à l'Hôtel de la Monnaie, derrière la grand-place. Vingt-sept Indiens étaient alors occupés à ériger une redoute près de la porte : vingt-six corps furent retrouvés par la suite à cet endroit. Lorsqu'on me montra la scène de ce combat, le sol était encore rouge de sang. En entrant dans l'Hôtel de la Monnaie, les assaillants furent accueillis par des tirs en enfilade, mais, après avoir réussi à forcer le passage, ils enfoncèrent le grand portail et firent irruption sur la Plaza. Renforcés par trois cents Indiens, les cinq cents hommes laissés par Carrera se replièrent vers le porche de la cathédrale, avant de fuir quelques instants plus tard dans un désordre indescriptible, abandonnant toutes leurs munitions à l'ennemi.

Entre-temps, Carrera, qui avait reçu des renforts des campagnes, avait attaqué la division stationnée au Calvaire. Morazan se porta à son secours et un combat au corps à corps dura pendant une heure et demie. Le général perdit certains de ses meilleurs officiers. Carrera et Morazan s'affrontèrent personnellement (le premier prétendit avoir tranché presque en deux la selle du second). Morazan fut mis en déroute, et talonné de si près qu'il ne put récupérer son équipage. Il se retrancha sur la Plaza, après avoir perdu quatre cents hommes, et tout son train.

A dix heures, l'ensemble de ses troupes se retrouvèrent bloquées sur la place, cernées par une immense foule de soldats indiens et prises sous les tirs croisés d'une terrible intensité. Maîtres des barricades et des toits, les assiégés ripostèrent avec violence.

Littéralement pris au piège, Morazan eut le temps de méditer sur son sort. Moins d'un an plus tôt, il avait été reçu en triomphateur avec des volées de cloches, des tirs de canon, des acclamations frénétiques et des députations de citoyens reconnaissants : il était alors le seul homme à même de sauver la capitale de Carrera et de la destruction. Parmi les rares Blancs qui avaient été faits prisonniers sur la Plaza (il y en avait très peu dans les rangs des *Cachurecos*), figurait un jeune homme que Morazan fit venir auprès de lui. Le connaissant personnellement, il l'interrogea au sujet de certains de ses anciens partisans, et lui demanda s'ils comptaient le rejoindre. Le jeune captif répondit par la négative, et Morazan et ses hommes en furent cruellement déçus. Il ne fait aucun doute que le général s'attendait à un sursaut de la population en sa faveur — et à être accueilli à nouveau en libérateur. J'ai entendu dire à San Salvador qu'il avait reçu des appels au secours pressants. Mais, quelles que fussent ses attentes, il ne put déceler aucun signe d'un renversement d'opinion ; bien au contraire, un cri lancinant résonnait dans ses oreilles : « *Muera el Tirano ! Muera el General Morazán !* » Le sentiment populaire avait connu une complète révolution, à moins qu'il n'ait été réprimé par la présence de ces milliers d'Indiens accourus des villages des environs pour défendre la ville.

Dans l'intervalle, la fusillade avait diminué d'intensité, et à midi, elle cessa complètement, mais la Plaza était jonchée de morts, de hautes barricades obstruaient les rues, et aux coins de la place, des soldats insultaient Morazan et ses hommes. Les tirs avaient cessé faute de munitions, les réserves de Carrera étant tombées aux mains des assaillants. Dans sa hâte de repasser à l'attaque, Carrera aida lui-même ses soldats à fabriquer de nouvelles cartouches.

Au crépuscule, l'immense masse d'Indiens désormais concentrée dans la ville s'agenouilla comme un seul homme, et entonna le *Salve Regina*. Morazan, à ce qu'il me fut dit, fut littéralement épouvanté par ces milliers de voix qui emplissaient les rues de la capitale, prenant enfin conscience de la formidable force qui était rassemblée pour l'écraser. La prière fut suivie d'un tonnerre d'imprécations : « *Viva la Religión ! Viva Carrera ! Y muera el General Morazán!* », et les tirs reprirent avec encore plus d'intensité qu'auparavant. La fusillade dura alors plusieurs heures, sans discontinuer. A deux heures du matin, Morazan fit une tentative désespérée pour rompre l'encerclement et sortir de la Plaza, mais il fut refoulé derrière les barricades. Quarante de ses plus anciens officiers tombèrent et son fils aîné fut tué sous ses yeux. A trois heures, il posta trois cents hommes dans trois des angles de la Plaza, leur ordonna d'ouvrir un feu nourri, jeta toute sa poudre dans la fontaine et, pendant que l'attention de l'ennemi était ainsi détournée, réussit une percée dans le quatrième angle du quadrilatère, abandonnant ses hommes à leur sort. Je tiens ces détails du rapport officiel établi par le gouvernement guatémaltèque sur la bataille. S'il est véridique, cet épisode (dont, bien entendu, je n'avais pas entendu parler à Aguachapa) jette une ombre sur le personnage de Morazan, à la fois en tant qu'homme et soldat. Il s'échappa de la ville avec cinq cents hommes, et, semant la route de blessés et de morts, arriva à Antigua à midi. Les habitants de la ville l'implorèrent de proclamer la loi martiale et de tenter une nouvelle attaque contre la capitale, mais il s'y refusa : trop de sang avait déjà été versé. Il pénétra dans le *cabildo*, et, à ce qui m'a été dit, écrivit à Carrera une lettre dans laquelle il lui demandait d'épargner ses prisonniers. Le baron Mahelin, le consul général français, me rapporta une anecdote qui, cependant, ne me semble guère authentique : Morazan aurait jeté son gant sur la table et demandé à l'*alcalde* de le remettre à Carrera en guise de défi. De là, il continua à battre en retraite jusqu'à Aguachapa, où j'eus l'honneur de le rencontrer.

Pendant ce temps-là, les soldats de Carrera avaient envahi la Plaza. Après avoir allumé un gigantesque feu de joie, ils tirèrent en l'air sans relâche jusqu'à l'aube. Ce n'est qu'ensuite qu'ils commencèrent à pourchasser les fugitifs, et un massacre général eut lieu. Le colonel Arias, qui gisait à terre avec un œil énucléé, fut achevé à la baïonnette. Marescal, qui avait trouvé refuge sous la cathédrale, fut extrait de sa cachette et abattu. Padilla, le fils cadet de mon hôtesse d'Aguachapa, fut tué alors qu'il suppliait un de ses anciens amis passé dans le camp centraliste de le sauver. Les malheureux fuyards furent amenés sur la Plaza par groupes de deux, trois, cinq, voire dix. Carrera désignait du doigt tel ou tel homme, et l'infortuné était exécuté sur-le-champ. Les soldats qui avaient trouvé refuge chez Mr. Hall, le consul anglais, furent également passés par les armes. Au milieu de ces scènes de massacre, le *padre* Zezena, un pauvre et humble prêtre, risqua sa propre vie pour sauver celles des vaincus. Se jetant à genoux aux pieds de Carrera, il implora grâce pour les malheureux prisonniers : « Ce sont des chrétiens comme nous-mêmes », s'exclamat-il. Par ses sollicitations incessantes et ses prières, il réussit à convaincre Carrera de renoncer au meurtre et d'envoyer les captifs en prison.

Carrera et ses Indiens avaient assumé tous les risques, et assumaient toute la gloire de la défense de la ville. Les habitants, qui ne savaient trop dans quel camp se ranger, n'y avaient pris aucune part. Les hommes politiques les plus compromis avec l'ancien gouvernement fédéral prirent la fuite ou restèrent enfermés chez eux. Il est difficile d'imaginer les sentiments qu'ils éprouvèrent lorsque, osant enfin sortir de leurs maisons, ils découvrirent les horreurs dont les rues et la Plaza avaient été le théâtre, et reconnurent les corps mutilés des anciens chefs du parti Libéral. Un sauve-qui-peut général s'était emparé d'une bonne partie de la population, et le gouvernement centraliste résuma avec éclat son sentiment en proclamant dans son bulletin officiel : « Gloire éternelle au chef invincible, le général Carrera, et aux vaillantes troupes sous son commandement ! »

Le lendemain matin, comme au moment de notre arrivée, la défaite de Morazan était le sujet de toutes les conversations ; personne ne parlait d'autre chose, et chacun avait une nouvelle à communiquer. Pendant notre première marche à travers les rues, nous avions été frappés par l'ampleur des dommages occasionnés par la bataille. Des soldats errants nous accostèrent, mendiant des *medios*, pointant leurs mousquets en direction de nos têtes pour nous montrer comment ils avaient abattu les « ennemis », et se vantant du nombre d'hommes qu'ils avaient tués. La vue de ces individus me mettait profondément mal à l'aise, et je n'étais pas le seul à éprouver ce sentiment [...].

Dans l'après-midi, alors que je ne m'y attendais aucunement, Mr. Catherwood fut de retour à Guatemala. Il avait passé un mois à Antigua, et rentrait tout juste d'un second séjour à Copán. Il avait également exploré d'autres ruines, sur lesquelles je m'étendrai au chapitre suivant. Tout à la joie de nous retrouver, nous tombâmes dans les bras l'un de l'autre, et, dès le premier instant, nous jurâmes de ne plus jamais nous séparer tant que nous n'aurions pas quitté ce pays troublé.

17

LA CITÉ PERDUE DE QUIRIGUA

Enquête sur les vestiges de la région. — Don Carlos Meiney. — La famille Paez. — Une expédition en pirogue. — Où Mr. Catherwood découvre une cité perdue. — Un guide inquiétant. — Une nouvelle « opération » en perspective.

Pendant mon absence, Mr. Catherwood n'était pas resté inactif. A mon arrivée à Guatemala, et venant de Copán, j'avais mené ma propre enquête sur l'éventuelle existence d'autres ruines dans la région. A cette occasion, je n'avais pas rencontré une seule personne qui connaissait celles de Copán, et seuls quelques-uns de mes interlocuteurs prêtaient un intérêt quelconque aux antiquités du pays. Fort heureusement, quelques jours après mon arrivée, Don Carlos Meiney, un Anglais de la Jamaïque établi depuis longtemps au Guatemala, où il possédait une grande hacienda et exploitait plusieurs mines, fit l'une de ses visites d'affaires dans la capitale. Outre une excellente connaissance de tout ce qui touchait à ses propres activités, ce *gentleman* était une mine d'informations sur le pays. Il était par ailleurs fort curieux des antiquités, curiosité que les circonstances ne lui avaient jamais permis de satisfaire. Il me parla notamment des ruines de Quirigua, situées sur le rio Motagua, près de Los Encuentros, la localité où nous nous étions arrêtés pour la nuit deux jours après notre ascension du mont Mico. Il ne les avait personnellement jamais vues, et je doutais pour ma part de leur existence, car nous avions interrogé les habitants de ce village sur les ruines de Copán, et n'avions recueilli aucun renseignement sur d'autres sites. Don Carlos, cependant, n'était pas homme à parler à la légère, et j'étais prêt à accorder crédit à ses indications. Ces vestiges, à l'en croire, étaient situés sur les terres du señor Paez, un notable de Guatemala récemment décédé. Le propriétaire lui-même lui avait décrit en détail certains des monuments. Les trois fils du señor Paez avaient hérité des terres, et à ma demande, Don Carlos me conduisit chez eux. Aucun de ces messieurs n'avait vu les ruines, ni même visité le domaine. Il s'agissait d'une immense étendue de forêt vierge, que leur père avait acquise quelques années auparavant pour une bouchée de pain. Il ne s'y était rendu qu'une seule fois, et ses fils l'avaient aussi entendu parler de ces ruines. Tout récemment, le pays avait été gagné par la spéculation, et, de par sa fertilité et sa situation au bord d'une rivière navigable proche de l'océan, le terrain devait être vendu par lots en Angleterre. Une réclame s'adressant à d'éventuels émigrants vantait les avantages qu'offrait leur emplacement en des termes qu'un homme d'affaires new-yorkais n'aurait pas désavoués avant le krach[72]. Les señores Paez, qui entrevoyaient déjà la fortune qu'ils pourraient retirer de cette vente, avaient adopté le langage des promoteurs immobiliers de nos villes. La perspective de voir leurs terres prendre de la valeur excitait leur imagination. Et comme ils s'apprêtaient précisément à visiter le domaine, deux d'entre eux me proposèrent sur-le-champ de les accompagner.

En revenant de Copán, Mr. Catherwood avait rencontré à Chiquimula une personne qui lui avait signalé elle aussi ces ruines, en ajoutant que le colonel Galindo [73] y travaillait alors. Comme il n'était pas loin, Mr. C. fut tenté de s'y rendre, mais il était épuisé par ses travaux à Copán ; en outre, sachant que l'information sur Galindo était fausse (le colonel avait quitté depuis longtemps la région), mon ami douta de la totalité des dires de son interlocuteur. En admettant qu'elles existassent, ces ruines méritaient-elles une visite ? Puisque sa présence à mes côtés à San Salvador n'était pas nécessaire, Mr. Catherwood et moi-même convînmes qu'il se rendrait à ma place à Quirigua avec les *sires* Paez.

Le lecteur doit revenir à Los Encuentros, l'endroit où nous avions passé notre seconde nuit après notre arrivée dans le pays. Là, Mr. Catherwood et ses compagnons prirent place dans une pirogue creusée dans un tronc d'acajou et, après avoir descendu pendant deux heures la rivière qui traverse le pays, débarquèrent à Los Amates, près d'El Pozo, sur la grand-route qui relie Izabal à Guatemala. C'est à El Pozo que nous avions pris notre déjeuner après notre nuit à Los Encuentros. Les frères Paez devaient

278

s'y arrêter pendant deux ou trois jours. Cette localité n'était qu'un misérable groupe de huttes, où l'on ne pouvait trouver pratiquement rien à manger. Ses habitants préféraient boire l'eau boueuse qui croupissait devant leurs portes plutôt que d'aller en puiser à la rivière.

Par une belle matinée, après une forte pluie, les trois hommes partirent à cheval pour les ruines. Après avoir cheminé pendant une demi-heure sur une route exécrable, ils atteignirent à nouveau Los Amates. Le village est plaisamment situé au bord du rio, qu'il surplombe d'une dizaine de mètres. En cet endroit, le cours d'eau, large de soixante mètres, peut être franchi à gué. Selon les habitants, il devient navigable en aval, mais seulement pour des bateaux d'un tirant d'eau inférieur à un mètre. Les voyageurs s'embarquèrent sur deux pirogues creusées dans des troncs de cèdres, et descendirent le rio sur un peu plus de trois kilomètres, avant de prendre à leur bord un nègre du nom de Juan Lima et ses deux épouses. Ce « gredin noir », comme Mr. C. l'appelle dans son carnet, devait être leur guide. Ils descendirent à nouveau pendant trois ou quatre kilomètres, et s'arrêtèrent à un *rancho* sur la rive gauche du fleuve. Après avoir traversé deux champs de maïs, ils pénétrèrent dans une forêt de grands cèdres et d'acajous. Recouvert de feuilles en décomposition, le sentier était extrêmement spongieux et humide, et il y régnait une chaleur accablante. Progressant en direction du nord-est à travers la jungle, ils parvinrent trois quarts d'heure plus tard au pied d'une pyramide semblable à celle de Copán, et dont les degrés étaient pour la plupart en parfait état. Ils la gravirent jusqu'à son sommet (haut d'environ huit mètres) et, redescendant de l'autre côté, ils tombèrent un peu plus loin sur une tête colossale large de deux mètres, presque ensevelie sous un arbre géant, et recouverte de mousse. Près d'elle gisait un grand autel, à tel point recouvert de végétation qu'il était vain de vouloir l'étudier. Ces vestiges étaient entourés par un mur d'enceinte[74].

Revenant sur leurs pas, ils escaladèrent à nouveau la pyramide, et parcoururent trois ou quatre cents mètres vers le nord avant d'atteindre un groupe de monuments présentant à peu près le même aspect que ceux de Copán, mais deux ou trois fois plus hauts.

Le premier d'entre eux est haut de six mètres et mesure un mètre soixante-cinq de large et quatre-vingts centimètres de côté. Fort bien conservée, sa face principale représente un homme en pied ; son dos (qui, lui, est très abîmé) figure une femme. Les côtés sont quant à eux recouverts de hiéroglyphes en bon état (bien qu'en bas relief), et exactement du même style que ceux de Copán.

Un autre monument *(Fig. 28)* émerge de sept mètres du sol [75]. Sa face antérieure et son dos figurent chacun un homme, et ses côtés sont également ornés de hiéroglyphes en bas relief. Il repose sur un socle d'une dizaine de mètres de diamètre.

Non loin de là, formant le même angle avec le sol, se dresse un obélisque ou pierre sculptée, haut de onze mètres et s'enfonçant de plus de deux mètres dans le sol *(Fig. 29)* [76]. Il penche de trois mètres soixante-cinq par rapport à la perpendiculaire, et semble prêt à tomber ; il en a probablement été empêché par un arbre sur lequel il s'appuie, et par les pierres qui entourent sa base. Le côté face au sol figure un homme, parfaitement représenté et finement sculpté. Le côté supérieur semble orné de la même manière, mais est à tel point recouvert de végétation que l'on ne peut en être certain. Les deux autres côtés, quant à eux, sont décorés de hiéroglyphes en bas relief. Tant par ses dimensions que par la délicatesse de ses sculptures, ce monument est le plus beau de tout le site.

Recouverte de mousse et d'herbes folles, une statue longue de trois mètres gît sur le sol, à côté d'un autre vestige du même type et d'environ la même taille, dont la face principale regarde vers le ciel.

Le site comporte quatre autres statues encore debout, hautes d'environ trois mètres cinquante, mais moins bien préservées, et plusieurs autels tellement enfouis sous la verdure qu'il est difficile de déterminer leur forme exacte. L'un d'eux, rond en apparence, est installé sur un petit tertre à l'intérieur d'un cercle formé par un petit muret de pierre. Au centre de ce cercle, dans lequel on pénètre en descendant un escalier très étroit, se dresse une grande pierre ronde, dont les faces sont ornées de hiéroglyphes ; couverte de végétation, cette pierre prend appui sur ce qui semble être deux têtes colossales.

Ces statues sont toutes rassemblées au pied d'une pyramide, à proximité d'un ruisseau qui se jette dans le Motagua. Outre ces monuments, Mr. Catherwood et ses compagnons dénombrèrent treize fragments de sculptures, mais il ne fait aucun doute que de nombreux autres vestiges restent à découvrir.

A quelque distance de là, s'élève un autre monument, émergeant de deux mètres soixante-dix du sol, et s'enfonçant probablement de près d'un mètre dans la terre. Ses faces antérieure et postérieure représentent toutes les deux une femme, et ses côtés sont richement ornés, quoique dépourvus de hiéroglyphes.

Le lendemain, le nègre promit de montrer à Mr. C. onze colonnes quadrangulaires alignées au pied d'une montagne et plus hautes que toutes celles qu'il avait vues jusque-là, mais, après l'avoir suivi, mon ami découvrit en regardant sa boussole que son guide changeait constamment de direction. Et comme l'homme était armé de pistolets, et qu'il avait l'air fort louche (il était de surcroît furieux de la visite impromptue des propriétaires), Mr. C. fut pris de soupçons et exigea de faire demi-tour.

280

Fig. 28   Quirigua. Monument *(Stèle F)*

281

N'ayant personne pour l'aider, et les Paez étant occupés ailleurs, il ne put ni explorer le site de manière approfondie, ni réaliser le moindre dessin complet.

Le caractère général des ruines de Quirigua est le même que celui des vestiges de Copán. Les statues sont beaucoup plus grandes, mais leurs reliefs sont moins prononcés ; leur ornementation est moins flamboyante, et davantage estompée et patinée, ce qui semblerait indiquer qu'elles sont beaucoup plus anciennes.

Une chose ne fait aucun doute : une grande cité exista jadis en cet endroit ; son nom est oublié, son histoire inconnue et aucun document relatif à son existence n'a jamais été publié, exception faite d'un extrait des notes de Mr. Catherwood inséré par les señores Paez, après sa visite dans un journal de Guatemala, dont quelques exemplaires ont atteint les États-Unis et l'Europe. Siècle après siècle, elle est demeurée aussi complètement ensevelie que si elle avait été recouverte par la lave du Vésuve. Les voyageurs se rendant d'Izabal à Guatemala passent à moins de trois heures de ses ruines sans se douter de leur présence (nous en fîmes nous-mêmes l'expérience). Et pourtant, elle gît en ces lieux, désertée et ignorée des hommes, telle la cité bâtie dans le roc des Édomites [77].

Le lendemain du retour de Mr. Catherwood, je rendis visite dans la matinée au señor Paez, le troisième frère resté à Guatemala, et entrepris de négocier avec lui l'achat des ruines. Outre leur entière nouveauté et l'immense intérêt qu'ils offrent à l'amateur d'antiquités, ces monuments présentent l'avantage d'être situés à moins de deux kilomètres d'une rivière. Le terrain du site est plat jusqu'à la rive, et le fleuve est navigable à partir de là. La cité pourrait être transportée dans son entier à New York pour y être reconstituée. Je fis expressément savoir que j'agissais en cette matière pour mon propre compte, et que j'en faisais une affaire personnelle. Le señor Paez, cependant, devait considérer que je représentais en toutes choses mon gouvernement : il déclara en substance que si sa famille était restée ce qu'elle était jadis, lui-même et ses frères eussent été fiers de faire don de l'ensemble du site aux États-Unis. Ils n'étaient guère appréciés dans leur pays, et ils auraient été heureux de servir la cause de la science dans le nôtre, mais les convulsions dans lesquelles était plongé le Guatemala les avaient ruinés. En tout état de cause, il ne pouvait me donner une réponse avant le retour de ses frères, attendus deux ou trois jours plus tard. Malheureusement — pour nous deux — le señor Paez prit l'avis du consul français, qui estima de manière tout à fait exagérée la valeur des ruines, en se référant aux centaines de milliers de dollars que son gouvernement avait dû débourser lorsqu'il avait fait transporter l'un des obélisques de Louxor de Thèbes à Paris. Il est possible qu'avant l'intervention du consul les propriétaires auraient volontiers

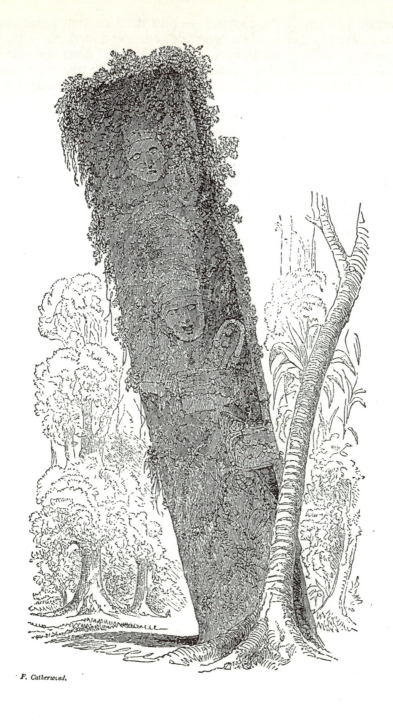

F. Catherwood.

Fig. 29   Quirigua. Obélisque ou pierre sculptée *(Stèle E)*

283

vendu l'ensemble du domaine — plus de deux cent mille hectares, avec tout ce qu'il contenait de connu et d'inconnu — pour quelques milliers de dollars. J'avais hâte de visiter les ruines moi-même et d'étudier à fond la question de leur transport, mais j'avais peur de rendre les estimations du Français encore plus extravagantes. Les deux frères Paez ne rentraient pas : l'un d'eux, en fait, mourut pendant le trajet du retour. Je ne pouvais m'engager pour mon gouvernement, et j'allais peut-être devoir renoncer à mon projet d'achat en raison du coût exorbitant du transfert. Je chargeai Mr. Savage de maintenir notre offre — transaction dont le résultat est encore incertain. J'ai toutefois bon espoir que, lorsque ces pages atteindront le lecteur, deux des plus importants monuments de Quirigua seront en route pour New York [78].

18

DÉPART POUR PALENQUE

*Visite au chef de l'État. — Préparatifs du voyage vers Palenque. —
État critique du pays. — Atrocités. — Les événements
de Quezaltenango. — Une épée de Damoclès. — Une guerre
de castes ? — Dernière entrevue avec Carrera. — Un passeport
pour le « Consul d'El Norte ». — Un cheval, deux lits de camp
et cinq mules. — Départ de Guatemala.*

Le lendemain, je rendis visite au chef de l'État. Il n'était plus
question que je lui présente mes lettres de créance. Rivera Paz
me reçut avec ses conseillers, sans méfiance ni suspicion :
oubliant ma qualité d'« agent confidentiel spécial » d'un État
étranger, il me parla comme à quelqu'un qui partageait ses sentiments et ses préoccupations quotidiennes. Connaissant mieux
le pays qu'aucun des hommes présents, je discourus sur son
extraordinaire beauté et sa fertilité, ses volcans et ses montagnes,
sur le grand canal qui un jour attirerait sur lui le regard du
monde civilisé ; je m'étendis également sur ses immenses ressources qui ne demandaient qu'à être exploitées, si seulement les
armes se taisaient et la population vivait dans la concorde. Certaines des remarques contenues dans ces pages paraîtront peut-
être injustes, et l'hospitalité qui m'a été témoignée semblera bien
mal payée de retour. Mes sympathies allaient au parti Libéral,
pour deux raisons : il était le champion du principe fédéral, et

c'est dans ses rangs que j'avais trouvé mes seuls interlocuteurs légitimes. J'éprouve cependant une vive inclination pour bon nombre des leaders du parti Central. Si j'ai parlé durement à leur endroit, c'est uniquement à propos de leur rôle public et politique ; et si je les ai offensés, je le regrette.

[...] J'aurais maintenant aimé accorder au lecteur un certain répit, et le laisser goûter en paix les beautés de Guatemala, mais je ne le puis. Le lieu et l'époque ne s'y prêtent pas. Je ne pouvais oublier que le gouvernement fédéral n'existait plus ; qu'il n'y avait pas le moindre espoir qu'il fût un jour restauré, ou qu'avant longtemps, une autre instance organisée vînt le remplacer. Dans ces conditions, je ne me considérais plus tenu de rester dans ce pays : ma mission était devenue sans objet. J'adressai officiellement aux autorités de Washington un message libellé comme suit : « Après de diligentes recherches, n'ai trouvé aucun gouvernement. »

· ·

Suit le récit des démêlés du capitaine « V.F. » — le compagnon de voyage de Stephens entre La Unión et Guatemala — avec les nouvelles autorités ; soupçonné d'être un partisan de Morazan, le capitaine fut jeté en prison et n'eut la vie sauve que sur l'intervention de Stephens ; expulsé du pays, il gagna Belize et, de là, New York, où il rendit visite à l'auteur après son retour.

· ·

J'étais à nouveau mon propre maître, libre de me rendre où je le souhaitais, mais à mes propres frais. Aussitôt, nous commençâmes nos préparatifs en vue de notre voyage à Palenque. Nous n'avions pas de temps à perdre : mille cinq cents kilomètres nous séparaient du site, et la saison des pluies approchait, période pendant laquelle la route devenait par endroits impraticable. Personne, dans la ville, n'avait fait ce voyage. Quand il avait quitté Guatemala huit ans auparavant, l'archevêque avait fui par cette route, et depuis cette date elle n'avait été empruntée par aucun habitant de la capitale. Une chose était sûre : il nous aurait été moins difficile d'atteindre Palenque en venant de New York qu'à partir de l'endroit où nous nous trouvions. De longs préparatifs nous attendaient, et, dans l'impossibilité de recruter des serviteurs en qui l'on pouvait avoir confiance, nous dûmes veiller nous-mêmes au moindre détail.

Pendant mon retour précipité du Nicaragua, j'avais trouvé un certain réconfort à l'idée que toutes nos difficultés prendraient fin lorsque nous atteindrions Guatemala, et que notre trajet à destination de Palenque ne serait marqué que par les inconforts propres à un voyage à travers un pays dépourvu de toute commodité. Hélas, des nuages noirs s'amoncelaient dans cette direction. L'ensemble de la population indienne de Los Altos était en effervescence, et l'on parlait déjà d'un soulèvement général et d'un massacre des Blancs. Alors qu'ils fuyaient vers le Mexique, le général Prem, dont j'ai déjà parlé, et sa femme avaient été attaqués par des bandits de grand chemin. Lui-même avait été laissé pour mort ; sa femme avait été assassinée, ses doigts sectionnés et dépouillés de leurs bagues. Venant de Belize, le lieutenant Nichols, aide de camp du général MacDonald, nous apprit que le *captain* Caddy et Mr. Walker [79], partis pour Palenque par le rio Belize, avaient été assaillis par des Indiens armés d'arcs et de flèches. Enfin, la rumeur courait que d'effroyables atrocités avaient été commises par Carrera à Quezaltenango, et que le chef rebelle en revenait ventre à terre, en furie, avec l'intention de rassembler tous les prisonniers sur la Plaza et de les passer par les armes. Tous nos amis de Guatemala, et Mr. Chatfield en particulier, tentèrent de nous dissuader d'entreprendre notre voyage. Le moment, il est vrai, était fort mal choisi pour une telle équipée, et nous faillîmes nous ranger à leur avis. Je n'hésite pas à dire que nous envisageâmes sérieusement de renoncer entièrement à notre projet et de rentrer par la route que nous avions empruntée à l'aller, mais nous étions partis avec l'idée de voir Palenque et nous ne pouvions regagner les États-Unis sans avoir vu ce site.

Parmi les désagréments que nous rencontrâmes en rassemblant notre équipement, je mentionnerai la quasi-impossibilité de trouver des chaînes pour nos malles : il nous en fallait quatre, mais nous ne pûmes en trouver que deux, car tous les forgerons de la ville travaillaient alors pour les prisons. Une semaine après mon retour, tout fut prêt pour le départ. Nous nous étions munis de toutes les garanties possibles. Outre des passeports, le gouvernement nous remit des lettres de recommandation à l'attention de tous les *corregidores*. Un entrefilet flatteur fut publié dans le journal du gouvernement, *El Tiempo*, faisant état de mes voyages à travers le pays et de mon itinéraire, et recommandant à la population de m'accueillir avec hospitalité. Enfin, sur la foi de la lettre de mon ami l'archevêque de Baltimore, le vénérable vicaire général me donna un message à l'adresse de tous les prêtres relevant de sa juridiction. Mais ces documents ne suffisaient pas. Le nom de Carrera valait davantage que tous les saufconduits de la Terre, et nous attendîmes pendant deux jours son retour de Quezaltenango. Le 6 avril au petit matin, il entra dans la ville. Vers neuf heures, je me rendis chez lui, mais il me fut répondu qu'il dormait : ayant chevauché toute la nuit, il ne se lèverait pas avant l'après-midi.

J'ai évoqué plus haut les rumeurs qui couraient dans la ville selon lesquelles d'épouvantables crimes avaient été perpétrés sur ordre de Carrera à Quezaltenango. Il avait quitté Guatemala pour se lancer à la poursuite de Morazan. Près d'Antigua, il avait croisé un de ses soldats fuyant Quezaltenango : l'homme lui avait appris que cette ville s'était soulevée, et que la garnison avait été obligée de capituler. Mis en rage par cette nouvelle, il avait renoncé à poursuivre Morazan, et, sans même informer le gouvernement de ses intentions, marché sur Quezaltenango. Entre autres forfaits, il avait fait arrêter dix-huit membres de la municipalité (qui ne faisait qu'une avec le gouvernement de l'éphémère État de Los Altos), et, sans la moindre ébauche de procès, les avait fait exécuter sur la *plaza*. Et, pour accroître le trouble dans lequel la nouvelle de ce crime avait plongé Guatemala, la terrible rumeur qui le précédait était parvenue peu après aux oreilles de ses habitants. A ce moment, la tension qui régnait dans la ville était à son paroxysme. La population avait éprouvé un immense soulagement en apprenant que Morazan avait été repoussé — sans pour autant se réjouir de la victoire de Carrera. A nouveau, une épée de Damoclès semblait suspendue au-dessus de la capitale.

Que le lecteur me permette d'ouvrir ici une parenthèse. Je lui ferai en effet remarquer que j'ai dû, dans la rédaction du présent ouvrage, passer sous silence plusieurs épisodes de mon voyage mettant nommément en cause certaines personnes, de peur que leur évocation, pourtant plus instructive que des volumes entiers sur l'effroyable état du pays, n'en compromette les protagonistes aux yeux des autorités. Au cours de mon long périple en Amérique centrale, j'ai rencontré des hommes de tous les partis ; tous m'ont parlé librement, et parfois, à titre confidentiel. Jusqu'alors, dans toutes les guerres et les révolutions dont cette partie du Nouveau Continent a été le théâtre, les Blancs ont toujours joué un rôle prédominant, mais cette fois, le sort du pays était entre les mains des Indiens. Tirés de leur torpeur séculaire, mais armés désormais de mousquets, ces dociles sujets se sont transformés en de féroces guerriers. Même parmi les partisans de Carrera s'est fait jour la terrible appréhension de voir se développer une guerre de castes, voire le puissant désir, chez ceux qui peuvent partir, de quitter le pays. Certains hommes possédant de vastes demeures et de grands domaines, mais ne pouvant réaliser que deux ou trois mille dollars en espèces trébuchantes, m'ont demandé s'il leur serait possible de subvenir à leurs besoins avec une telle somme aux États-Unis. D'autres, occupant d'importantes positions au sein du parti Central, m'ont confié qu'ils disposaient d'un sauf-conduit pour le Mexique, et qu'ils étaient prêts à fuir à tout moment. Les Blancs de l'Amérique centrale avaient en effet de bonnes raisons de craindre que l'heure des comptes avait sonné, et que les Indiens s'apprêtaient à faire une offrande sanglante aux esprits de leurs ancêtres et à recouvrer leurs terres. Carrera était l'âme de ce réveil. Il était surnommé par ses frères de race « *El Rey de los Indios* » (« le Roi des Indiens »). Il les avait soulagés de tous les impôts et, comme ils disaient, avait entretenu son armée « sur le dos des Blancs ». Une chose était sûre : il n'avait qu'à donner un ordre pour déclencher le massacre général des descendants des conquérants. Leur salut tient à mon sens au fait que, dans l'agitation constante de sa courte carrière, Carrera n'a pas eu le temps de concevoir le projet d'un soulèvement général, ignorant tout des immenses étendues qui, du Texas au cap Horn, sont occupées par une seule et même race partageant son hostilité à l'égard des Blancs. Le chef rebelle est un fanatique, et il reste, jusqu'à un certain degré, sous la coupe des prêtres : sa clairvoyance lui a enseigné qu'il exercerait un plus grand ascendant sur les Indiens avec l'appui du clergé et de l'aristocratie que s'il était seul à leur tête. Mais chacun sait que, sous l'empire de la passion, il peut oublier le peu de réflexion politique qui ait jamais régi ses actes. Lorsqu'il est rentré de Quezaltenango, les mains encore rouges de sang, et précédé par l'effroyable rumeur selon laquelle il comptait extraire de leurs geôles et exécuter deux ou trois cents prisonniers, les habitants de Guatemala ont eu le sentiment de se tenir au bord d'un gouffre béant. Un membre en vue du gouvernement, à qui j'avais demandé de m'accompagner chez Carrera et d'appuyer ma demande de passeport, m'opposa une fin de non-recevoir : il ne fallait surtout pas, me dit-il, que le chef rebelle s'imagine que le gouvernement essayait de lui donner des ordres. D'autres lui rendirent des visites de cérémonie et le félicitèrent de son retour, après quoi ils se consultèrent les uns les autres sur la manière dont chacun avait été reçu. Carrera ne rendait compte de ses actes à personne, ni officiellement ni verbalement. Tous les membres du gouvernement brûlaient d'entrer dans ses confidences, mais aucun d'eux n'osait lui poser de questions ou discuter ses décisions. Mes amis centralistes ne verront peut-être dans ces lignes que des calomnies, mais, au risque de blesser leur susceptibilité, je ne puis me taire sur ce qui constitue à mes yeux le tableau fidèle de l'état du pays à l'époque de mon voyage.

En fait, je ne parvins à convaincre aucune de mes relations de m'accompagner chez Carrera. Craignant qu'après un si long intervalle de temps, et après les événements sanglants auxquels il avait pris part, il ne me reconnaisse plus, je me rappelai qu'au cours de ma première entrevue il avait parlé avec chaleur du médecin anglais qui avait extrait une balle de sa hanche. Je ne connaissais pas ce médecin, mais je me rendis chez lui, et, avec force civilités, il me donna immédiatement son accord.

C'est dans ces circonstances que je rendis ma dernière visite à Carrera. Il habitait désormais une maison plus grande, et sa garde était montée de manière plus régulière et plus officielle. Lorsque j'entrai, il se tenait derrière une table, avec sa femme, Rivera Paz (le chef du gouvernement), et une ou deux autres personnes, et examinait des chaînes en or. Celle qu'il avait dans les mains provenait des malles de mon ami le capitaine (je l'avais vu certains jours la porter autour du cou). Je pense que mon ancien compagnon aurait eu une attaque s'il avait su qu'elle était désormais la propriété de Carrera ! Son épouse était une jolie métisse, aux traits délicats ; âgée de guère plus de vingt ans, elle semblait raffoler, comme toutes les femmes, de l'or et des bijoux. Carrera les regardait pour sa part avec indifférence. A en juger par le visage anxieux de Rivera Paz, peut-être s'agissait-il d'un cadeau du gouvernement ? Contrairement à ce que j'avais craint, il me reconnut sur-le-champ. Il me fit une place derrière la table pour que je puisse m'asseoir à côté de lui. Il portait toujours le même veston, son visage était toujours aussi juvénile, vif et intelligent, sa voix et ses manières étaient empreintes de la même affabilité et du même sérieux — et il avait une fois de plus été blessé. J'étais navré de rencontrer Rivera Paz en de telles circonstances : en tant que chef du gouvernement, il devait être mortifié de constater que son passeport ne constituait pas à mes yeux une protection suffisante sans le contreseing de Carrera, mais l'heure n'était pas aux politesses. Je profitai d'un moment où Carrera quitta la table pour expliquer à Paz que je partais en voyage sur une route dangereuse, et que je jugeais indispensable de m'armer de toutes les garanties possibles. Quand Carrera revint, je lui révélai l'objet de ma visite — j'avais attendu son retour pour me mettre en route —, lui montrai le passeport du gouvernement, et le priai d'y apposer son cachet. Carrera ne s'embarrassa pas de manières : il m'arracha le document des mains, le jeta sur la table, et me déclara qu'il « m'en ferait un nouveau », et qu'il le signerait lui-même. C'était plus que je ne pouvais espérer. Sans se départir de son calme, il me pria de « rester assis » et envoya sa femme chercher dans une autre pièce son secrétaire, à qui il demanda d'établir un nouveau passeport pour le « Consul d'El Norte ». S'il avait une vague idée de l'importance de ma fonction dans mon pays, il avait une idée encore plus vague de l'endroit où se trouvait celui-ci ! Je n'étais pas très regardant sur mon titre (l'important était qu'il en imposât à des villageois ignorants). En revanche, « le Nord » était une notion un peu trop floue à mon goût, et pour éviter toute erreur, je remis au secrétaire mon ancien passeport.

Ayant entendu dire que j'avais rencontré Morazan dans sa retraite, Carrera m'interrogea à son propos, bien qu'avec moins de fébrilité que mes précédents interlocuteurs. Il avait pourtant de bonnes raisons d'aborder le sujet : il me confia en effet qu'il préparait une nouvelle expédition guerrière et qu'il marcherait sur San Salvador avec trois mille hommes la semaine suivante — ajoutant que s'il avait disposé d'un canon, il eût tôt fait de chasser Morazan de la Plaza de Guatemala. Je lui demandai s'il était vrai qu'il avait affronté personnellement Morazan sur les hauteurs du Calvaire. Il me répondit qu'il s'était effectivement battu avec lui — vers la fin de l'engagement, lorsque le général faisait déjà retraite. L'un des cavaliers de Morazan, jeté bas de sa monture, lui avait arraché ses fontes. Morazan avait fait feu dans sa direction, mais lui-même l'avait touché de son sabre et avait tranché sa selle. Morazan, dit-il les yeux brillants, avait de très beaux pistolets, et il s'en serait volontiers emparé s'il avait réussi à le tuer. Je ne pus m'empêcher de penser au caractère insolite de ma position — serrant la main et recueillant les confidences de deux hommes mutuellement assoiffés du sang de l'autre, écoutant ce que chacun disait de son pire ennemi, avant de me dévoiler ses projets et ses intentions avec aussi peu de réserve que si j'étais un membre itinérant de son cabinet. Quelques minutes plus tard, le secrétaire appela Carrera. Il sortit de la pièce et rapporta lui-même le passeport, signé de sa propre main, l'encre encore humide. L'opération lui avait demandé plus de temps qu'il ne lui en aurait fallu pour couper une tête, mais il semblait très fier de lui. C'est d'ailleurs la seule fois où je l'ai vu se départir de sa sévérité coutumière. Je ne manquai pas de m'extasier sur l'excellence de son écriture. Après qu'il m'eut souhaité un bon voyage vers « *El Norte* » et un prompt retour à Guatemala, je lui fis mes adieux. Aujourd'hui, s'il savait ce que je dis de lui, je ne pense pas qu'il m'accueillerait avec autant de cordialité. Mais je le crois honnête, et s'il savait dompter ses passions, il ferait davantage de bien à l'Amérique centrale qu'aucun autre homme de cette région.

J'avais désormais en main la meilleure garantie dont nous pouvions disposer pour notre voyage. Nous employâmes la soirée à écrire des lettres et à emballer les affaires que nous renvoyions directement aux États-Unis (parmi elles mon manteau de diplomate), et le 7 avril de bon matin, nous nous levâmes pour le grand départ. Notre premier geste fut de plier nos lits. Chaque homme dans ce pays possède un petit lit de camp appelé *catre*, qui peut être plié et roulé, avec un oreiller et les affaires de couchage, dans une peau de bœuf. Notre grand souci était de voyager légèrement. Chaque serviteur et chaque mule supplémentaire sont sources de complications, mais nous avions dû prévoir au moins une mule de bât par personne. Chacun de nous avait deux *petacas*, des malles en cuir et en forme de coffre, rembourrées à l'intérieur par une fine couche de paille ; fermées par une lourde chaîne en fer et de gros cadenas, elles contenaient, entre autres effets, un hamac, une couverture, une paire de draps et un oreiller. Le tout, avec les sacoches de provisions, constituait une charge complète. Nous emportions également un *catre*, pour le cas où l'un de nous tomberait malade. Nous avions une mule de bât de remplacement, la mule grise avec laquelle j'avais gravi le volcan de Cartago, mon *macho*, ou mulet, (pour Mr. Catherwood et moi-même) et un cheval pour nous reposer de temps à autre — soit au total six bêtes. Enfin, nous avions recruté deux *mozos*, ou hommes de peine, en nous fiant à leur seule mine.

Nous enfourchions nos montures quand Don Saturnino Tinoca, mon compagnon de Sonsonate, pénétra dans la cour et nous annonça qu'il nous accompagnerait pendant les deux premières journées de notre voyage. Nous fîmes nos adieux à Mr. Savage, mon premier, dernier et meilleur ami dans le pays, et quelques minutes plus tard, avec un sentiment de regret mêlé de soulagement, nous franchîmes pour la dernière fois la barrière de Guatemala.

Volume suivant :
Aventures de voyage en pays Maya. 2, Palenque, 1840.

NOTES

1. La Fédération de Centre-Amérique comprenait, jusqu'en 1838, le Guatemala, le Honduras, le Salvador, le Nicaragua et le Costa Rica.

2. Wilberforce (1759-1833), philanthrope anglais, champion de l'abolition de la traite des Noirs.

3. En 1618, deux pères franciscains, en mission d'évangélisation à Tayasal, découvrirent stupéfaits dans un des principaux temples de la ville, la statue du cheval de Cortés. En 1525, le conquérant avait confié à Canek, chef des Itzas, un de ses chevaux blessés ; l'animal, après sa mort, fut divinisé sous le nom de Tzimin (tapir) Chac (dieu de la Pluie et du Tonnerre), statufié et adoré. Les bons pères, après avoir détruit la statue, faillirent être lynchés par la foule.

4. Ou bananier de paradis.

5. Francisco Morazan (1799-1842), leader des Libéraux et champion des Fédéralistes, né à Tegucigalpa (Honduras), élu président de la Fédération de Centre-Amérique en 1842. Stephens reviendra longuement sur ce personnage, *infra* (chap. 16, notamment).

6. L'une des Petites Antilles ou îles Sous-le-Vent.

7. G.W. Montgomery, *Narrative of a journey to Guatemala in Central America in 1838*, New York, 1839.

8. Ou cactus nopal.

9. Il s'agit sans doute de Chinautla, gros bourg indien au nord-est de Guatemala, du groupe linguistique pokomam.

10. Ce que Stephens interprète comme le mur de la cité n'est en réalité qu'une coupe des ruines de la ville provoquée par l'action de la rivière au cours des siècles. Comme des pans de mur sont visibles çà et là sur cette gigantesque section, Stephens s'est cru en présence d'une muraille colossale.

11. William Robertson (1721-1793), auteur d'une *History of America* (1777).

12. Le baron Alexander von Humboldt, naturaliste et voyageur allemand (1769-1859), fut un des premiers à présenter et décrire des œuvres précolombiennes (édifices, sculptures, manuscrits), notamment dans *Vues des cordillères et monuments des peuples indigènes de l'Amérique* (1810).

13. C'est l'historien Juarros qui, dans son *Compendio de la Historia de la ciudad de Guatemala* (1808-1818), ouvrage traduit en anglais en 1823, a confondu les ruines de Copán et la forteresse indienne défendue par Copán Galel, et conquise par Hernando de Chaves en 1530. Stephens a raison de

douter de la position de l'historien guatémaltèque ; si les soldats espagnols s'étaient battus à Copán, ils n'auraient pas manqué d'être frappés par les splendeurs d'une ville aux édifices et aux statues de pierre, et leur émerveillement aurait défrayé la chronique.

14. Ce monument, appelé aujourd'hui Stèle F, se trouve sur la Grand-Place du Groupe Principal du site.

15. Si les « idoles » sont maintenant désignées comme « stèles », les archéologues continuent à appeler « autels » les sculptures monolithiques ou composites qui les accompagnent. Les stèles montrent le roi (ou parfois même deux souverains dos à dos illustrant une succession dynastique), entouré de créatures mythologiques et d'ancêtres, et chargé des attributs de sa fonction. Des textes, de nature surtout historique, accompagnent son image. On croit que les autels servaient de pierres de sacrifice et de tables à offrandes.

16. Stephens emploie parfois le mot « colonnes » pour désigner les « idoles » ou stèles de Copán.

17. La chambre claire ou *camera lúcida* a été créée en 1807 pour aider à dessiner paysages ou objets. Un prisme à quatre faces est monté sur un support au-dessus de la planchette à dessin. En plaçant l'œil pour moitié au-dessus du bord supérieur du prisme, le dessinateur voit sur le papier l'image réfléchie de l'objet ; il peut alors suivre avec son crayon les contours du modèle.

18. Chargé d'affaires des États-Unis du Nord.

19. Le colonel Juan Galindo (1802-1840), au service de la Fédération de Centre-Amérique, était gouverneur militaire du Petén lorsqu'il fit en 1831 un voyage de reconnaissance à Palenque. En 1834, il séjourne un mois à Copán ; il décrit les monuments restés debout et en fait des croquis ; il dresse un plan du site et une carte de la région, entreprend quelques fouilles, dont celle d'une tombe voûtée. Ses rapports ont été diversement publiés dans la *Literary Gazette* de Londres et dans le *Bulletin de la Société de Géographie de Paris*, Stephens ayant pris connaissance des travaux de Galindo à Copán grâce à un court article paru aux États-Unis : « The Ruins of Copán in Central America », *Archaeologia Americana. Transactions and Collections of the American Antiquarian Society*, 2 (1836).

20. Francisco Antonio de Fuentes y Guzman (1643-1700), fonctionnaire de la Couronne, est un chroniqueur important du royaume de Guatemala (dont faisait partie Copán alors) mais qu'il faut lire d'un œil critique. Sa description de Copán paraît de deuxième main ; certains détails sont hautement fantaisistes, en particulier le hamac mobile monolithique. Les Mayas n'étaient guère intéressés à réaliser des prouesses techniques de ce genre ; en outre, ils ignoraient le hamac, d'origine caraïbe. On peut se demander cependant quelle construction ou quelle sculpture a pu être à l'origine de cette histoire.

21. C'est en 1834 que Galindo visite Copán, et non en 1836 ; autre inexactitude de Stephens : la Société de Géographie de Paris, contrairement à sa consœur anglaise, ne s'intitulait pas « royale ».

22. Nous appelons aujourd'hui « Acropole » ce que Stephens désignait comme « Temple ». C'est une grande colline artificielle, résultat de l'accumulation de constructions diverses pendant plusieurs siècles. C'est l'Acropole que la rivière Copán a entamée, exposant à la vue cette incroyable coupe que notre voyageur a pris pour une muraille entourant la cité.

23. La petite ouverture qui apparaît comme une fenêtre sur la coupe du flanc est de l'Acropole (le « mur » de Stephens) est en réalité la section d'un canal maçonné et voûté qui drainait la Cour Orientale.

24. Le lecteur éprouvera sans doute quelque difficulté à s'orienter dans les ruines en se servant du plan de Stephens et de Catherwood. Pour cette raison,

nous joignons un plan récent du centre du site. Nous nous sommes permis de corriger l'orientation erronée du plan de Stephens, où le nord était indiqué comme sud, l'est comme ouest et vice versa. La forme générale de l'Acropole (qu'ils appellent Temple) est bien vue par nos explorateurs. La pyramide, aujourd'hui appelée 16, apparaît comme W sur le plan ancien. La Cour Ouest est en A, B ; la Cour Est en U ; le pied de l'Escalier Hiéroglyphique est en D. Le visiteur notera que ce que Stephens signale en J comme « Restes de deux tours circulaires avec escaliers » n'existe plus ; ces constructions ont été détruites par l'action de la rivière au début de ce siècle.

25. Il s'agit de la Structure 26 que gravit le fameux Escalier Hiéroglyphique.

26. D'après le texte, les têtes de morts et le « corps de babouin » seraient des débris tombés de l'Escalier Hiéroglyphique ou du temple auquel il mène. Les fouilles entreprises par Gordon à la fin du siècle dernier ne font pas état de têtes de morts. En revanche, on en a trouvé sur la Structure 7, à l'extrémité ouest de la Cour de l'Escalier Hiéroglyphique. Serait-ce une confusion de la part de Stephens ?

27. Il n'y a aucune raison de penser que ces sculptures aient représenté des crânes de singes ; il s'agit plus probablement de crânes humains qui font allusion à des victoires militaires et/ou à des sacrifices.

28. Cette sculpture est l'avant (au sud) de l'autel de la Stèle M. Cet autel représente la Terre sous la forme d'un monstre bicéphale ; la tête avant est celle d'un serpent qui s'ouvre sur un *bacab,* un vieillard mythique associé à la Terre et à sa fertilité.

29. Stèle M.

30. Stèle N.

31. Il s'agit ici sans doute des têtes de morts de la Structure 7.

32. Stèle N, face sud.

33. Il s'agit de la Stèle P dans la Cour Occidentale.

34. L'autel Q nous présente la succession des seize derniers rois de Copán. Comme Stephens l'avait pressenti, chaque personnage est assis sur un groupe glyphique qui lui donne son nom. Les deux personnages principaux sont le roi « Soleil Levant » et le fondateur de la dynastie, de qui il reçoit les insignes du pouvoir. Les deux glyphes entre les deux personnages donnent la date d'accession au trône de « Soleil Levant ».

35. Les mesures des monuments données en pieds et pouces par Stephens ne correspondent que rarement à celles prises par les chercheurs qui lui ont succédé à Copán. L'autel Q mesure en réalité 152 par 147 cm et 70 cm de haut. Pour la Stèle M qui mesure 336 cm de hauteur, Stephens en donne 390.

36. A Copán, il est vrai qu'il y a peu de scènes de batailles ou de sacrifices. Il ne faut pas en conclure pour autant que les Copanèques étaient un peuple pacifique : les rois statufiés sur l'Escalier Hiéroglyphique portaient lance et bouclier et étaient entourés de symboles de sacrifice et de mort. Sur le temple 18, découvert en 1978, le roi « Soleil Levant » est représenté à plusieurs reprises comme un guerrier brandissant des armes et portant comme trophées les têtes de ses ennemis.

37. Ce passage, situé au sud et non au nord, et long de 50 et non de 100 m, mène à la Cour Occidentale. Il se trouve entre la pyramide 16 et les Structures 17 et 18.

38. Il s'agit de la sculpture centrale (d'une hauteur totale de 170 cm) de l'Escalier des Jaguars ; elle représente la tête du soleil couchant prise entre les mâchoires d'un serpent qui figure la Terre. Le glyphe de l'étoile figure de part et d'autre, sans doute pour indiquer la tombée de la nuit.

39. Voir note 23.

40. La pierre de Copán, utilisée tant pour les sculptures que pour l'architecture, est un tuf volcanique assez tendre, qui prend souvent une teinte verte caractéristique.

41. Autant que je sache, les noms gravés de Stephens et de Catherwood n'ont jamais été retrouvés dans les carrières dominant le Groupe Principal des ruines.

42. Stèle 3.

43. C'est la Stèle H qui, en effet, représente une femme.

44. La femme porte dans le dos une construction symbolique qui représente les étages de l'univers : le masque central, image de la terre comme demeure du soleil nocturne, est surmonté d'un oiseau quetzal qui symbolise le soleil au zénith.

45. Stèle I.

46. Stephens se réfère peut-être ici à l'autel G1.

47. Stèle F.

48. Le personnage de la Stèle F est représenté chargé de symboles sacrificiels, dont l'objet qui entoure le bas de son visage et que Stephens interprète comme une barbe. Un objet semblable est visible sur le visage de la Stèle B. Les grandes oreilles, comme Stephens l'a bien vu, ne sont pas humaines mais de jaguar ou de cerf.

49. Le dos de la stèle est couvert d'une inscription, dont les blocs glyphiques sont divisés en médaillons par des cordes qui s'entrecroisent. Si l'effet est plaisant, les cordes sont là comme symbole pour rappeler l'exigence du sacrifice.

50. La Stèle D est au pied de l'escalier de la Structure 2, une petite pyramide de dimensions bien inférieures aux estimations de Stephens.

51. Ici, comme chez les Égyptiens, la barbe est manifestement postiche. Le personnage ne porte pas de moustache, mais un masque ; les lèvres du porteur sont visibles derrière les découpures du masque.

52. Le dos de la Stèle D porte une inscription composée de glyphes en figure entière. Les glyphes, qui consistent le plus souvent en têtes de profil d'animaux ou de créatures mythologiques, sont ici pourvus d'un corps ; ces figures entières sont en outre parfois montrées en relation avec la figure voisine. Ainsi, l'homme qui porte un oiseau sur le dos (bloc en haut et à droite) est le glyphe du chiffre 9 portant sur la période baktun (400 ans). Ceci se lit donc : 9 périodes de 400 ans.

53. On a déjà indiqué que la roche utilisée à Copán est un tuf volcanique vert clair, et non un grès. Il contient parfois des nodules sphériques de la taille d'un boulet de canon en matériau bleu-vert, plus sombre, plus dense et plus dur que la matrice. Mais il ne s'agit pas de silex.

54. Ce passage est ambigu, pour ne pas dire contradictoire. D'un côté, Stephens ne croit pas que les Indiens possédaient des outils de métal, parce que aucun instrument métallique n'a été retrouvé dans les ruines et que la pierre de Copán est assez tendre pour pouvoir être taillée avec un outil de pierre dure. La dureté des inclusions en revanche laisse Stephens perplexe ; il se demande comment les Indiens auraient pu travailler un matériau aussi dense, si ce n'est avec des instruments de métal. Sans doute ne réalise-t-il pas que la forme parfaitement sphérique de ces inclusions est naturelle et que leur présence inopportune dans les monuments vient précisément de l'incapacité des Indiens à les éliminer ou à les sculpter avec leurs seuls outils de pierre.

55. L'autel de la Stèle D est l'image compressée d'un monstre terrestre bicéphale. Au sud sa tête est une tête de mort, alors qu'au nord la tête est

« vivante ». Le corps du monstre est réduit aux pattes décharnées visibles aux angles de la sculpture, encadrant les têtes. Les reliefs du sommet sont dus à l'érosion et non au ciseau du sculpteur.

56. Stèle C.

57. La Stèle B montre le roi 18-Lapin sortant de la gueule du monstre terrestre (une image d'accession au trône). « Les deux motifs du sommet, qui ressemblent à des trompes d'éléphant » ont fait couler beaucoup d'encre au XIXᵉ siècle, car certains voyageurs y ont vu la preuve de la présence d'éléphants sur le continent américain. Dès la première moitié du XIXᵉ siècle, on a découvert des os fossiles de mammouth, que l'on croyait être d'éléphants. Bien entendu, on sait aujourd'hui que les mammouths ont disparu bien des millénaires avant les Mayas. Les motifs représentent en fait des becs d'aras, perroquets aux couleurs vives, symboles du soleil au zénith.

58. Cette tête appartient à l'autel de la Stèle B qui représente un monstre au corps de tortue et aux deux têtes (l'une vivante, l'autre décharnée) de crocodile.

59. Le dos de la stèle présente le masque de la tête arrière du monstre terrestre ; un ancêtre est assis au sommet.

60. Stèle 4.

61. L'autel de la stèle 4 est entouré d'une corde (symbole de captivité et de sacrifice) au tiers inférieur de la hauteur. Une coupe, creusée au sommet de la pierre, est prolongée par deux sillons ; ceux-ci dessinent un demi-cercle en direction opposée et aboutissent à la corde. Quand un liquide, versé dans la coupe, déborde, il coule dans les sillons, créant l'illusion d'une sphère tournant sur elle-même.

62. La Stèle A fait face à l'est et se trouve au sud du monument précédent.

63. Lord Byron, *Childe Harold's Pilgrimage,* IV, LXXX, 718-720.

64. Pendant la période coloniale, l'*audiencia* était un tribunal avec des attributions judiciaires et politiques, présidé par le Capitaine Général, chef de l'exécutif.

65. C'est en effet le 4 juillet 1776 que fut adoptée par le Congrès continental la déclaration d'Indépendance des États-Unis, qui rejetait l'autorité du roi d'Angleterre.

66. L'État du Chiapas est le plus méridional du Mexique.

67. Le général Carrera (1814-1865) a fait en effet une carrière des plus brillantes : élu président du Guatemala de 1844 à 1845, il se retire au Mexique en 1848 et revient l'année suivante dans son pays où il est nommé Commandant Général des Armées. En 1851, il est nommé Président, et en 1854, proclamé Président à vie.

68. Une *caballería* est une ancienne mesure de superficie qui, au Mexique et au Guatemala, équivalait à 42,79 hectares.

69. Méhémet-Ali ou Muhammad'Ali (1769-1849), vice-roi d'Égypte de 1805 à sa mort, fondateur de la dynastie qui régnera dans ce pays jusqu'en 1952, et considéré comme le père de l'Égypte moderne. Stephens rencontra le souverain au Caire en 1835.

70. « J'ai trouvé le corps » ou « il n'a pas été trouvé ».

71. L'un des précédents chargés d'affaires américains en Amérique centrale.

72. Allusion à la très grave crise financière de mai 1837.

73. Voir *supra,* notes 19 et 21.

74. En fait de tête colossale, il s'agit sans doute de l'un des « zoomorphes » O ou P et de son autel. A Quirigua les « zoomorphes » sont de grands blocs

monolithiques de grès, entièrement sculptés en bas et haut relief ; ils représentent le monstre bicéphale terrestre qui, le plus souvent, donne naissance au souverain.

75. Le croquis de Catherwood représente la face nord de la Stèle F, sculptée sur une longueur totale de plus de sept mètres. Contrairement à ce que la gravure paraît indiquer, le monument est bien conservé et les reliefs sont vifs ; mais la végétation qui le recouvrait le rendait peu visible, et l'artiste, étant accompagné des frères Paez, n'avait sans doute pas le temps de le dégager.

76. Avec plus de 10 mètres de haut, la Stèle E est la plus grande des stèles mayas. Elle fut redressée par les archéologues de l'Institution Carnegie en 1934.

77. Ou Nabatéens. Allusion à Pétra, qui ne fut découverte par Burckhardt qu'en 1812.

78. Les négociations n'aboutirent pas. Leur procès-verbal est reproduit en annexe de l'édition de 1841 des *Incidents of Travel...* (vol. 2, p. 459).

79. Patrick Walker, un politicien du Honduras britannique, avait rencontré Stephens et Catherwood lors de leur passage par Belize en novembre 1839. Il monta une expédition à Palenque avec John Herbert Caddy, un excellent dessinateur. Les deux hommes arrivèrent sur les ruines à la fin janvier 1840 (quelques mois avant Stephens et Catherwood) et y séjournèrent deux semaines.

ILLUSTRATIONS

---

* Les légendes de Stephens sont données en caractères romains, les appellations actuelles, en italique.

TABLE

Deuxième partie : COPÁN

Troisième partie : GUATEMALA

CHEZ LE MÊME ÉDITEUR

Les Grandes Aventures de l'Exploration :

TROIS ANS DE LUTTE DANS LES DÉSERTS D'ASIE 1894-1897
par Sven Hedin
Vingt mille kilomètres sur les traces de Marco Polo.

•

LE CONTINENT PERDU
DANS L'ENFER VERT AMAZONIEN 1906-1925
par le Colonel Fawcett
— Mémoires posthumes — L'aventure qui a inspiré
le Monde Perdu de Conan Doyle.

•

À L'ASSAUT DU PÔLE NORD
par Robert E. Peary
L'un des exploits les plus périlleux
de toute l'histoire des explorations (6 avril 1909).

•

VOYAGE À LA MECQUE ET CHEZ LES MORMONS
par Richard F. Burton
1853 - Odyssée clandestine au cœur de l'Islam.

Les Grandes Aventures de l'Archéologie :

LA FABULEUSE DÉCOUVERTE
DE LA CITÉ PERDUE DES INCAS
par Hiram Bingham
Traduite pour la première fois en France, la passionnante histoire
d'une redécouverte devenue un classique du récit d'exploration.

•

LA FABULEUSE DÉCOUVERTE DE L'EMPIRE DES INCAS
par Siegfried Huber
L'aventure de Pizarre et ses frères
reconstituée à partir de documents originaux (1490-1548).

•

CHAMPOLLION
par Hermine Hartleben
La biographie fondamentale consacrée au plus grand égyptologue français.

•

LE SECRET DES BÂTISSEURS DES GRANDES PYRAMIDES
par Georges Goyon, Maître de recherche au CNRS
Nouvelles données sur la construction des monuments mégalithiques.

•

LA FABULEUSE DÉCOUVERTE
DE LA TOMBE DE TOUTANKHAMON
par Howard Carter
Les mémoires inédits de l'auteur de la découverte.

•

VOYAGE DANS LA BASSE ET LA HAUTE ÉGYPTE
par Vivant Denon
A l'origine de l'égyptologie,
la découverte de l'empire des pharaons par le fondateur du Louvre.

•

VOYAGE EN ÉGYPTE ET EN NUBIE
par Belzoni
« L'un des livres les plus fascinants
de toute la littérature concernant l'Égypte » (Howard Carter).

•

LA FABULEUSE DÉCOUVERTE DE L'EMPIRE AZTÈQUE
HISTOIRE DE LA CONQUÊTE DU MEXIQUE
par William H. Prescott
« Les merveilleux récits de Prescott
enchanteront des générations de lecteurs » (Hiram Bingham).

•

TOUTANKHAMON
par Christine Desroches Noblecourt
Vie et mort du plus fabuleux de tous les pharaons.

CHEZ LE MÊME ÉDITEUR

Achevé d'imprimer en octobre 1991
sur presse CAMERON,
dans les ateliers de la S.E.P.C.
à Saint-Amand-Montrond (Cher)
pour le compte des éditions Pygmalion

— N° d'édit. 388. — N° d'imp. 2477. —
Dépôt légal : octobre 1991.

Imprimé en France